这套丛书汇聚了中国的遗产人对中国加入世界遗产公约以来的回顾与思考，通过科学、直观地展现中国所拥有的众多世界文化遗产和自然遗产，不仅有助于中国人了解自己的宝贵财富和经验，也有助于外国读者全面而具体地认识中国作为世界文明古国的价值和地位。编著者汇聚了数十位来自同济大学、北京大学、复旦大学、东南大学等单位的专家学者，他们常年活跃于中国世界遗产事业的第一线，经历着中国世界遗产事业的起起伏伏，见证过中国申请世界遗产的酸甜苦辣。他们用真实的文字记录着中国遗产保护的发展历程，并以职业的洞察力分析着世界遗产国际化动向。

“世界遗产在中国”丛书全面、系统地反映了中国最新的世界文化遗产、世界自然遗产、世界文化与自然混合遗产的现状，并对中国世界遗产保护的未来趋势进行理性的预期，将保护遗产的理念贯穿于始终，相信一定会让读者在汲取权威、前沿的世界遗产知识的同时有所受益。

中国文物学会会长

序 二

在经历了两次世界大战之后，越来越多的有识之士意识到世界各国许多人类宝贵的文化和自然遗产受到了来自战争、自然灾害、环境恶化、工业化以及人类社会发展等各方面的威胁。在多方努力下，1972 年 11 月 16 日联合国教科文组织第 17 届大会通过了《保护世界文化和自然遗产公约》，之后不断修订的《实施保护世界遗产公约操作指南》为世界遗产保护工作提供了指导和科学依据。

中国在 1984 年成为《保护世界文化和自然遗产公约》的缔约国，截至 2021 年已经有 55 项世界遗产，与意大利并列世界第一。“礼制中庸”和“天人合一”等哲学思想以及千百年来对传统文化的传承使中国的世界遗产蕴含有独特的魅力。

今天，世界遗产的保护面临着战争、旅游、城市化等方面的新挑战，对文化多样性的尊重也同样使我们必须面对新的课题，因此更需要各国从文化角度汲取灵感，共同探索新的保护政策和机制，开展适合本国、本地区的保护实践。

这套丛书汇聚了中国同济大学、北京大学、复旦大学、东南大学等高校众多专家学者在世界遗产保护领域多年研究和实践的成果，它不仅向人们展示了中国世界遗产的突出普遍价值，同时也反映了中国为保护世界遗产所作的不懈努力。

这套丛书所介绍的中国经验将为全球的世界遗产保护提供有益的参考，期望这套丛书的出版对东西方遗产保护方法的交流与融合，对《保护世界文化和自然遗产公约》的推广产生积极的作用。

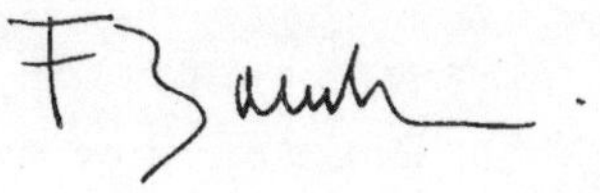

联合国教科文组织世界遗产中心前主任
联合国教科文组织前文化助理总干事
威尼斯建筑大学城市规划系教授
弗兰西斯科·班德林

Foreword

After two world wars, more and more people have realized that a number of precious cultural and natural heritage of various countries in the world are under constant threats of wars, natural disasters, environmental degradation, industrialization and development of human societies.

Thanks to a series of joint efforts, the Convention concerning the Protection of World Cultural and Natural Heritage was finally adopted by the 17th General Conference of UNESCO on 16 November 1972. The Convention, together with its Operational Guidelines, which have been subject to constant revisions, has served as guidance and as scientific basis for the protection of world heritage.

As of 2021, China has so far 55 items listed as World Heritage sites, ranking first in the world with Italy in number. The nation, along with the philosophies from its very old history such as "the set of etiquette", "the doctrine of the mean" and "the unity of man and nature", and with the country's centuries–long relationship with its traditional cultures, have been endowed with unique world heritage sites of distinctive charms and characters.

Today, with a new range of challenges faced by world heritage from wars to the development of tourism and urbanization, and with the new awareness of the need to respect cultural diversity, it has become even more necessary for all nations to act together to develop protection policies and mechanisms inspired by cultural approaches, and to opt for methods and measures suited to their own national and regional conditions.

This series of publications, as a collection of the results of research and practices in the field of world heritage protection conducted by many experts and scholars from Tongji University, Peking University, Fudan University and Southeast University in China, is on one hand, a vivid demonstration on the outstanding universal values of the Chinese world heritage sites, and on the other, a demonstration of the tireless efforts made to protect of world heritage by the country.

The Chinese experience presented in the books will definitely provide a good reference for the protection of world heritage around the globe. It is my earnest hope that the publication will contribute to the exchange and integration of protection approaches of the east and the west, and to the promotion of the Convention.

Francesco Bandarin

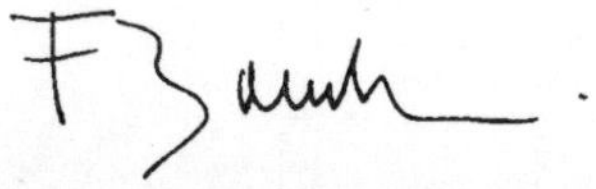

Former Director of the UNESCO World Heritage Centre

Former UNESCO Assistant Director-General for Culture

Professor of Urban Planning at the University Institute of Urbanism and Architecture in Venice (IUAV)

目录

第一章 概论

1

一

第一章

概论

一

活态的文化遗产

——世界遗产与世界遗产城市

城市是世界文化遗产不可或缺的一种类型，在联合国教科文组织(UNESCO)世界遗产大会确定的世界遗产名录中，涉及城市的文化遗产地目前已经超过100处。这些世界文化遗产一般具有以下几个特征：

这些世界遗产地绝大多数是历史悠久的传统城市，比如中国的平遥古城（图1–1），意大利的威尼斯（图1–2），老挝的琅勃拉邦。但同时也包括近现代城市，比如巴西的巴西利亚（图1–3）等。

图 1-1：平遥古城是中国汉民族城市在明清时期的重要范例之一。平遥古城完整地保存了这座城市所有重要的历史特征，同时它也向我们展示了一幅独特的中国文化、社会、经济及宗教发展的完整画卷。

图 1-1

图 1-2

图 1-3

图 1-2：威尼斯始建于 5 世纪，10 世纪成为当时最重要的航运枢纽。由 118 个小岛构成，有 177 条水道、401 座桥梁，整个威尼斯就是一件非凡的建筑作品。

图 1-3：始建于 1956 年的巴西利亚位于巴西的中心，是城市规划史上的里程碑。城市布局常常被形容为“飞翔的鸟”。从居民区和行政区的布局对称到建筑物自身的对称，表现出独特的城市设计思想，其中政府建筑表现出惊人的想象力。

这些世界遗产地有的包括整个历史城区，而更多的是历史城区中的某个历史地段。比如中国澳门的历史城区，意大利罗马的历史中心（图 1-4），法国巴黎的塞纳河畔（图 1-5），斯特拉斯堡的历史中心——大岛（图 1-6）等。

这些世界遗产地的建筑和城市格局能够代表所在地域的文化特征或城市规划思想，并且在历史上或者现存城市中具有典型的代表性，同时其建筑和城市格局的保存状况能够清晰地体现出这种文化特性。

图 1-4：罗马历史中心位于罗马奥勒利安城墙内，是当今一国首都内完整保存古城建筑及布局结构的典范。包括了著名的古代建筑，例如：古罗马广场、奥古斯都的陵墓、哈德良的陵墓、万神殿、图拉真柱、马可·奥里利乌斯柱，以及许多宗教和公共建筑。

图 1-4

图 1–5：巴黎塞纳河畔从卢浮宫到埃菲尔铁塔，从协和广场到大小王宫，巴黎的历史变迁从塞纳河可见一斑。巴黎圣母院和圣礼拜堂堪称建筑杰作，而其宽阔的广场和林荫道则影响着 19 世纪末和 20 世纪初全世界的城市规划。

图 1–5

图 1-6

图 1-6：地处伊尔河怀抱的格朗德岛（大岛）是阿尔萨斯大区首府斯特拉斯堡的历史中心，在相当小的范围内，耸立着著名的古迹建筑群。它们构成了一个典型的中世纪城镇，体现了斯特拉斯堡从 15 至 18 世纪的发展变迁。

这些世界遗产地现在依然是城市中的生活场所，有些甚至是一个城市重要的功能组成部分。因此，这些世界文化遗产地是一种容纳着城市日常生活的、依然处在生长、变化中的活态文化遗产。它的独特价值在于它具有的日常生活属性，而这种活态的日常生活与城市空间和建筑有着不可分割的关联（图 1-7，1-8，1-9）。

拥有这类活态的世界文化遗产地的城市，我们可以称其为世界遗产城市。中国的世界遗产城市，包括已经列入世界文化遗产名录的平遥古城、丽江古城、澳门历史城区和鼓浪屿 ，以及列入中国申报世界文化遗产预备清单的福州三坊七巷。这种活态的文化遗产地的价值在于它的完整性、真实性和生活性。

（一）
完整性

与处于城市中的其他文化遗产，如纪念性建筑（群）、构筑物、文化遗址等不同，世界遗产城市的价值不仅在于单个或某个群体建筑物的历史、艺术和科学价值，还在于其完整性。世界遗产城市的完整性往往通过城市景观、建筑群体及其相互连接的街道空间表现出来，其中包含了空间的尺度、密度、界面，建筑的材料、色彩、形式，这种完整性不仅可以将一个城市（或某些地段）的历史风貌完整地展现，而且它体现出来的整体价值可以表现出某个遗产地（城市）的城市格局在一定时期内对某个文化地域范围内的城市和建筑发展所产生的重大影响（图 1-10）。

图 1-7：清晨的琅勃拉邦的菜市场非常富有生活气息。

图 1-8：斯特拉斯堡一条小街上的面包店、小餐馆、小化妆品店。

图 1-9：丽江纳西族妇女们喜欢坐在古城里的石桥头、广场边，一边打毛衣，一边聊些家长里短。

图 1-10：威尼斯依托水道组织交通、建造城市，由水道和街巷构成了独特的城市格局，保存得十分完好。

图 1-11

图 1-12

（二）
真实性

与其他文化遗产一样，世界遗产城市的真实性使它能为一种已经消逝的文明或文化传统提供一种特殊的见证，或者可作为展示某一文化区域发展历史上某个重要阶段的建筑群或城市景观范例（图 1-11，图 1-12）。

（三）
生活性

在这类遗产地，我们可以发现生动的生活场景。在其中我们甚至可以探访到一些在这座城市的其他地段已经消逝了的生活方式，找到一些有关整座城市生活变迁的痕迹。这种生活场景与遗产地传统的建筑和城市空间相互依存共生，它代表着一种传统的人类居住地的杰出范例（图 1-13）。

图 1-11：从丽江古城西侧的狮子山上鸟瞰古城，可以想象当年丽江作为川、滇、藏贸易中心的盛景。

图 1-12：澳门历史城区是由建于不同时期、不同风格的建筑和广场构成的。

图 1-13：丽江的河道与丽江人的生活息息相关。

图 1-13

二

持续变化中的保护

——发展中国家世界遗产城市保护面临的挑战

城市遗产不同于其他类型的文化遗产，比如文化遗址、纪念性建筑物、构筑物，更不同于自然遗产。发展和变化是城市永恒的主题。在城市日益成为社会和经济发展核心区域的今天，特别是在发展中国家，世界遗产城市的保护必须直面城市发展的挑战。这样的挑战是全方位的。

对一个世界遗产城市而言，世界遗产的空间范围往往不是这个城市的全部，更不会是这个城市行政范围的全部。世界遗产的空间范围往往划定在一个城市的历史城区的范围内或周边。但是，就一个城市而言，城市中的世界遗产区是城市不可分割的组成部分，不应该由于成为世界遗产而在空间形态上、城市功能上以及城市管理上与城市的其他区域割裂。也就是说，它应该依然是城市发展的重要组成部分，而且在成为世界遗产后，应该为城市的发展提供更大更多的机会。城市要发展，城市中的世界遗产区也需要融入城市的发展。

正因为如此，世界遗产城市面临的挑战来自以下几个方面：

（一）

城市更新与城市开发

城市发展的主要表现之一是城市面貌的改变。在发展中国家的世界遗产城市内，我们面临着更新提升生活品质的艰巨任务，我们需要对现有的基础设施进行改造、对旧房屋的建筑质量进行维护、对破损的老房子进行翻新重建、对杂乱的公共环境进行梳理和改善、对缺乏的公共设施予以完善。所有这些建设性的工作都不是一次性的，需要持续不断地去做，而且都涉及对遗产地空间环境的改变。在世界遗产区外围，我们更面临着城市开发带来的对遗产周边空间环境的整体改变。这样的行为如果不恰当，将直接对世界遗产的价值造成负面的影响甚至不可逆的破坏（图 1–14）。

图 1–14

图 1–14：澳门历史城区的周边面临巨大的开发压力。

空间环境的变化是城市发展的客观规律，本身无可避免，也无须禁止。然而因此而造成的对世界遗产价值的损害则不是必然的。应对这一挑战的难点在于对不同遗产地各自文化背景的认知是否准确，对其发展演变的逻辑是否理解。在众多的遗产保护参与者中，遗产地的直接管理者对此的理解以及应对各种变化的能力是十分关键的。

世界遗产城市的保护不是将保护的对象进行固化，而是管理好遗产地空间变化的过程、变化的节奏和变化的方向，在适应发展需要的同时留存好文化遗产的整体价值。

（二）
旅游

成为世界遗产后，不论城市政府主观上是否希望，自然而然会吸引更多的外来者，其中大部分会是游客。越来越多的游客涌向世界遗产地，一方面为遗产地的居民带来了更多的受益机会，为遗产地城市带来新的产业发展条件，但这种新的因素常常会促使遗产地发生很大的变化。这种变化在当地政府借助文化遗产资源开发旅游的情形下会变得尤为明显，表现为超容量的游客、环境的污染、过度商业化、干扰居民的日常生活以及商业化投资的进入。如果管理不恰当，旅游将会损害遗产地的真实性，仿造和不恰当的维修造成遗产构成要素真假难辨和历史信息的丢失，外来经营者进入造成原住居民大量外流等等，使遗产地的属性发生改变（图 1–15）。

图 1-15-1

图 1-15：平遥古城中的很多商家经营起了旅游纪念品。古城中不少店主为了招揽顾客，对建筑进行各种改造和装饰。

图 1-15-2

对于许多世界遗产城市来说，发展旅游业是最直接、最有效、最快的发展途径，而且对有些发展中国家的城市来说可能还是当前唯一有效的发展途径。旅游对遗产地保护形成的压力是客观存在的，但同时对遗产地保护的益处也是明显的。因为缺乏发展动力的城市（或城区）绝对不是世界遗产保护的目的。当旅游成为当时当地一个世界遗产城市发展的关键动力时，我们需要做的是保护好遗产的真实性。

（三）
社区

世界遗产城市是一个容纳着社会生活的遗产地。正是其中丰富多样的日常生活，使其具备了有别于其他文化遗产的特殊魅力和价值所在。在发展中国家，世界遗产城市的遗产区不仅留存了传统的物质空间形态，同时传统的社区也依然存在，这也是其之所以成为世界遗产地的重要原因之一。

遗产地社区在城市中与世界遗产区的界线是不一致的，这是因为在确定世界遗产区范围时主要考虑的是现存的物质空间的完整性。处于遗产区内的居民往往与其周边的居民属于一个共同的社区。社区的边界往往是不可见的，也是不固定的。无论是遗产区内的居民还是遗产区外的居民，只要他们存在长期以来所形成的良好的邻里关系，那么他们就对遗产地的社会发展同样重要。

遗产地旅游的兴起，对遗产地原有社区的冲击是巨大的。个别遗产地为了发展旅游将原住居民整体迁出遗产地，更多的情况是政府希望在遗产地腾出更多的空间用于发展旅游和文化产业，从而制定政策鼓励原住居民迁出。而因为政府鼓励发展旅游和市场的吸引力，越来越多的外来经营者在较短的时间内替代原住居民入驻了遗产地。不论是哪种情况，结果都可能使遗产地原有的社区解体。因此，保护遗产地的社区稳定是世界遗产城市保护的一个独特命题。

这里有两个关键的判断：第一，居民（包括他们的前辈）是遗产的创造者，同时也是遗产的拥有者和当前的使用者。他们用智慧创造了这些文化遗产，而且现在还在、以后还会继续对遗产进行持续的使用甚至再创造。第二，社区是遗产地（包括世界遗产区内外）不可分割的组成部分。世界遗产的保护需要遗产地社区与当地城市的社会经济发展相适应。基于这两个关键判断，我们可以清楚地认识到，正是因为有居民和社区的存在，世界遗产城市的保护需要应对的变化更多的是来自居民和社区因为各种需要而发生的日常性变化。

这些日常性的变化最直接的表现是对历史建筑的改变。门窗的更换、外墙色彩和材料的改变、加建扩建甚至拆除重建。而且往往因为不恰当或者不切合社区实践的管理机制和管理方式，一不小心就对遗产地的整体价值造成不可修复的损坏，这样的现象在发展中国家的遗产地尤其明显（图 1-16）。

图 1-16-1

图 1-16：居民和投资者自发的改造在古城中时时刻刻发生着，也在时时刻刻改变着古城的面貌，因此科学管理显得尤其重要。

图 1-16-2

图 1-16-3

图 1-16-4

然而，我们同时也必须认识到日常性变化的积极意义。今天被我们认可为世界文化遗产的那些城市（城区），如果我们仔细去考证，就会发现其中的绝大部分都是在持续不断的改建之后留下的，并不是建造之初的样子。当然其中有破坏的情况，但更多的是一种和谐的添加和变化，甚至被赋予了更多的文化含义和艺术价值。因此，随之而来的问题是我们应该如何去管理这类易变的日常性变化，才能使遗产地的价值日益丰富而不是减弱（图 1-17）。

图 1-17：图片左侧的传统建筑是美籍奥地利裔学者约瑟夫·洛克位于丽江玉湖雪嵩村的故居，与其一墙之隔的玉湖书院的庭院和建筑则很好地承袭了文化传统，同时体现了当代的精神。

图 1-17

三

地方化的保护策略

——中国实践的探索

摆在我们面前的挑战始终是在变化的，同时又是多种多样的。这种多样化的挑战包括了以下几个方面：不同遗产地所在国家的政治体制不同，不同遗产地所在城市的发展程度不同，不同遗产地的人的社会价值观不同，不同遗产地遗产保存的状况不同。正是这些差异，使我们认识到世界遗产城市的保护必然要面对更复杂的情况，除了理念、技术和资金等问题，更关键的是对遗产价值的认同和对城市愿景的追求形成了各个遗产地自己独特的命题，很显然这个命题是在不断变化的。

在中国的实践告诉我们，解答这个命题不存在一种模式。但是我们依然可以考虑从以下几个方面来寻找解答命题的途径。

第一，制定一个遗产地城市与遗产地均衡发展的规划。这个规划应当统筹考虑城市的增长、城市的改善以及遗产的保护三大方面，其中更需要将文化遗产纳入城市发展的资源体系当中。因此在这样的规划中，遗产地不是一个独立于城市其他区域的封闭地区。

第二，确定遗产地当前迫切需要开展的保护工作，并纳入遗产地的保护规划中。世界遗产城市往往都面临急迫的保护工作和改善任务，文物的修缮、房屋的维修、环境的整治、基础设施的改善等等，不恰当的措施和方式往往会对遗产造成不可恢复的破坏，因此，遗产地保护规划的重点之一是对遗产地当前的工作提供具体、详细的解决方案。

第三，明确应对遗产地空间变化的管理准则。遗产地空间管理准则应该包括技术性和政策性两部分内容，同时这个准则需要具有法律上的约束力，因此应该纳入当地的法律法规体系中。这个关于遗产地空间管理的准则将可用于对遗产地日常的空间变化进行持续的管理。

第四，建立一个多方合作的管理机制，其中包括社区，并将其纳入政府的管理机制中。可以通过制定一个遗产地管理规划的方式来实现。这个管理规划旨在将所有涉及遗产地资产的管理部门和个人纳入关于遗产地事务的协商和决策机制中来，避免管理的空白盲区和管理职责不清的重叠部分。

第五，维护遗产地现有的社区，将遗产地的保护纳入现有社区组织的工作中。避免发生遗产地的保护脱离当地居民的现象，这样做的结果将使遗产地的保护困难重重。遗产地社区的解体会使遗产地的社会结构发生突变，使遗产地很快丧失其社会生活的价值属性。

第六，制定政策，鼓励并吸引包括原住居民在内的各种机构和人员，以各种方式、各种途径参与遗产地的保护和发展。世界遗产城市的保护与发展和任何城市一样不可能仅仅依靠城市或遗产地本身的能力。对一个遗产地来说，单一途径的保护往往很难具有可持续性，同时更有可能有损于遗产的多样性，具有极大的风险。

备注

[1] 图 1-1 至 1-13 图片来源：www.quanjing.com
[2] 其余图片由周俭、邵甬提供。

2

二

第二章

中国的历史城市

中国历史悠久的城市遍布全国各地，数量之多、特色之鲜明是举世闻名的。这些城市拥有优美的自然环境、独特的城市格局、众多的名胜古迹和乡土建筑，体现了中华民族灿烂的历史文化，在世界城市发展史上独树一帜。

一 中国历代城市的发展与特点

（一）起源与发展

在中国历史上，传说在公元前22世纪的夏代以前仍为原始社会，采用财产共有及禅让制度等。《礼记·礼运篇》中所描述的大同社会如下："大道之行也，天下为公。选贤与能，讲信修睦。故人不独亲其亲，不独子其子，使老有所终，壮有所用，幼有所长，鳏寡孤独废疾者皆有所养，男有分，女有归。货恶其弃于地也，不必藏于己；力恶其不出于身也，不必为己。是故谋闭而不兴，盗窃乱贼而不作，故外户而不闭，是谓大同。"

传说夏禹传子而不禅让，标志进入私有制社会。《礼记·礼运篇》中记载：“今大道既隐，天下为家。各亲其亲，各子其子，货力为己，大人世及以为礼，城廓沟池以为固……以立田里……是谓小康。”传说中夏代就“筑城以卫君，造廓以守民”，即已有设防的城市。

周代的都城丰京、镐京以及后来建设的王城、成周，已是按一定规划建设的城市了。手工业及商业的发展，促进了城市发展，城市数目增加，城市人口增加，出现了不少商业都会。春秋战国时期，一些封建主集中的都城，发展成为繁荣的商业都市，如齐国即墨（今平度）、韩国的郑（今新郑）、魏国大梁（今开封）、楚国寿春（今寿县）、越国的吴（今苏州）等。春秋战国时期，各国之间经常互相攻伐，城市的防御功能日益突出。战国时期各国都城的规模均较大，如燕下都、齐临淄、赵邯郸、鲁故城、郑韩故城等。这个时期的都城往往都有城与廓之分，城中为贵族王宫，修筑在人工夯筑的高台上，目的是防卫及显示其威严。廓内为一般市民住宅。

秦灭六国，结束了长期的战争分裂局面。秦朝对文字、货币、量度等进行了统一，从而对工商业的繁荣及城市的发展起到了很大的作用。此外，秦在统一全国的基础上，建立了强大的中央集权及郡县制度，北起辽东，南至福建，东到苏常，西达川地，共设置了三十六郡。后来又在今西南边境再置四郡，疆域达到雷州半岛一带。从秦始皇实行中央集权及郡县制后，中国城市的建制、规模、布局、等级就与行政管理的体制相一致。

秦灭六国后，拆除各国都城城墙，并将大量人口集中于首都咸阳（今西安）。“徙天下富户十二万居咸阳”，咸阳有了很大的发展。各国都城虽然被拆毁，但是这些城市仍然是地区的商业中心，如临淄（今淄博）、邯郸（今邯郸）、寿春（今寿县）等。

秦朝被农民起义推翻，汉代政权建立。经过战后的休养生息、劝农扶桑、省赋减税等政策，国家出现了稳定和繁荣的局面，为城市的大规模发展奠定了基础。据统计，汉代的城市大约有 1 700 多处，出现了许多商业都会，其中都城汉长安城（今西安）的建设最具代表性，据记载，最盛时人口约 30 万，城中设九市，分布在南北主要道路的东西两侧，160 个闾里（居住地段）。

东汉后期，整个社会秩序趋于崩溃，接下来的三国至南北朝时期差不多 400 多年的分裂局面，战争频繁，商旅不通，人口大量减少，经济发展受到严重影响，城市的建设与发展处于停滞状态。中原地区的长安和洛阳成为军事争夺的主要战场，受创严重，大量人口逃离。长安城最荒凉的时候甚至“户不盈百”。同时，随着中原人口大批渡江南下，促进了江南地区经济文化的空前发展，使得江南城市迅速崛起，如建康（今南京）、钱塘（今杭州）、广陵（今扬州）、明州（今宁波）、洪州（今南昌）等均成为较大城市。

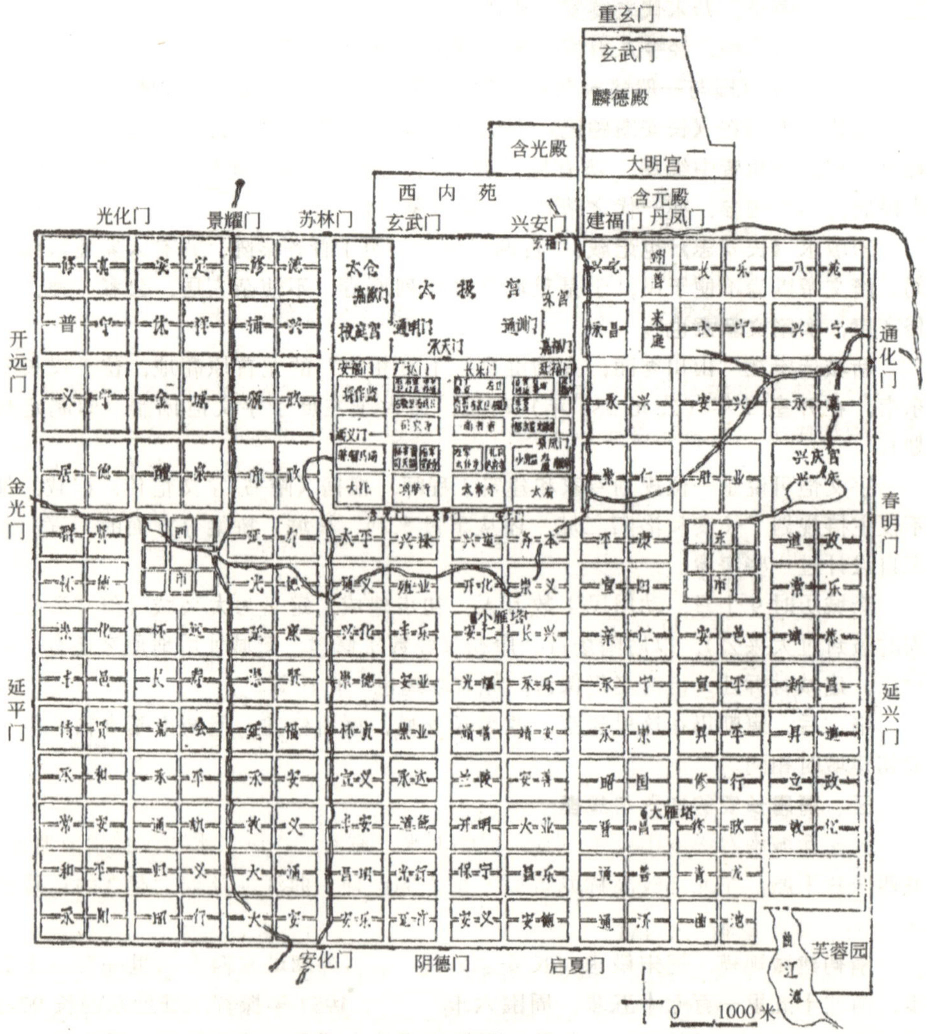
重玄门
玄武门
麟德殿
含光殿
大明宫
西 内 苑
含元殿
光化门
景耀门
苏林门
玄武门
兴安门
建福门
丹凤门
开远门
金光门
延平门
通化门
春明门
延兴门
兴庆宫
小雁塔
大雁塔
安化门
阴德门
启夏门
芙蓉园
0 1000米

图 2-1：唐长安城复原图

图 2-2：北宋画家张择端的著名传世画作《清明上河图》局部。该图描绘了东京城内外的风光：春日的郊野、繁忙的汴河码头和热闹的市井生活，生动地记录了中国 12 世纪城市生活的面貌。

隋唐结束了 400 多年的割据分裂和长期战争。统一与和平，使国内各民族进一步融合，经济空前繁荣，文化高度发展。由于南北朝后中国的经济中心逐渐由中原转向江淮流域，出现了军事政治中心与经济中心分离的状况。因此，隋初修通大运河，沟通了南北交通，解决了关中对江淮地区物资大量需求的流通问题。因此，运河沿线的一些重要城市进一步发展，如"淮（安）、扬（州）、苏（州）、杭（州）"当时号称四大都市。汉代通往西域的陆上国际交通，在唐代开始恢复，国际贸易和军事行动使这一带的城市重新繁荣起来。吐鲁番的高昌和交河故城至今还保留完整的唐代边疆城市的基本轮廓，是陆上丝绸之路的重要城镇。此外，还有海上贸易发展带动了广州、扬州、泉州等重要的通商港口城市的发展，同时也构筑了海上丝绸之路。当时，所有的海、陆贸易都以首都长安为中心。

唐代发展建成了东、西都城——长安与洛阳，它们是当时世界上最大的城市，其宏伟的规划布局，严整的坊里，市肆制度，对后代城市以及东亚的很多城市都有着深远的影响（图 2-1）。

979 年，北宋结束五代十国的分裂局面，并采取了有利于生产的奖励开荒、兴修水利、讲究耕作的方法等措施，商业、手工业，尤其是纺织、造纸、瓷器、冶炼等有了相当的发展，促使城市更加繁荣。唐代 10 万户以上的城市只有十多个，北宋时增加到 40 个。城市的发展和市民阶层的抬头，影响了城市的布局和面貌，店铺密集的商业街，代替了严格管理的坊里和集中的市肆，最有代表性的就是北宋的东京城（今开封）（图 2-2）。

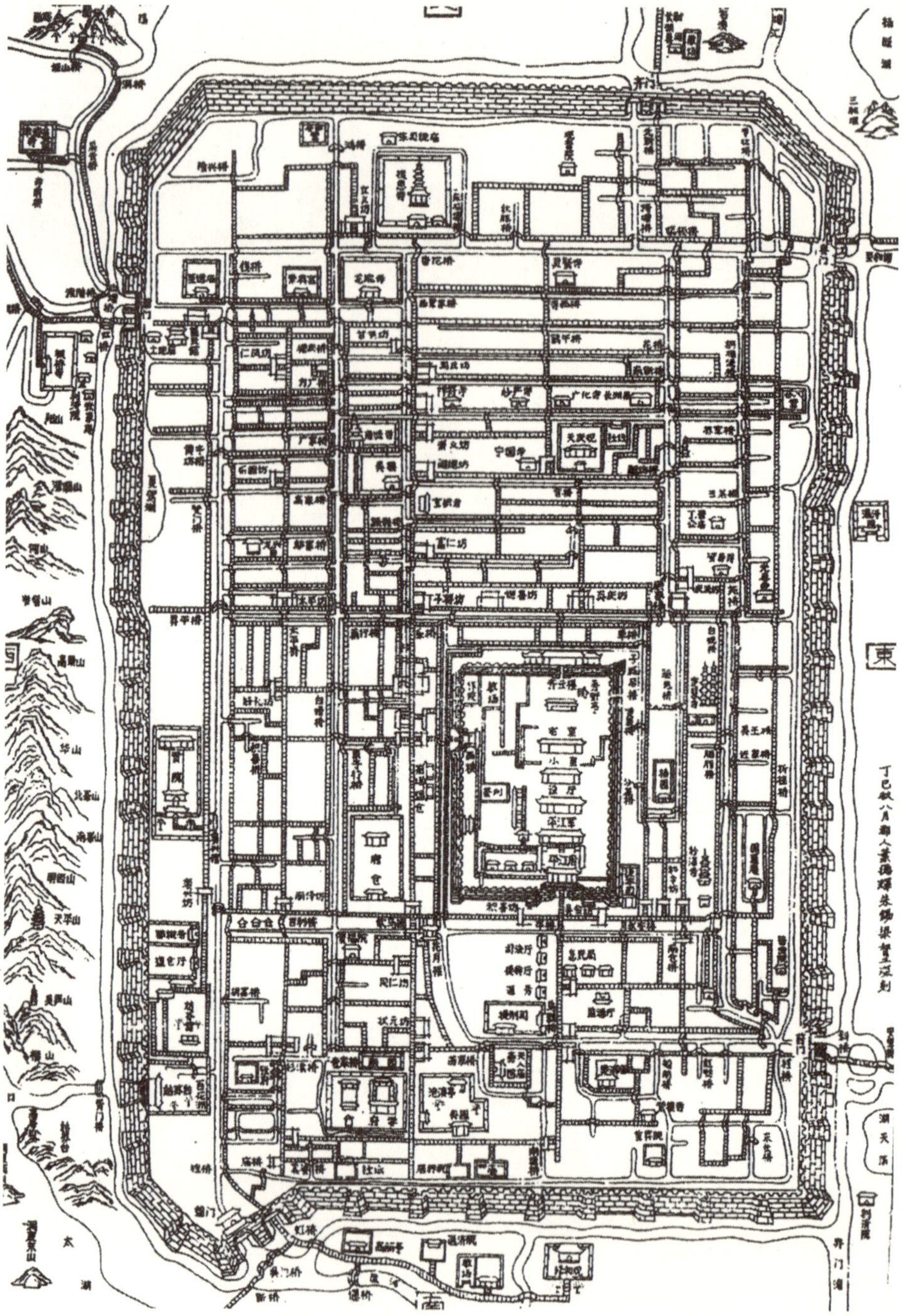

图 2-3：苏州古称姑苏、平江等。宋平江府图清晰地表达出城市中水、路平行的双棋盘格局，构成一座完整的水网城市。

1127 年，北方逐渐强大的金朝，灭了北宋，形成与南宋王朝南北相持的局面。这一时期，南宋控制的地区，长期稳定，商业手工业有了进一步的发展。首都临安（今杭州）是政治、经济、文化中心，人口达到百万以上，建康（今南京）是重要军事据点与军事枢纽。绍兴、扬州、苏州（图 2–3）、南昌、长沙、福州、吴兴、泉州、广州等有进一步的发展。其中广州、泉州集中居住着许多亚非国家的商人，形成外国人集中居住的“藩坊”。而在北方，建立了辽、金王朝的契丹族、女真族先后吸收了汉民族的文化和生产技术，开始了农垦和定居，建造了一些城市，如辽上京（今内蒙古巴林左旗内）、辽中京（今内蒙古赤峰市宁城县内）、辽南京（今北京）、金中都（今北京）等。

辽、金之后，北方的游牧民族——蒙古族兴起，在 12 世纪末先后灭金和南宋，建立了空前强大的国家，中国历史进入元朝。这个时期各民族融合有了发展，东西方的文化经济交流在长期中断后再度恢复和发展。由于对外贸易发达，商业和手工业也空前繁荣，南方许多城市保持了原来的繁荣。同时，在原来金中都的附近建立新的都城——元大都（今北京）。这个由汉人刘秉忠主持规划建设的都城规模宏大，规划整齐，成为当时世界著名的大城市。元朝以后，明朝利用元大都南半部加以增筑，逐渐发展成为明清两代的北京城。其布局较以前任何朝代的都城都更完整地体现《周礼·考工记》中记述的周代王城的布局与制度（图 2–4）。

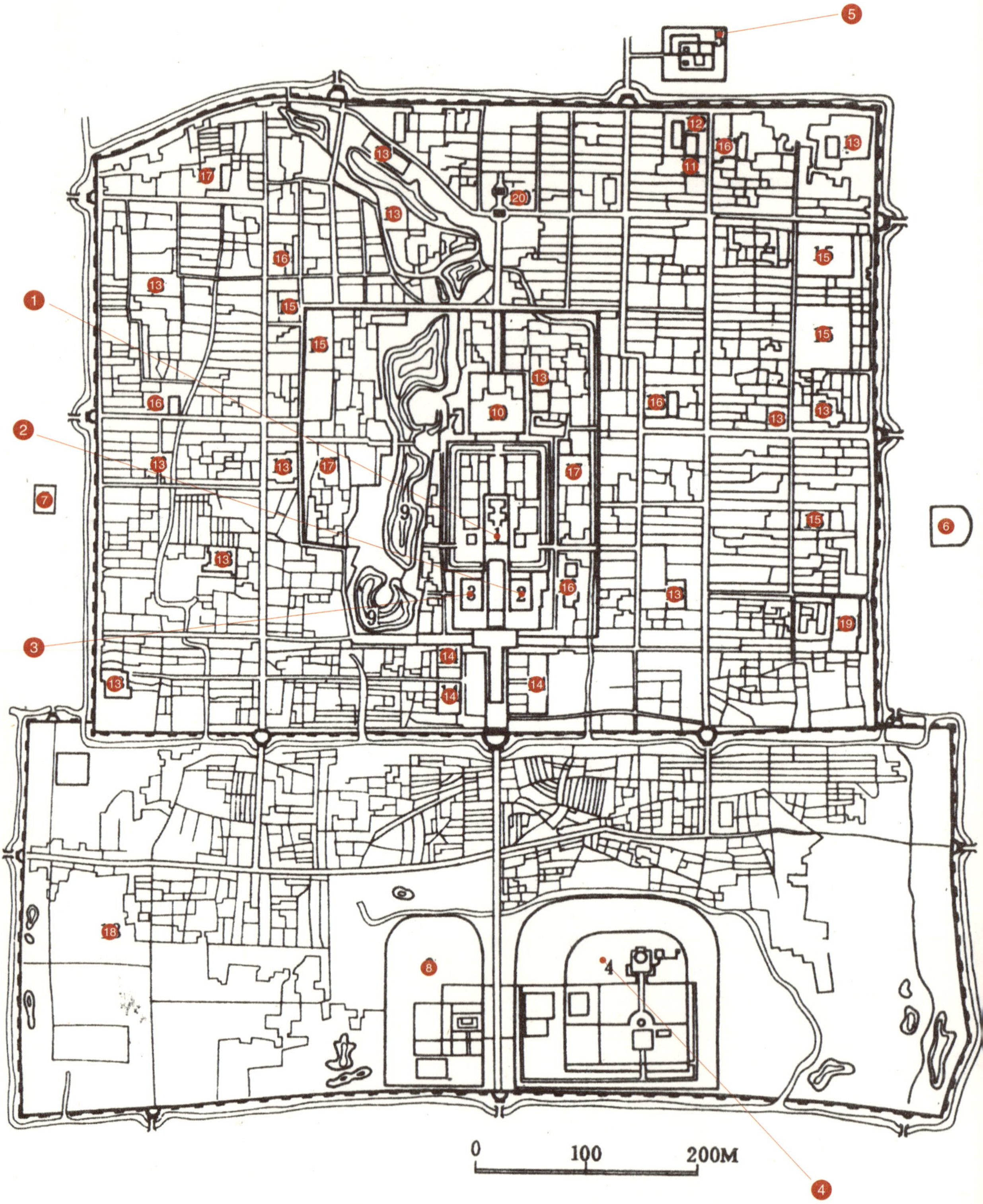

图 2-4：明代的北京城具有京城、皇城和宫城三重城墙，京城又包括北面的内城和南部的外城。清代的北京城基本沿袭了明代的基础。明清北京城按照传统的宗法礼制思想进行布局，特别强调了中轴线的作用，是传统的都城规划的典型代表。

1 宫殿
2 太庙
3 社稷坛
4 天坛
5 地坛
6 日坛
7 月坛
8 先农坛
9 西苑
10 景山
11 文庙
12 国子监
13 诸王府公主府
14 衙门
15 仓库
16 佛寺
17 道观
18 伊斯兰教礼拜寺
19 贡院
20 钟鼓楼

经过明初的恢复，16世纪时的手工业、商业进一步发展带来了封建社会商品经济的空前繁荣。在经济发达的江南地区，已出现早期工业化进程，手工业、商业取代农业成为主要的经济活动，并出现规模较大的私营手工作坊和普遍的雇佣劳动。至18世纪，商品经济较明代中后期又有进一步的发展，从而使得中国古代城市的发展达到了顶峰。

明清时期城市的发展首先表现在城市人口规模的扩大。除都城继续保持很大的人口规模，如明代南京城有119万人，北京城将近100万人，一些工商业城市的人口也很多，如汉口有二十余万户，杭州也有三十万户，人口达百万以上。

其次，明清城市的经济职能大大增强。城市人口中工商业者比重有很大的增加，还出现了一批专业性工商业城市。如纺织业及其交易中心：南京、杭州、苏州（图2-5）、松江；粮食业中心：开封、济南、常州、芜湖、荆州、南昌、成都；南北商业交易中心：淮安、济宁、东昌（今聊城）、临清、德州、直沽（今天津）（图2-6）；印刷及文具交易中心：徽州、池州、湖州、徐州；边地及各族茶马交易中心：大同、太原、大理、丽江；沿海外贸港口：福州、泉州、广州、宁波（图2-7）。19世纪中期，全国有5万人以上的城市约61个，尤其在沿江、沿运河有很多工商业城市兴起。

图 2-5：盛世滋生图，又称姑苏繁华图。乾隆年间苏州籍宫廷画家许扬描绘当时姑苏城“商贾辐辏，百货骈阗”的城乡景观。

图 2-6：1846 年（清道光二十六年）的《津门保甲图》中的天津老城厢及其周边地区。天津自古因漕运而兴起，沿运河发展出繁华的商业地段， 于 1404 年（明永乐二年）正式筑城。

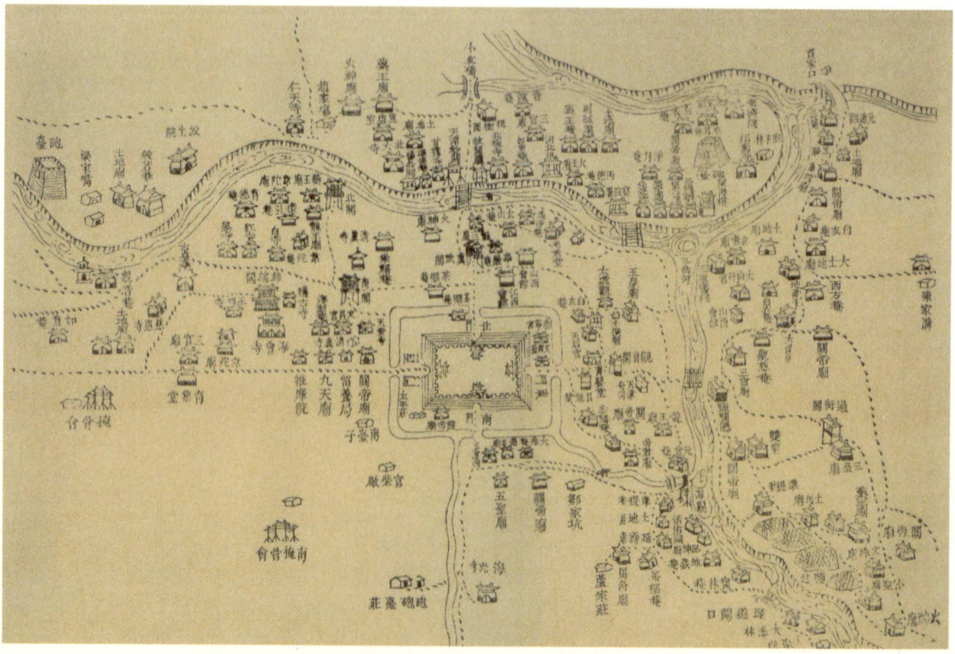

图 2–7：《宁郡地舆图》约绘制于 19 世纪上半叶，采用了散点透视法，同时又非常传统写意，体现了宁波作为沿海外贸港口城市的特征。这幅画现存于美国国会图书馆。

图 2-8：明清时期，商业和票号业的发展促进了山西城市的繁荣。当时有“金太谷，银祁县，铜平遥”之称。图为太谷县曹家大院。

由于农业、手工业生产的进一步商品化，商业随之繁荣。明清时期在地方性商业以及异地商业方面都有较大的发展，促使山陕、新安、洞庭、闽广等著名商帮的崛起，其中以徽商和晋商最为著名。商业的活跃对资本流通提出了新的要求，由此导致商业资本向金融资本的转化，票号、典当大量出现，其中以晋商的票号最为著名，山西中部的太谷（图 2-8）、祁县、平遥构成了清代中国的金融中心。

此外，元明清时期，西南、东北、新疆、蒙古和青藏逐步纳入统治范围。受各种条件限制，明清时期边疆地区虽然还是社会经济最落后的地区，但同时却也是发展较快的地区。其中尤以云贵、新疆的发展最快。如“改土归流”制度加强了中央的控制，进一步促进了汉族移民的进入，以及经济和城市的发展。据统计，在云贵地区的县治中，约90%以上为明清时期设置。

鸦片战争后，1842 年（清道光二十二年），清王朝被迫签订了《南京条约》，割让香港岛给英国，并开放广州、上海、宁波、厦门、福州五口通商。其后不久，又在《虎门条约》中被迫同意开放“外人居留地”，在中国城市中出现了“租界”。1887 年，从明朝就被葡萄牙人租借的澳门通过葡萄牙与清政府签订的《中葡和好通商条约》成为葡萄牙“永驻管理”之地。

图 2-9：德国政府在占领胶州湾后，一方面加紧修建胶济铁路，另一方面于 1898 年制定青岛城市规划，充分体现出对中国资源的掠夺和海外霸权扩张的意图。

图 2-10：青岛最初规划的欧洲人区采用当时德国最先进的城市规划思想和传统建筑形式。

图 2-11：19 世纪中叶刚刚开埠不久的上海，黄浦江上千帆竞渡，外滩边洋楼林立。

这些城市中，有些长期受某个帝国主义国家的控制，如青岛（德国和日本）（图 2-9，2-10）、广州湾（法国）、哈尔滨（帝俄）、旅大（帝俄和日本）和香港（英国）、澳门（葡萄牙）。这些城市都有体现侵略意图的建设规划，具有明显的殖民地色彩。有些城市则处在几个帝国主义占据下，有特殊的租界地，如上海（图 2-11，2-12，2-13）、天津、汉口等。它们都是中国原来的工商业和交通中心，城市中租界与旧城区形成强烈的对比，租界之间界限分明，各自发展，城市布局与建筑面貌多样而缺乏整体性。

与此同时，中国民族工商业城市也有所发展，如南通城在张謇的经营下从一个典型的县城快速过渡到近代城市（图 2-14）。

图 2-13：漫画《西洋文明的教导》。

图 2-12：20 世纪上半叶的上海外滩。

图 2-14：张謇时代的南通最具有代表性的建筑莫过于这个中式谯楼和西式钟楼混合而成的城市中心景观了。

（二）
选址的理论

春秋战国时《管子》曾对城市选址加以总结："凡立国都，非大山之下，必广川之上，高毋近旱而水用足，下毋近水而沟防省。"即城市选址必须注意合理利用地形，既要确保城市水源，又无旱涝之灾；既要有利防守，又要方便交通。因此，中国古代的城市往往选择河流两岸的台地建城。

此外，根据长期对自然的观察及实际生活的体验，在中国古代就已经产生了一种有关住宅、村镇及城市等居住环境的基址选择及规划设计的学说，即"风水术"或"堪舆学"。其中虽然掺杂许多迷信的色彩，但其实质是在选址方面对地质、地文、水文、日照、风向、气候、景观等自然地理环境要素作出评价和选择，并提出需要采取的相应的规划设计措施以创造理想的居住环境。

"负阴抱阳，背山面水"，这是风水观念中宅、村、城基址选择的基本原则和格局。根据这个原则，理想的基址为：后面有主峰；左右有次峰或岗阜，山上要保持丰茂植被；前面有弯曲的水流；水的对面还要有对景山；轴线方向最好是坐北朝南；基址正好位于山水环抱的中央，地势平坦而有一定的坡度（图 2-15）。我们知道，背山可以挡住冬日北来寒

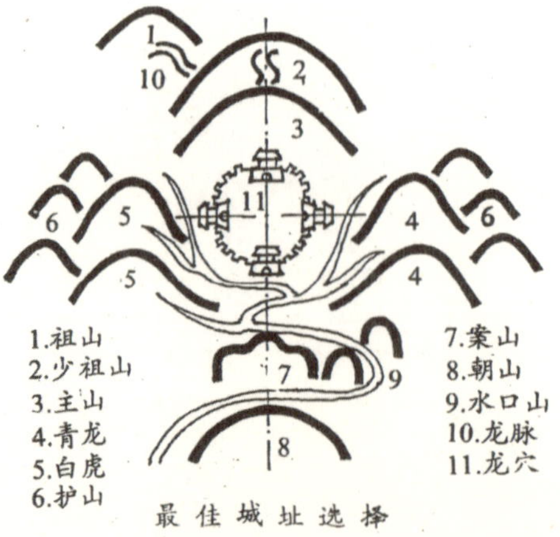

图 2-15：风水观念中城市的最佳选址。

流；面水可以迎接夏日南来凉风；朝阳可以争取良好日照；近水可以有方便的生活灌溉用水和交通之便；缓坡可以避免淹涝之灾；植被可以保持水土。总之，好的基址能够形成良性的生态循环，自然也是中国人心目中的理想居住场所了（图 2-16）。

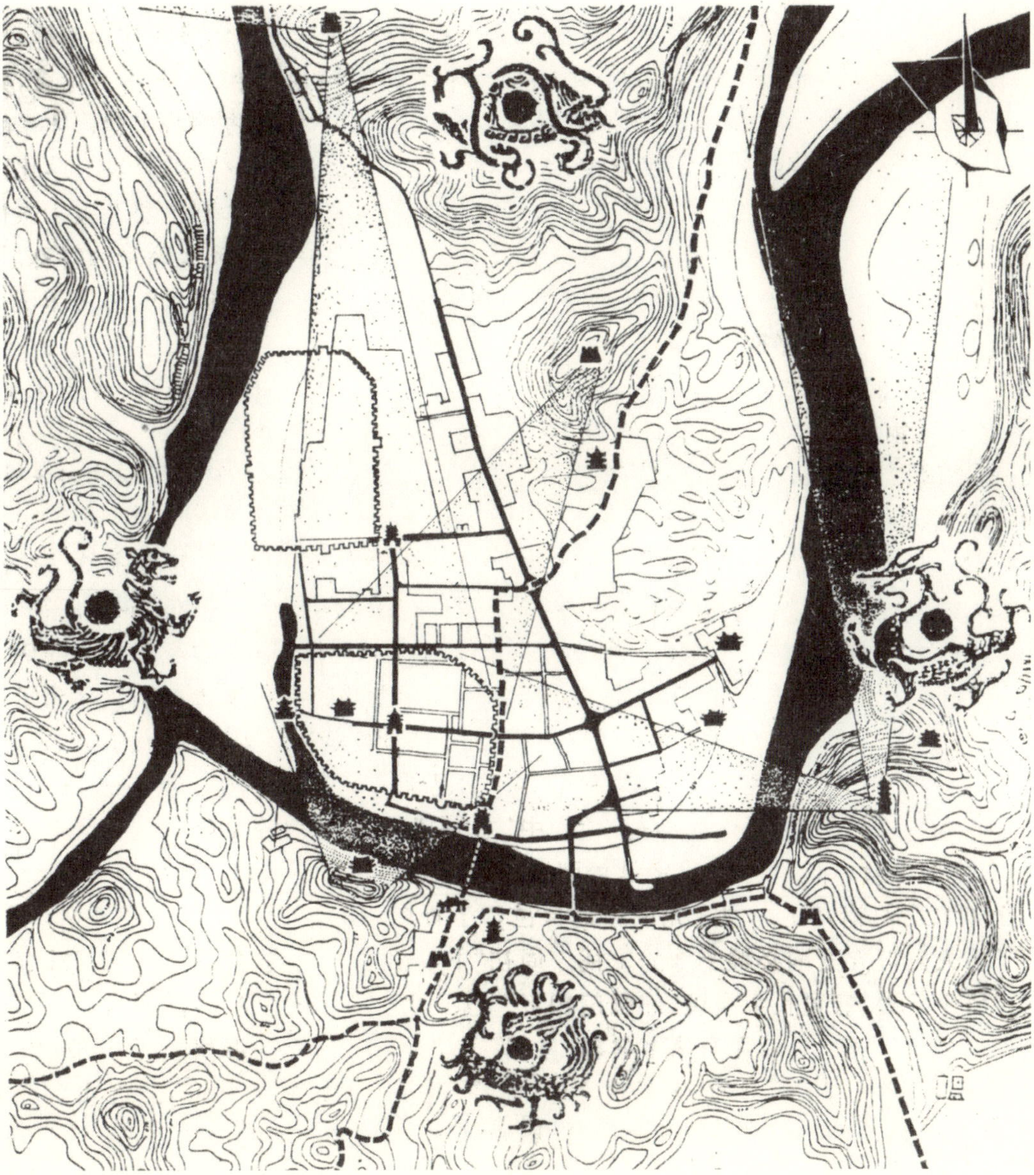

图 2-16：古城阆中的城市选址和格局充分体现了古代的风水学说。

（三）
城防体系

中国春秋战国时期，由于各国之间经常互相攻伐，城市的防御作用非常突出，从墨子与公输般关于攻城守城技术的故事中就可以看到当时对城市防御的重视。

明清时期，随着火药在军事上较为普遍的使用，各大中小城市，普遍改建或加固城墙，或新建一些设防城市。特别是明代，为了防范北方的蒙古、沿海的倭寇等外来侵略和农民起义，兴起了大规模的筑城高潮。今天保存下来的大多数旧城墙是在明初经过改建、扩建或新建的，并且普遍增加砖砌，以适应当时火炮技术下的防守要求。明代中叶以后，又加强了长城及北方一些边防重镇和防御城堡的修建（图2-17）。

城墙的高和宽，因城市的大小，防御的重要性等有所不同，从七米至十余米不等。城墙上有垛口，古代称“雉”，其大小尺度及数目，也因城市的等级而不同。

城门的多少，也因城市规模及政治地位而异，都城每边开三门（北边往往二门），如汉长安城；府州城每边开二门，如苏州府；一般县城每边开一门，如南通、太谷；也有的城各边的城门数目不同，如平遥。

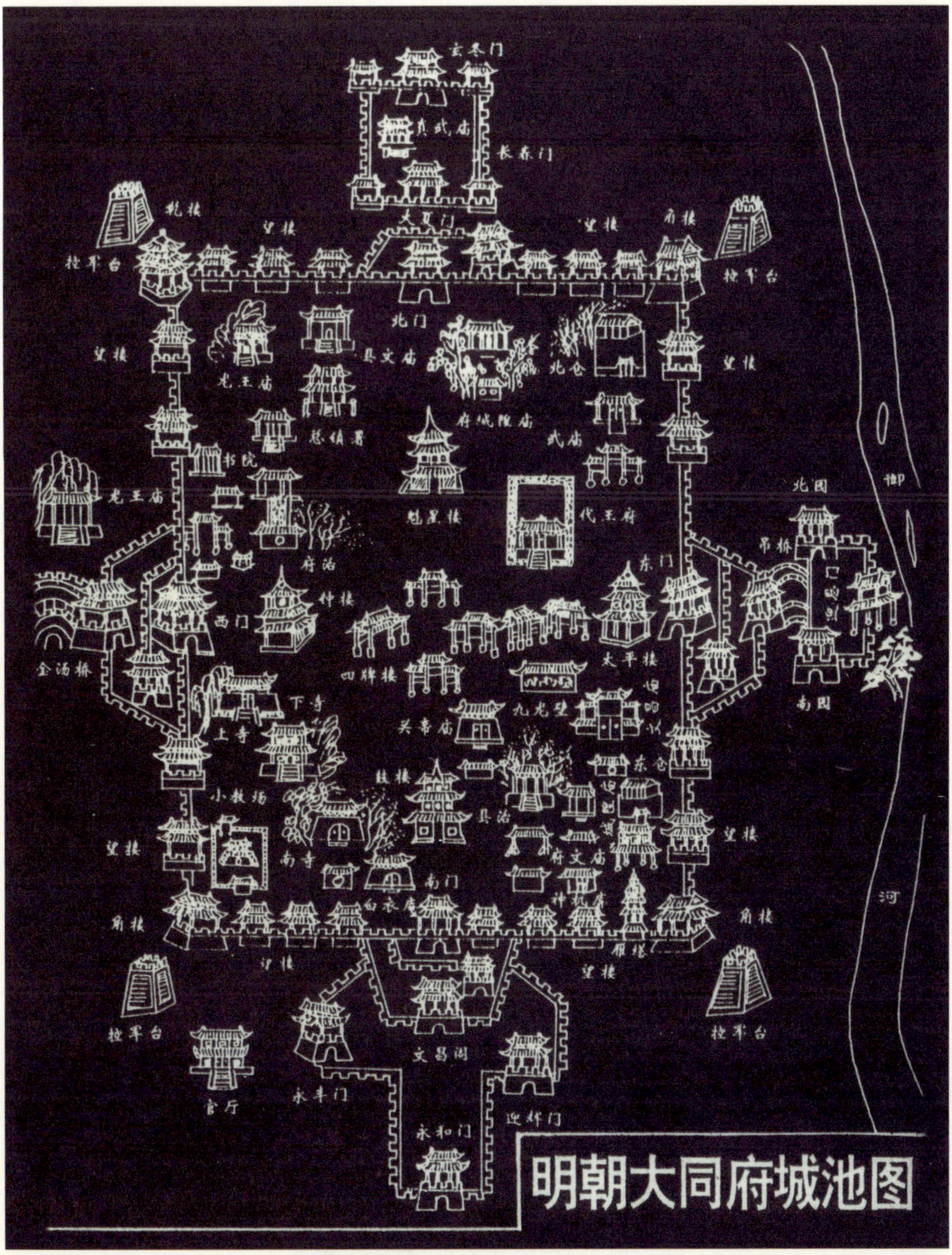

图 2-17：作为“九边重镇”之一的大同府的防御体系自然非常讲究：设四门，均有瓮城、吊桥、城壕，是我国军事重镇的典型。

图 2-18

图 2-18：南京中华门共有四重。每重内有暗堡，可以埋精兵，以便对攻入城内的敌兵围而歼之。

图 2-19：临海沿江部分的古城墙具有防洪的功能，北固山一段城墙直接建于危崖之巅，在明代戚继光抗倭时曾经起到重要的作用。

图 2-19

有些城门有二重城或设瓮城，如南京中华门（图 2-18），前后门不正对，与道路的关系故意做成“屈曲相对”，修宽而深的护城河，这些都是为了加强防御。

城门上一般建有城楼。城墙上每隔一定距离或城墙转角建有箭楼或窝铺，可以住巡防兵丁。每隔一定距离设马面，即在平面上凸出于墙面外的墩台，以便组织防守的侧射火力。在城门外，有的还建有月城或翼城，目的也是组织侧射火力。城门外的护城河上有的建有吊桥，城的防御重点均集中在城门。

城墙上有时也建有庙、塔、阁等建筑，其位置多与风水有关，有的城北城门正中不开门，而且正中城墙上建有玄武庙或真武庙，以封住“王气”。

城墙上有排水设施，包括设置伸出较远的滴水，或在城墙内侧设置顺城墙的排水沟。

靠山的城，为利于防御，部分城墙修在山上，如临海城（图 2-19）。靠水的城，河道进入城处，有的也建水门，或设栅栏，通航河道水门还可开启，如苏州盘门还保存着一座完整的水门（图 2-20）。

有城必有壕，壕往往是挖土筑城而成，城壕引水又利于战备防御。很多沿江沿河的城市经常利用江水河水作为天然的城壕。

图 2-20：苏州盘门具有陆门和水门两重门，是水网地区传统城市的典型特征。

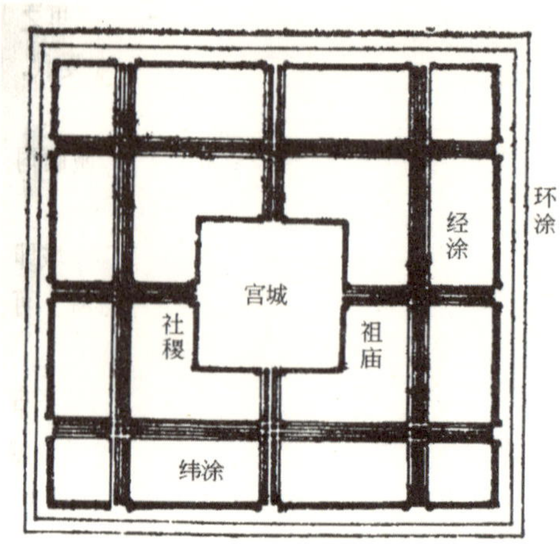

图 2-21：周王城复原想象图。

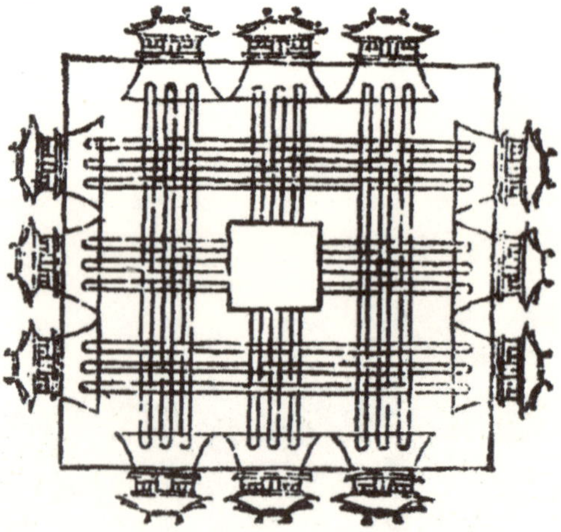

图 2-22：《三礼图》中的周王城图。

（四）

形制与格局

《周礼·考工记·匠人》中曾记载："匠人营国，方九里，旁三门，国中九经九纬，经涂九轨，左祖右社，前朝后市，市朝一夫。"周人是以农立国的，因此在城市的规划建设上也与"井田制"的土地制度有密切关系。如"国中九经九纬"以及更次一级的经纬道路，就像田中的阡陌一样把城市划分成不同等级的"井"字，相套组合成方格网平面。"市朝一夫"则采用了井田的基本单位——"夫"，即一农夫所受之一百亩耕地，被用来作为城市规划用地的基本单位。这种城市建城思想使城市的形制较为规整，与周朝社会推行的"礼制"能很好地配合。周代城市规划制度虽然未为考古发掘完全证实，但对中国古代城市的布局有深远影响（图 2-21，2-22）。

中国古代的城市规划思想与古代占统治地位的儒家思想有关。儒家提倡"居中不偏""不正不威"。这种思想直接影响城市规划布局的"宫城居中"即中轴线对称的布局。儒家提倡的礼教尊卑、伦理、秩序也影响到城市及建筑群的严整方正的布局。大多数都城都遵循这些制度，在唐长安、宋汴梁、元大都、明清北京的实例中尤为明显：平面规整，布局对称。宫廷区是国都城的中心区，放在全城中轴线上，以为全城之主体。

图 2-23-1

图 2-23-2

图 2-23：上海的文庙按照规制而建，由外而内的主轴线上分布着棂星门、泮池、大成门、大成殿和崇圣祠。东轴线分布有明伦堂、尊经阁。在文庙的东南方位建有魁星阁。图 2-23-1 为大成殿，图 2-23-2 为大成门。

图 2-24：漳州文庙大成殿较完整地保留了闽南古代木结构建筑特点，并融入北方建筑风格。

图 2-25：绍兴古城内鲁迅故居门前的水码头，充满江南的诗意景观。

州、府、县城市中，北方和南方平原地区的城市许多都是方形或矩形，或者局部不规则，方位多正南北或接近正南北，如苏州、平遥；而在河流山川地形条件复杂的地区，城市出现圆形或不规则形状，如宁波、上海嘉定。

城市设有官府衙门，这是一般乡村及集镇所没有的，一般布置在城中重要的地位，有时还修筑子城或衙城加以防卫。

文教区域一般设于邻近官署区地带，作为政治活动区域的一个组成部分。元以后对孔子的尊崇达到至高无上的程度，孔子被封为文宣王。孔庙常与学宫在一起，学有府学、县学等不同等级，承担培养学生、举行科举考试等职能，是宣扬儒家文化的中心（图 2-23，2-24）。

图 2-24

图 2-25

晚唐以前，城市中的商业区往往集中设置，为“市”。宋代，随着集中市制的解体，原来集中的商业区渐渐转化为“行业街市”。新的服务行业，如茶楼、酒肆、瓦市等也纷纷出现，商业区自发建设形成更为灵活自由的布局形式。有些城市往往在城门外形成“关厢”，沿城外的道路呈带形发展，如在江南水网地区，商业则多沿河带形发展。

中国古代城市中，居住区的分布有“仕者近宫，工商近市”的格局。都城中的皇室权贵们主要居住在宫廷区附近，或在城东、南部地势高亢方位，独成一区，以示尊贵。在其他城市中，官吏们则接近官署区居住，工商业者主要毗邻中心街市居住。聚居单位由晚唐前封闭的“坊里制”逐步向开放的“坊巷制”过渡，就是按街巷、分地段聚居。有侨民的城市，由于侨民多为商贾，因此其居住区亦近市和利于交通（图 2-25，2-26）。

图 2-26：北京钟鼓楼周边的街区。

随着城市的发展，宗教随着人、物资的交流而发展。中国古代城市中的宗教主要有佛教、道教和伊斯兰教等（图 2-27）。这些宗教，尤其是佛教在城市内广建寺院，有的佛寺规模庞大，自成一区。小寺观则散处民居之间，山西有的小城市，仅关帝庙就有十余处。庙宇中有的有一年一度的庙会，有的为定期的集市，有的成为城中市民的生活中心，如开封的相国寺、北京的隆福寺、南京的夫子庙、上海的城隍庙（图 2-28）等。

明清城市建设另一大突出成就是城市园林的建设。中国的城市园林有很高的艺术水平，但是过去多限于为帝王极少数贵族所有。明清以来，由于城市经济的发展，新兴缙绅富商阶层为追求生活的享受，在城市中大建私人园林，促进了明清时期城市园林的建设。其中以扬州（图 2-29）、苏州（图 2-30）和杭州等城市最为著名。这些城市园林艺术在传统的基础上有进一步的提高，在创造空间变化和营造诗情画意等方面达到很高的水平。

图 2-27：西安古城中的清真寺，混合了中国传统风格与伊斯兰风格。

图 2-28

图 2-28：上海的城隍庙至今香火兴盛。

图 2-29：扬州园林集北方的大气磅礴和江南的温婉秀气于一体。其中最负盛名的个园以竹石取胜：园中各种竹子枝叶扶疏，四季假山各具特色，具有“春山宜游，夏山宜看，秋山宜登，冬山宜居”的诗情画意。

图 2-30：苏州拙政园以水池为中心，临水建亭台楼榭。主体建筑“远香堂”前池中遍植荷花，表达了孤高不群的清高品格。

图 2-29

图 2-30

（五）

中国传统城市的规划与建筑艺术

首先，中国传统的城市往往采取中轴对称的规划布局，一方面与古代占统治地位的儒家的“居中不偏”“不正不威”哲学思想有关，另一方面也与中国传统建筑特征有关。传统的木构架体系建筑体量及跨度不大，较难在一个建筑内部空间划分过多的房间或满足多样功能的要求，因此在小型的住宅建筑中，就采用庭院组合式，以解决居住生活中不同需求。按照封建宗法观念，住宅组群要体现尊卑主次，往往将主屋建得稍高一些或大一些，配屋设在两侧，自然就形成了中轴线对称的格局。

中轴对称布局手法从住宅院落扩大到大型宫殿、庙宇建筑群，又扩大到整个城市总体布局。明清北京城的整体布局艺术在中轴线上采取了多样手法来突出不同的空间效果。主要的宫殿建筑太和殿建在高台基上，通过适当比例的封闭性广场及两侧建筑物的衬托，显得更加雄伟壮观。中轴线通过多重城门，东西三座门，东西千步廊，以及广场形体、闭合的变化，通过形成直线的宫殿建筑的屋顶，宫后的景山及钟鼓楼，使中轴线既强化了城市总体布局的秩序感，同时又富于变化，达到了很高的艺术水平（图2-31）。

其次，中国古代城市中，严整的建筑群及城市格局往往与自然山水有机结合，山水名胜和城市共同构成优美的外部形象特征，形成了中国独具特色的人居环境。

图 2-31：明清北京城的中轴线南起永定门，北至钟鼓楼，直线距离长约 7.8 公里。北京独有的壮美秩序就由这条中轴的建立而产生。

图 2–32

我国古代城市的选址，历来都注重和周围环境的关系，形成了掺杂着迷信、科学和经验的“堪舆术”，在城市营建和选址时很起作用。大多数历史城市几度重建，均在原址，除了地缘政治和经济的原因，很大程度上取决于对城市环境的选择，如桂林、大理、丽江、拉萨、日喀则、杭州、南京、武汉、镇江、阆中（图 2–32）、潮州等城市。

第三，中国古代城市特别强调城市整体景观的塑造。城市中绝大部分建筑为低平的院落式住宅，只有宫殿、庙宇、官府等建筑群体量高大，城楼、钟鼓楼、塔等少数多层建筑分布在城内，构成低缓平和但又有变化的城市轮廓线。

图 2-33

图 2-32：古城阆中按照风水学说巧妙地融入大山水格局。

图 2-33：南通的主城区地势平坦，因此塔是城市景观中非常重要的元素。

城门往往是城内主要道路的起点，高大的城门楼成为道路的对景。钟鼓楼一般跨主要干道，或在交叉口上建造，成为城市大空间构图的焦点。塔在城市中的建造也是城市景观构成的重要元素，如扬州的文昌阁、苏州的报恩寺塔、南通的天宁寺塔等（图 2-33），均是城市街道的对景。在地形起伏的城市，有的塔建在山顶，如杭州的保俶塔、无锡的惠山塔等，丰富了城市的天际轮廓线。

城市中主要建筑的色彩与装饰往往也与一般民居不同。建筑的色彩严格按照封建等级制的规定，只有宫殿和某些庙宇（如孔庙）可以采用彩色琉璃瓦的屋顶和彩色的墙面。因此，在灰色的城市基调中，有绿色的树木，衬托出特殊建筑的黄色、红色，形成强烈的色彩对比。

在南方水网地区，城市或者将城外的水引入城内，或者将城内原有的河道进行改造，形成水陆并行的双棋盘格局，既解决船行交通的问题，又助于城市生活用水之需和防洪排涝。而横跨水网的桥梁既是交通的空间，同时又是水乡城市独特景致，尤其是通航河道上的拱桥高大且富于变化，桥头往往形成生动的城市生活的中心（图 2-34）。

在地形起伏的城市，城市建筑往往顺山势建造，建筑体量小而又灵活组合，巧妙地形成错落有致而富有变化的建筑空间。道路多采用步行台阶，增加了城市景观的层次变化。

图 2-34：苏州平江区依旧保持着水陆平行的双棋盘格局。河道如网，桥梁如虹，是这座江南城市的重要特色。

二

中国历史城市的类型与保护

（一）分布与类型

自 1982 年开始至今，中国陆续公布了 136 座国家级历史文化名城（图 2-35，表 2-1），有些省还陆续公布了省级历史文化名城。

可以说，国家级和省级历史文化名城是目前中国保存较为完好的历史城市。根据它们的历史形成原因、自然人文特点，以及城市功能结构、物质要素等方面的差异，可以大致有以下四种类型。

省（直辖市、自治区）	第一批	第二批	第三批	2001 年后补充名单	合计
直辖市	北京	上海、天津、重庆	–	–	4
河北	承德	保定	邯郸、正定	山海关、蔚县	6
山东	曲阜	济南	聊城、邹城、临淄、青岛	泰安、蓬莱、烟台、青州	10
河南	开封、洛阳	安阳、商丘、南阳	郑州、浚县	濮阳	8
山西	大同	平遥	代县、祁县、新绛	太原	6
陕西	西安、延安	榆林、韩城	咸阳、汉中	–	6
甘肃	–	敦煌、张掖、武威	天水	–	4
黑龙江	–	–	哈尔滨	齐齐哈尔	2
吉林	–	–	吉林、集安	长春	3
辽宁	–	沈阳	–	辽阳	2
内蒙古	–	呼和浩特	–	–	1
宁夏	–	银川	–	–	1
青海	–	–	同仁	–	1
新疆	–	喀什	–	吐鲁番、特克斯、库车、伊宁	5
江苏	南京、扬州、苏州	淮安、镇江、常熟、徐州	–	无锡、南通、宜兴、泰州、常州、高邮	13
安徽	–	亳州、寿县、歙县	–	安庆、绩溪	5
湖北	荆州	武汉、襄阳	钟祥、随州	–	5
四川	成都	阆中、自贡、宜宾	都江堰、乐山、泸州	会理	8
浙江	杭州、绍兴	宁波	衢州、临海	金华、嘉兴、湖州、温州、龙泉	10
江西	景德镇	南昌	赣州	瑞金	4
湖南	长沙	–	岳阳	凤凰、永州	4
贵州	遵义	镇远	–	–	2
福建	泉州	福州、漳州	长汀	–	4
广东	广州	潮州	梅州、佛山、肇庆、雷州	中山、惠州	8
广西	桂林	–	柳州	北海	3
云南	大理、昆明	丽江	建水、巍山	会泽、通海	7
海南	–	–	琼山	海口（合并琼山）	1
西藏	拉萨	日喀则	江孜	–	3
合计	24	38	37	37	136

表 2-1 国家历史文化名城分布情况（截至 2021 年 5 月）。

1. 古都型

在 136 个名城中，有很多城市曾经是我国某一历史时期的都城。但是在这些城市中，随着历史的变迁，都城的物质载体大多消失。都城时代的历史遗物留存至今的仅西安、洛阳、南京、北京、开封、杭州等城市，也就是通常说的“六大古都”。

这些城市一般规模较大，拥有体现古代城市建设伟大成就的城市格局和大量的历史遗存。它们具有辉煌的历史，既是政治、经济中心，也是文化的中心。文化功能由于历史的延续部分地被传承，融入现代人们生活的潜意识，表现出强烈的地方文化的特征，即在人的观念、生活习俗、性格、哲学思想、音乐、戏剧审美、文学等各方面具有独特性。

北京与西安是中国古代都城的典型。北京在元明清三代古都时期，大量地面历史文物都较好地保存下来，如故宫、天坛（图 2-35）、四合院群、皇家园林等。西安也保存有较多的唐代以来的建筑，如大雁塔（图 2-36）、小雁塔、兴教寺、香积寺、罔极寺、兴善寺、化觉巷清真寺等。

图 2-35：天坛是皇帝祭天、祈谷的地方。北京的天坛始建于 1420 年（明永乐十八年），有两重垣墙，形成内外坛，主要建筑有祈年殿、皇穹宇、圜丘，无论在整体布局还是单一建筑上，都反映出天地之间的关系。1998 年列入世界遗产名录。

图 2-36：西安大雁塔原名慈恩寺塔，位于慈恩寺内。慈恩寺始建于隋代，648 年（唐贞观二十二年）太子李治为追念其母扩建。652 年（唐永徽三年），唐高宗李治为安置名僧玄奘由印度带回的经籍而专门建造大雁塔，玄奘亦驻寺翻译佛经，历时 19 年。

根据2002年的《北京历史文化名城保护规划》，现在的北京旧城是以《周礼·考工记》的王城规划理想为出发点，结合地理形态进行的规划，其最大的特征就是城市风貌与格局的整体性。主要表现在：

等级森严、层次分明的城郭 由内而外，紫禁城、皇城、内城、外城组成了界面清晰的平面布局，形成了北京标志性的“凸”字形城郭特征。

严谨有序的城市中轴线 以故宫和皇城为中心，南起永定门，北至钟鼓楼，绵延7.8公里，是严谨对称城市格局的集中体现。

有机活泼的水体 筒子河、护城河、六海等水系，形成了活泼、贯穿城市中心的景观和生态廊道。

平直整齐的城市路网 北京旧城的棋盘式道路系统在元大都时期已经基本形成，明清北京城的道路网又细分为大街、小街和胡同三类。

平缓开阔、起伏有致的城市天际线 在广大的平房四合院民居的衬托下，形成以故宫为中心，并且由旧城墙和各城楼拱卫的、起伏有致的城市天际线。

独特的四合院式的城市居住形态 老北京城的民居均为灰墙灰瓦的单层四合院，它们秩序统一而形态丰富，形成了皇宫的优美背景。

丰富多彩的城市街道对景 在平直整齐的路网系统里，旧城中各种城楼、牌楼和宫、坛、庙、亭等构成了丰富的街道对景，形成优美的视觉走廊。

主次分明的城市色彩 一大片青灰色房屋和绿树为基调，烘托出红墙黄瓦的皇家建筑群以及绿、蓝琉璃瓦的王府、坛庙，形成统一而重点突出的城市色彩。

杭州的地面文化遗存遗留和地下文化遗存虽不及其他几个城市，但是作为古都特色重要组成部分的优美山水环境被很好地保留下来，并经历代开发建设，在城市景观中起越来越重要的作用。杭州的西湖，自五代钱镠创建吴越国起，已多次以美化环境为目的整治西湖，今西湖有大量的佛教艺术遗产，如著名的灵隐寺（在东晋基础上扩大）、昭庆寺、净慈寺、雷峰塔、保俶塔等。钱塘江边的白塔和六和塔也是五代遗物，自南宋以来国外使节、商人、僧侣、游客也无不至西湖游览进香。西湖出现了游客如云、歌舞遍地的局面，元朝后繁华的杭州城遭到了很大破坏，其后失去了全国都会的地位。

图 2-37：南京“大明孝陵神功圣德碑”是明成祖朱棣为其父朱元璋所立，原碑亭为砖石砌筑，平面呈正方形。亭子的结构顶部现已荡然无存，仅存四壁。明孝陵于 2003 年列入世界遗产名录。

南京亦称为六朝古都，如加上太平天国及民国可称为八朝古都。但地面文物古迹由于历史上兵灾连绵，兴衰交替，所剩无几。六朝都城遗址和南唐宫城已无迹可寻，都城的东、南、北三面城墙为明城所用，尚能看出其貌。明故宫只剩午门、东华门、西华门。其他主要遗址为明清时期和民国时期的建筑，如后天宫、天王府、瞻园、鼓楼，较为重要的遗址如南朝石刻、隋舍利塔及石刻、明孝陵（图 2-37）、灵谷寺、栖霞寺唐塔。

开封由于战争破坏和黄河泛滥，北宋时期的地面建筑只有铁塔及繁塔两处，其他时期的地面建筑遗存也只剩龙亭、相国寺、延庆观、东清真寺、山陕甘会馆等，整个城市在外部形态上已无古都的风貌特征。而大量的地下文物，如体现北宋城市布局的宋皇城及三重城墙和主要城门遗址，汴河上重要桥梁如州桥、虹桥，北宋时最大寺院之一开宝寺及皇家园林金明池等，具有重要的历史价值。

洛阳的地面文物遗存，知名度较高的是龙门石窟、白马寺和关林三处，但离市区均较远。地下文物商城遗址、周王城遗址、汉魏都城遗址、隋唐城遗址等反映了洛阳城建历史及在中国曾经显赫的都城地位。

2. 地方特色和民族文化型

指较完整地保留了某一时代或几个时期的历史风貌地方性城市或具有特殊民族风貌特色的城市。这些城市不仅在物质形态上使人感受到强烈的历史氛围或者民族特征，同时，通过这些物质形态，可以折射出某一时代或某一地域的政治、文化、经济、军事等诸方面深层结构，表现出很强的历史特征和文化传承性。

我国是一个多民族的统一国家。汉族的文化由于地域差异及历史的发展演变，也呈现出多彩多姿的地方特色。中原文化、江南文化、闽南文化、巴楚文化等文化分支的差异性，至今仍能在历史城市中强烈地感受到。少数民族的文化更保持了其独特的个性。文化上的差异性，不仅体现在城市的物质环境中，也体现在居民的信仰、行为、审美、家庭组织、生活方式等方面，以及其物化形式，如生活用具、美术作品、文学作品、工艺美术品、食品等方面。

汉文化地方特色较为显著的城市有体现江南地域文化特色的苏州、绍兴、宁波（图 2-38，2-39）。“小桥、流水、人家”的环境特色，粉墙黛瓦的建筑；人们从事鱼米、丝绸、刺绣、酿酒、植兰；吴侬软语环境中孕育的评弹、越剧、昆曲，无不体现出“鱼米丰足时，聚散两依依”的江南诗意景观。体现徽州地域文化特色的历史城市有歙县（图 2-40），山川秀丽，古朴清幽。徽派建筑的砖木竹石“四雕”精美绝伦；中国历史上著名的“徽商”、许多著名学术流派如“程朱理学”和艺术流派如新安画派等均发祥于此。体现闽南地域文化的泉州、漳州；体现岭南地域文化的广州、潮州（图 2-41）等。

图 2-38

图 2-38：吴冠中的《双燕》：粉墙黛瓦孤树下，翩飞双燕落谁家。描绘了宁波月湖街区的诗意景观。

图 2-39：20 世纪初外国人从南城墙拍摄的宁波街区。

图 2-39

图 2-40：安徽歙县斗山街民居是随着徽商的崛起而逐步形成的，外观古朴典雅，内部精雕细作，深受程朱理学影响。

图 2-41：潮州开元寺始建于唐代。建筑屋面有鸱尾和双龙夺宝装饰，琉璃瓦彩甍丹墙，蔚为壮观，具有浓郁的地方风格。

图 2-40

图 2-41

少数民族文化特征强烈的历史城市中，体现藏民族文化的有拉萨和日喀则。拉萨是西藏的首府，也是藏民族文化的发祥地和藏传佛教的圣地，拥有许多富有特色，建造精美的宫殿和寺庙：布达拉宫、大昭寺、色拉寺、罗布林卡等。城市中众多的佛寺和藏族民居，造型粗犷、色彩鲜艳，具有强烈的藏族特色（图 2-42）。

体现白族文化的历史城市有大理。现存大理城为明洪武年间修建的，城池建设承袭中原的严格格局。城墙部分保存完好，城内道路有九条十八巷，成棋盘式方整布置，在贯通南北城门的轴线上，由南门外的“妙香古国”牌坊、承恩坊、坊拓桥、南城门、承恩门、五华楼，以及四排坊、六排坊，直至北门安远门，形成强烈的空间序列。除南北轴线外，城市东西两门各对苍山、洱海构成东西轴线。由苍山向东流入洱海的十八涧中的部分溪水穿城而过。城内民居大多是“三坊一照壁”“四合五天井”的白族民居特色。

体现维吾尔民族文化的历史城市有喀什。喀什是“丝绸之路”上的重镇，有许多伊斯兰寺庙和陵墓，是维吾尔族人民聚居地，街道、民居、集市以及音乐、舞蹈、手工艺品等都有浓郁的民族特色（图 2-43）。

图 2-42：拉萨大昭寺的金顶与远处的布达拉宫，它们之间是拉萨老城区。拉萨建筑造型粗犷、色彩鲜艳，具有强烈的藏族特色。布达拉宫于 1994 年列入世界遗产名录，大昭寺于 2000 年作为扩展项目列入名录。

图 2-43：喀什老城区的巷道交错密织，用黄土夯筑的民居以院子为核心组织。

图 2-42

图 2-43

3. 近现代风貌型

近现代风貌型以上海、天津、青岛、哈尔滨为代表。这些城市除上海、天津外，均只有不到200年的建城历史。帝国主义通过不平等条约，使这些城市成为它们对中国进行经济侵略的基地。上海、天津为租界城市，青岛、大连、哈尔滨为帝国主义独占的城市。帝国主义的殖民统治，一方面使这些城市成了它们对中国进行经济掠夺的基地；另一方面，也留下了大量具有殖民风格的建筑群，如银行、商场、赌场、跑马场、教堂、育婴堂等，被称为“世界建筑博览会”。在文化意识上，大量的西方先进技术和思想，使这些城市的市民在思想观念、生活方式、文化水平等各方面，都体现出不同于其他类型城市的特征。上海在文艺、建筑及其生活的各个领域，至今存在着一种独特的常被称作“海派”的文化（图2-44）。

因为在1933年1月召开了历史上有重大意义的遵义会议，使遵义闻名于世。1935年中国工农红军到达延安后，延安成了中国革命的圣地，100多处革命文物记载着中国革命的光辉历程（图2-45）。这两个城市作为记载震惊世界、改变中国面貌的革命斗争的主要实证，有着巨大的历史价值。

图2-44：上海的里弄建筑，是上海开埠后结合中西两种风格而形成的民居建筑。

图2-45：延安历来就是陕北地区政治、经济、文化和军事中心，是兵家必争之地。延安更是革命圣地，在中国历史上具有极为重要的特殊地位。

图 2-44

图 2-45

4. 特殊职能型

特殊职能型历史城市，反映了政治、经济、军事、宗教等不同的侧面。如景德镇的陶瓷业，自贡的盐业，亳州的药业，平遥、太谷的票号业，曲阜在历史上则是衍圣公世居之地，具有与其他城市非常不同的特点。

首先，这些城市在历史上某种职能占有极突出的地位，并且在某种程度上成为这些城市的象征。如景德镇有“瓷都”之称，自贡有“盐都”之称，亳州有“药都”，曲阜有“庙城”之称。

其次，这些城市拥有众多能说明这种职能历史发展过程的文物，对我们了解某种古代经济生活、文化政治现象有重大意义。如城市的外部环境，由于城市经济生产、政治文化生活上的特殊性，呈现出和其他历史城市不一般的独特景观。

自贡开采井盐的盐井架，在城市物质空间环境中起着重要的作用，构成了独特的天际线，成为城市的标志。

曲阜明故城开创了“庙”与“城”整体建设的新格局。当时皇帝下诏全国通祀孔子，由此也奠定了曲阜庙城发展和建设的方向。明代“移城卫庙”不仅仅意味着围绕孔庙、孔府、颜庙、陋巷建起一座新的砖筑县城，也不仅仅意味着县治由旧县迁往阙里。这一举措使孔庙为中心的祀事功能和孔府的府第功能与县城的政治、军事、经济、文化功能相互融合在一起。庙城扩建的同时，孔林也进行扩建，使孔林成为曲阜庙城区域空间布局的重要组成部分。曲阜明故城的风貌特征与传统中国城市最大的不同，是孔子家族对城市的决定性控制作用。在这个城市中，以孔庙孔府为核心的有关孔子的建筑是最重要的，其他建筑的重要程度根据与孔子关系的重要性而定。城市是为了保卫孔庙而修建的，先有孔庙，后有城市，因此被称为庙城（图 2-46）。

第三，特殊职能的历史积淀还使城市非物质环境具有强烈特色。如曲阜作为儒教的中心，对城市的精神面貌、道德风范、价值观念，起着极重要的影响。

图 2-46：曲阜是孔子的故里。随着历代对孔子的尊崇，孔庙的地位逐渐提高。明初“移城卫庙”，形成了以孔庙、孔府为核心的独特城市格局，在中国历史城市中独一无二。

图 2-46

（二）
保护历程与状况

中国历史城市保护的思想，可以追溯至新中国成立初期以梁思成先生为代表的建筑与城市规划学者对保护古都北京的研究、规划和倡导。梁先生首先指出了北京及中国其他历史城市的特点及整体保护的意义：

北京古城的价值不仅是个别建筑类型和个别艺术杰作，最重要的还在于各个建筑物的配合，在于它们与北京的全盘计划、整个布局的关系，在于这些建筑的位置和街道系统的相辅相成，在于全部部署的严肃秩序，在于形成了宏伟而美丽的整体环境。

中国古代的城市有许多是按规划建设的，有些城市虽然看不出明显的规划意图，但自发形成的布局和路网系统也能反映时代的特征和地方特色，包含着城市的历史信息。它们有着值得保存的建筑个体和城市整体的配合关系，有着值得保护的规划格局或空间部署的秩序，有着值得保护的文物环境。对于这些，只保护一个个的文物建筑是不够的。

在对北京城市整体的规划建设与保护中，梁先生曾提出两项建议：

发展新区以保护旧城：避开明清时代形成的老城区，在它西面设立新的行政中心。这样既可在新区大力进行现代化建设，同时也可保护古城原有的格局、精美的建筑以及传统特色的胡同式居住环境。

保留和利用北京城墙：利用城墙作为新旧区的隔离带，利用城门控制交通，利用城墙及护城河绿化带建成环城立体公园。

这些保护思想在当时应该说是十分先进的，遗憾的是，破旧立新的文化倾向和中华人民共和国成立后对新建设的热情，抑制了北京古城保护的深入展开。1958 年，北京拆除了明代修筑的城墙，全国各地纷纷效仿，以致至今在全国没有留下几座完整的城墙。十年浩劫，又对中国历史城市中的官署、文庙、宗教等公共建筑和民居大肆摧毁和破坏。

20 世纪 70 年代末的改革开放使中国开始进行大规模经济建设的同时，许多城市也进入大规模“城市改造”的时期。许多文物古迹和传统街区在建设中被破坏。如山西的太谷、新绛等城市拆除了古城墙，很多江南水乡的城市如绍兴、苏州等填塞河道，其目的都是为了便于交通而修筑大马路。从而造成古城空间特色和文化环境的严重破坏。

在这样的情况下，一些专家向国家呼吁，提出只保护单个的文物古迹是远远不够的，应该从城市整体上采取保护措施。1982 年，国务院 26 号文件中指出：“我国是一个历史悠久的文明古国，保护一批历史文化名城，对于继承悠久的文化遗产，发扬光荣的革命传统，进行爱国主义教育，建设社会主义精神文明，扩大我国的国际影响，都是有积极意义的。各级人民政府要切实加强领导，采取有效措施，并在财力、物力、人力等方面给予应有的支持，进一步做好这些城市的保护和管理工作。”至此，“历史文化名城”的概念被正式提出。同年，公布了北京、苏州、西安等24个城市为首批国家历史文化名城。于1986年12月公布了第二批38个，1994年1月公布了第三批37个国家历史文化名城，从2001年至今又陆续公布了一批国家历史文化名城。截至2021年5月，中国有国家历史文化名城136个。

从中国历史城市目前的保存状况看，有以下三种类型：

具有完整格局和风貌的历史城区。这类城市，不仅文物古迹保存较好，由于发展缓慢或另辟新城发展，整个城市无论是格局、街道、民居和公共建筑物均完整地保存着某一时代的风貌。平遥、丽江、潮州、大理、喀什、阆中为其中突出的代表。

具有完整空间格局和不完整风貌的历史城区。这种城区往往还保留有城市格局、街巷体系、文物建筑群和部分民居建筑群等，但是城墙被毁，城市高层建筑破坏了古城历史轮廓线，街道被拓宽，大量的传统住宅区被改建成新公房等。北京、西安、苏州、扬州、曲阜、歙县、潮州、宁波、常熟等为这类城市的主要代表。

具有局部完整格局和风貌的城市。这种城市的历史整体格局已经缺失，但是还有局部比较完整的历史文化街区能够体现古城的历史风貌特色。这种城市在中国目前非常多，如上海、沈阳、天津、澳门、临海、宁波、绍兴等。

由于完整保护的城市比较少，因此1996年开始，建设部城市规划司、中国城市规划学会、中国建筑学会联合在安徽省黄山市屯溪召开“历史街区保护（国际）研讨会”。在这个会上，大家达成共识：“历史街区的保护成为保护历史文化遗产的重要一环。”自此，中国的历史城市保护建立了文物保护单位、历史文化街区、历史文化名城的保护制度。

根据2008年7月1日施行的《历史文化名城名镇名村保护条例》，历史文化名城必须符合以下四个条件：

保存文物特别丰富；

历史建筑集中成片；

保留着传统格局和历史风貌；

历史上曾经作为政治、经济、文化、交通中心或者军事要地，或者发生过重要历史事件，或者其传统产业、历史上建设的重大工程对本地区的发展产生过重要影响，或者能够集中反映本地区建筑的文化特色、民族特色。

在所申报的历史文化名城保护范围内还应当有2个以上的历史文化街区。

《条例》要求：历史文化名城的保护应当遵循科学规划、严格保护的原则，保持和延续其传统格局和历史风貌，维护历史文化遗产的真实性和完整性，继承和弘扬中华民族优秀传统文化，正确处理经济社会发展和历史文化遗产保护的关系。

三

中国历史城市的世界意义

在中国众多的历史城市中，目前有四个城市的历史城区被列入世界遗产名录：平遥古城、丽江古城、澳门历史城区、鼓浪屿：历史国际社区。这四个世界遗产城市不仅拥有特色鲜明的城市景观，更因为其所蕴含的丰富的历史文化内涵而具有“突出普遍价值”。这其中既有中国人千百年来一脉相承的东方哲学思想，又有多元文化的交流融合，但是无不体现出先民们在追求和谐理想的人居环境方面所作的不懈努力，以及表现出来的东方智慧。

中国的世界遗产城市是世界城市中非常独特的一个部分，同时也为现代城市的可持续发展提供了非常重要的借鉴经验。

（一）东方的哲学思想

1.“礼制中庸”的建城思想

中国传统的建城思想与古代占统治地位的儒家哲学思想密切相关。儒家提倡礼教、伦理、秩序，因此在城市格局上基本尊崇《周礼》的城制模式。根据城市的等级、发展水平等确定相应的城市规模、形式和公共设施体系，形成了非常完善的城市规划思想体系。

此外，儒家思想中“居中不偏”的思想反映在城市中则强调中轴对称，大到整个城池的对称格局，小到民居院落的对称布局，无不体现出中国人将对社会“秩序”的追求反映在对空间“秩序”的追求。

这套建城思想不仅在中国得到了普遍的执行，而且还深刻地影响到亚洲其他国家，如日本、韩国、越南等的城市建设。

2.“天人合一”的人居理念

李约瑟在《中国科学技术史》中曾说：“在世界别的任何地方，都找不到像中国的城市和乡村的建筑、园林、民居院落那样体现‘人与自然融为一体’。”李约瑟所说的“人与自然融为一体”，就是我们中国人耳熟能详的四个字“天人合一”。

虽然，今天的“天人合一”四个字经常被用来形容某些城市、乡村和建筑的景观，但是在中国传统文化中，“天人合一”首先是一种思想，是在处理人与自然关系时的一种价值取向。《易经·乾卦·文言》：“夫大人者，与天地合其德，与日月合其明，与四时合其序，与鬼神合其凶吉。”北魏农学家贾思勰在《齐民要术》曾说：“顺天时，量地利，则用力少而成功多。任情返道，劳而无获。”也就是说，人类做事情必得首先尊重自然的规律，在此基础上因势利导，必得成功，反之则会劳而无获。

这种与西方传统文化秉持的“主客二分”完全不同的观念在中国绵延流长，并且成为中国文化的一大特色。

“礼制中庸”的建城思想和“天人合一”的人居理念在中国传统的城市中非常好地互相配合着，构建出一个个既有家国秩序，又有宜居环境的中国城市。

中国的世界遗产城市平遥古城、丽江古城是中国历史城市的杰出代表。平遥古城一开始就作为中国中原地带的建制城市，因而充分体现了中国“礼制中庸”的建城思想，但是在城市选址、民居院落、城市景观的处理方面则又体现出对“天人合一”理想人居环境的追求。

丽江古城是在比较艰苦的自然环境下，由商业贸易集镇发展起来的城市，因此在大的格局上首先充分利用了山、水等自然要素，并形成了看似无序实则有机的城市形态，但是随着后期中央政府统治的加强，在城市布局以及民居院落中亦体现出规制的作用。

澳门历史城区、鼓浪屿：历史国际社区中的中国人街区以及民居院落也无不体现出这两种思想的影响。

（二）多元文化的交融和共生

中国的四个世界遗产城市虽然在起源、历史发展、物质形态等方面都迥然不同，代表了中国历史城市的四种类型，但是它们在历史上都能以开放的胸襟兼容并蓄了多元文化，从而形成了富有创造力的辉煌时期，并达到了物质和文化的极大丰富。

平遥古城的商帮正是在走南闯北的过程中累积了无数的财富和经验，也开阔了视野，从而创造性地开设了票号这一中国最早的金融汇兑系统。由于商业经济的发展，带来大规模人口的流动，同时为文化和宗教的传播创造了契机，能工巧匠云集，造就了精彩纷呈的平遥古城。

丽江古城是滇川藏大三角民族文化交汇之地，是南方丝绸之路与茶马古道的交汇点。世代居住在这里的纳西族先民吸纳汉、藏、白等民族优秀文化，创造了自己独特的文明：融汉、藏、白等各民族精华，并独具纳西族特色的建筑、艺术、城镇规划和景观以及社会生活、风俗习惯、工艺美术等人文特征。

澳门历史城区是16世纪中国对外的一个窗口，随着传教士、商人的跨海国际航行，促进了西学东渐和东学西传。澳门历史城区中保留着的葡萄牙和中国风格的古老街道、住宅、宗教和公共建筑，见证了东西方美学、文化、建筑和技术影响力的交融。澳门历史城区是东西方文化交流的独特见证。

鼓浪屿：历史国际社区则是在19世纪中叶开始，由当地华人、来自多国的外国居民和还乡华侨共同发展形成的具有突出文化多样性的国际社区，各种价值观念的交汇、碰撞和融合，都体现在鼓浪屿独特的建筑风格和城市肌理中。

（三）文化的多样性表达

与单体的建筑遗产不同，世界遗产城市的文化内涵极其丰富。历史城市是世界上各个地域的人们在特定的自然、社会和经济等背景下形成的城市型聚落，是一种集体智慧的体现。从中国的四个世界遗产城市中我们可以看到：

城市聚落的特征经常与其周围的自然环境（包括气候、地形、地貌、生态）有着密切的关系，可以说是人类的活动与自然环境相互作用的结果。世界遗产城市能够体现各地人类尊重自然、利用自然的智慧。

它们往往是地域的政治、经济和文化的中心，是地域交通的枢纽。因此，多个世纪的文化融合、技术交流，往往能够形成集各家精华，又独具地方特色的建筑和城镇景观以及社会生活、风俗习惯、工艺美术等人文特征。

它们在城市化的过程中，具有特定社会结构或者经济分工和联系的人们聚集在一起，并形成了相对平衡稳定的状态，从而也创造了富有特色的物质空间：权力机构设施往往成为历史城市的重要构成要素，如衙署、庙宇、宗祠、教堂等等；经济上的繁荣支撑了人们对理想人居模式的探求和实现，而居住是最基本的功能，民居建筑成为最具有地方特色的物质空间。

所以说，世界遗产城市的内涵非常丰富，既有显性的物质形态方面的杰出表现，又有隐性的社会经济文化等因素的集中反映，因此，在人类的经济史、文化史、社会史、技术史等方面具有非常重要的作用。

在现在经济全球化、世界文化趋同的浪潮中，在城市规划和建筑的建造理念国际化的背景下，文化的多样性和环境的多样性所造就的世界遗产城市显得弥足珍贵。

中国的世界遗产城市所提倡的“和谐观”，既充分表达了人与自然的和谐，人与人的和谐，还有不同民族、不同文化之间的和谐，对今天的城市建设以及社会发展都将具有深远的意义。

参考文献

[1] 王其亨．风水理论研究．天津：天津大学出版社，1992.

[2] 董鉴泓，阮仪三．名城文化鉴赏与保护．上海：同济大学出版社，1993.

[3] 宁越敏，张务栋，钱今昔．中国城市发展史．合肥：安徽科学技术出版社，1994.

[4] 阮仪三，王景慧，王林．历史文化名城保护理论与规划．上海：同济大学出版社，1999.

[5] 贺业钜．中国古代城市规划史．北京：中国建筑工业出版社，2003.

[6] 董鉴泓．中国城市建设史．北京：中国建筑工业出版社，2004.

备注

[1] 图 2-1，2-4，2-14 图片来源：董鉴泓．中国城市建设史．北京：中国建筑工业出版社，2004.

[2] 图 2-8，2-18 至 2-20，2-23 至 2-32，2-34 至 2-37，2-40 至 2-45 图片来源：www.quanjing.com

[3] 图 2-46 图片来源：曲阜规划局．

[4] 其余图片由邵甬、周俭提供。

3

三

第三章

中国的世界遗产城市

一

平遥古城

遗产地名称：平遥古城

Ancient City of Pingyao

登录时间：1997 年

简要综述

平遥古城位于中国山西省中部平遥县境内，包括平遥城墙之内的整个古城区、距县城西南 6 公里的双林寺、距县城东北 12 公里的镇国寺三个部分。平遥古城完整保存了 14 至 20 世纪中国汉民族中原地区县级城市的真实风貌。

平遥古城建于 14 世纪，是由古城墙、古街巷、古店铺、古民居、古寺庙等众多文化遗存组成的一个完整的建筑群体，城池面积 225 公顷。其城镇布局集中反映了五个多世纪以来，中国汉民族城市建筑和城市规划的发展。特别是 19 至 20 世纪初期，平遥古城是整个中国金融业的一个中心，现存古城内的近 4000 处商业店铺、传统民居，建筑雄伟，建造精良，是平遥长达一个多世纪经济繁荣的真实见证。双林寺现存明、清彩塑 2000 余尊，被誉为“东方彩塑艺术宝库”。

镇国寺主殿万佛殿为五代遗构，是中国现存最早最珍贵的木构建筑之一。

突出普遍价值

平遥古城是中国汉民族城市在明清时期的杰出范例，平遥古城保存了其所有特征，而且在中国历史的发展中为人们展示了一幅非同寻常的文化、社会、经济及宗教发展的完整画卷。

世界遗产委员会决定根据第二（ii）、第三（iii）和第四（iv）条标准将平遥古城列入世界遗产名录。

标准（ii）：平遥古城的城镇布局集中展现了 14 至 20 世纪以来一以贯之的中国汉民族城市的建筑风格和城市规划的发展脉络。同时在一定程度上展示了这座城市在社会、经济、文化、艺术、科学、技术和产业方面的发展状况。

标准（iii）：19 至 20 世纪初期，平遥古城是中国金融业的中心。平遥古城内的商业店铺、传统民居，是平遥古城这一时期经济繁荣、发达的历史见证。

标准（iv）：平遥古城是一个完整的古建筑群体，是罕见的完整保存其所有遗产特征的中国明清时期汉民族城市的杰出范例。

平遥曾经只是中国古代众多的小县城中的一个，在明清朝一跃成为全国的财富中心；平遥也曾面临与中国众多古代小县城一样的命运，在现代化大潮中或者烟消云散，或者支离破碎，但在20世纪80年代初，成了刚刚在中国萌芽的城市保护思想的实践地而得以保全。20世纪末，专家们环顾四野，发现平遥这样一个小县城可以代表中国浩瀚的汉民族城市去申报世界遗产，平遥古城也顺利以其突出普遍价值成为世界遗产城市。

（一）

“票号金融通四海”

——平遥的社会经济发展

1. 自古贫瘠，商贾为主

清初康熙年间《平遥县志》记载“其地瘠薄”，“地气早寒，入夏尚潮湿，八月则冷”，“贫民并谷也不可得，杂以豆黍为米面及菜羹度日而已，日两餐为常”。可见平遥地区的农耕条件并不理想，农业生产收益较低，以农为业的人们困苦不堪。因此，虽然在中国漫长的封建社会中，人们奉行着读书为先，农次之，工再次之，商人最后的职业层级逻辑，平遥还是商业兴起，经商者成千上万，遍布全国各地。清光绪年间《五台县志》特别为地处中原的山西商业发达作了解释：“晋俗以商贾为主，非弃本而逐末，土狭人满，田不足于耕也。”说这不是山西人舍本逐末，实在是因为地薄人稠，不得已而为之。《雍正朱批谕旨》第47册收有1724年（清雍正二年）一条朱批：“山右大约商贾居首，其次者犹肯力农，再次者谋入营伍，最下者方令读书，朕所悉知。”连雍正皇帝也认为山西的社会定位序列与别处不同，竟是经商为第一。

虽然因为恶劣的自然环境，使包括平遥人在内的山西人早早放弃了对“地”的依赖，但是能够成就旷世的“晋商”传奇，使平遥一度成为全国的金融经济中心，则与那段特殊的历史，以及平遥人的特质有着紧密的关系。

2. 走南闯北的平遥商帮 ——明清的商业发展

平遥古城商业贸易发展当从明代中叶算起，到清代已经是非常兴盛了。根据1706年（清康熙四十五年）《平遥县志》，平遥古城“五行百产，出之伙则必有其所，以盖藏海错山珍。运之多则必藉其方以存贮，是以通闤带阓比屋而居，对宇望衡连甍以处”。

根据《平遥古城志》，平遥商业贸易繁盛，原因有三：一是城乡便民商贸，相对发达；二是区域商贸日渐兴盛，成为邻近府县的商品贸易集散之地；三是跨城经营，九州通衢，1870年（同治九年）《整修平遥县市楼碑记》中记载“各省各区无不代输转受”。而第三个原因则奠定了平遥成为中国商业中心之一的基础。

平遥商人中一部分由山西大同分东西两口（张家口、杀虎口）进入蒙古牧民地区，用颜料、干果、药材、丝绸、布匹、茶叶、瓷器等物品交换各种牲畜和畜产品，称为旅蒙商。另一部分商人南下湖广、闽浙、川贵一带，开设钱庄、当铺、药店等，顺便销售北方货物并采买南方土特产品运回北方销售，称为下四川商。

到了明末清初，平遥颜料商人、桐油商人就已经在北京建立了平遥颜料会馆，为同乡、晋中赴京商人的食宿提供方便。

1649年（清顺治六年），清政府的抚商政策，促进了全国商业的蓬勃发展，恪守商业道德的平遥商人迅速地在南北商场上大显身手。从广州到恰克图的南北商路，与丝绸之路东端延长线西安—潼关—太原—北京，在晋中平原的平（遥）、祁（县）、太（谷）相交叉，加上中俄陆路的通商，为善于经营的平遥商人开辟了广阔的经商地域。平遥商人不仅在北方各商业城镇设店营业，而且通过南北商路，北货南运，南货北移，商品以颜料、茶叶、丝绸、瓷器、工艺品等为主，换回大量的马匹、骆驼、毛皮和呢绒等。

清康熙年间，商业政策更加宽松。1681年（清康熙二十年）后，随着南方战事的平息，稍事停顿的平遥商人重新向南方各省发展，经营行业仍以钱庄、当铺、皮毛、绸缎、茶叶、杂货等为主。1689年（清康熙二十八年），平遥帮商人运输货物形成了驼帮和车帮。

1727年（清雍正五年），《中俄恰克图条约》将“恰克图辟为中俄商人交易市场，并各自划定贸易市圈。在俄方的叫恰克图，在中方的称买卖城……”，而中方贸易完全为晋商所垄断。其中，平遥商人主要向俄方输出颜料、茶叶、丝绸、刺绣、棉织品、烟草、小工艺品及瓷器等100余种商品。他们从俄国采买的商品有呢绒、毛绒、天鹅绒、皮革、毛麻织品和牛、羊、马及各种土特产品。

1763年（清乾隆二十八年），平遥鸿锦信商号的推光漆器开始出口俄国及东南亚等地区。1783年（清乾隆四十八年），范家（介休人）运输黄铜亏本倒闭，使平遥商人悟到只有不断扩大经营种类和建立联字号，形成互帮互补的商业网络，才能立于不败之地。乾隆末年，平遥颜料行、当行、盐行、药材行等商人纷纷在全国各地设立分庄。

1819年（清嘉庆二十四年），平遥颜料商在北京、通州、保定、天津、汉口、江西吴城镇等地设立分庄89处。嘉庆末年，平遥商帮以及晋商所设分庄已遍布全国各大水陆码头了。

3. “汇通天下”的平遥票帮——清代中后期的票号业发展

在频繁的商品交易中，银两的汇兑成为非常重要的一环。货币钱钞的转移、递解，特别是长途运送，一直是非常危险的事情，于是就产生雇佣武艺高强的镖客，保护钱财运输的镖局。但是终究不是十分安全。

嘉庆年间，平遥西裕成颜料庄北京分号的经理雷履泰在经营同乡、亲友少量汇兑银两的过程中，克服了账局只经营货币借贷不经营汇兑的缺陷，逐步总结出一套较为完整的汇兑经营模式。雷履泰被调回平遥总号后，建议东家将颜料庄改为专营银两汇兑和存放款业务的票号。东家李大全投资30万两纹银，于1823年（清道光三年）正式成立了中国第一家票号——日升昌，雷履泰任大掌柜，开始兼办“此地存款，凭借票据到彼地取钱”的汇兑业务。日升昌成为全国第一家经营存、放、汇兑业务的金融商号，并在全国40余个大中城市设立分号，解决了现银押运的困难，为贸易往来和商业发展带来极大方便。

1826年（清道光六年），介休县北贾村侯家将在平遥城经营多年的蔚泰厚绸布庄、蔚丰厚钱铺、蔚盛长绸缎庄、天成亨细布庄、新泰厚绸缎庄5个商号改为票号，组成了著名的“蔚”字五联号。1838年（清道光十八年），日升昌出资成立日兴中票号。至此，平遥票号发展到7家，由初创期进入蓬勃发展期，初步形成中国票号中最早的平遥帮。

虽然由于鸦片战争爆发，时局动荡，但是票号业仍然顽强奋斗，到1860年（清咸丰十年），平遥票号发展到11家。此后30年间，票号业发展迅速，共计达到20家。这些票号遍布全国68个城市和商埠重镇，分号总数增加到367个，形成了一个庞大的金融网络，成为“汇通天下”的主力军。

随着票号业的发展，平遥商帮分成了以经营银行业的存、放、汇兑业务为主的商帮和走南闯北的物资贸易商人。这两个商帮的命运却开始大相径庭。

1864年（清同治三年），新疆库车、伊犁一带发生叛乱，战火波及天山南北。西路商人受交通阻碍不得不撤回归绥城，困守一隅。第二次鸦片战争期间，俄国胁迫清政府签订《中俄瑷珲条约》《中俄北京条约》《中俄天津条约》《中俄陆路通商章程》等不平等条约，允许俄国商人入境并降低官税、厘卡和取消子口税（外国进口和国内货物原料出口关税），使得在恰克图（中方称为买卖城）贸易的平遥商号大多被迫关闭。同期在南方，西方列强占据各大通商口岸，倾销各类洋货，南方各省的平遥商号日渐失去竞争能力，不少商人逐步向本地撤退。1875年（清光绪元年），山西全省连续干旱，平遥饿死者和逃荒在外者不计其数，不少平遥商号只好将经商资本用于养家糊口。1881年（清光绪七年）后，西方列强变本加厉地掠夺中国丰富的资源和土特产品，平遥物资贸易商人遭到严重打击，开始由盛而衰。

与此同时，平遥票号业却仍得到长足的发展。1880年（清光绪六年），在迅速崛起的口岸城市上海有14家平遥票号分号。1881年（清光绪七年），在素有九州通衢之称的汉口，有山西票号分号32家，其中平遥票号分号达16家之多。而到1892年（清光绪十八年）之后，一些较大票号凭借与清政府的密切关系，逐渐承担了清政府财政和银行的部分职能，揽办了军饷、协饷、账款、税银汇解等官款业务。尤其在1894年（清光绪二十年）《马关条约》签订后承担汇解借款的重要角色。商业汇兑政治化，迅速提高了票号的社会政治地位，后又成为庚子赔款的新债汇兑业务的承办者。至1906年（清光绪三十二年），平遥票号达22家，占全国先后成立的51家票号的43.14%。在全国77座商埠城市设立分号500余处，业务范围远及日本、朝鲜、南洋、俄、蒙等国家和地区，开创了中国银钱业办理国际汇兑的先河。平遥商帮中的票号业达到顶峰。票号的兴盛加速了资金的周转，反过来推进了平遥商业、手工业的繁荣，提高了城市的经济与建设水平。平遥发展为全国的商业金融中心。

但是，到了清末民初，外商一方面依仗本国武力坑蒙拐骗，大肆掠夺；另一方面与阎锡山势力内外勾结，大量向山西境内倾销各类洋货。1921年，平遥各票号相继倒闭或歇业，阎锡山把持的山西银行逐步控制了金融市场。1924年，蒙古人民共和国独立，宣布废除对外条约和原有蒙钞。平遥商帮中的旅蒙商人失去了最后一个经营地域，只好紧缩资本退回边境，逐步返回故土。兴盛五百年的平遥商人走向了衰落。

4. 平遥人与晋商文化

晋商文化是山西商人走天下的过程中逐步形成的。它根植于黄土内陆文化，这一中华民族大融合的中间地带，悠久而厚重的文化积淀，不仅培养了山西商人崇礼、重教、讲义、守信、勤劳、节俭等共性特征，而且具有骁勇豪爽、刚毅自强、吃苦耐劳、沉稳笃实、敢闯敢创的品格。平遥商人是晋商的最主要组成部分，是晋商文化的创造者和体现者。

平遥人素有性刚气烈、慷慨好义、淳厚朴实、忧深思远的民风，在走南闯北的艰苦奋斗中，涌现出一批批重信义、讲礼貌、通世理、达人情的商界人才，这是平遥商帮发展的基础。

同时，平遥商人在走天下的过程中，涌现一批见多识广又勤于思考的精英，他们敢创新、有远谋、善经营、会管理，具备了金融人才的素质。因此，平遥票号的投资者虽多属外地的富豪大吏，而所聘经理要职等经营管理职员，几乎都是平遥人。清道光后至民初，在全国有影响的平遥籍票号总经理有雷履泰、毛鸿翙、李宏龄、郝登鳌、郝登五、梁怀文等几十位。就连慈禧太后想办票号，所挑总经理宋聚奎也是平遥人。他们“以德为怀”，“虽处财货之场，而修高洁之行；虽利而不污，利以义制，名以清修”；他们在经营实践中建立了一整套严密有效的营业、组织、账务、人事、信息、监督等票号管理制度，使票号事业得到长足发展。

5. 商业、票号业与平遥古城

平遥古城的发展与平遥的经济发展息息相关。根据记载，明末时期平

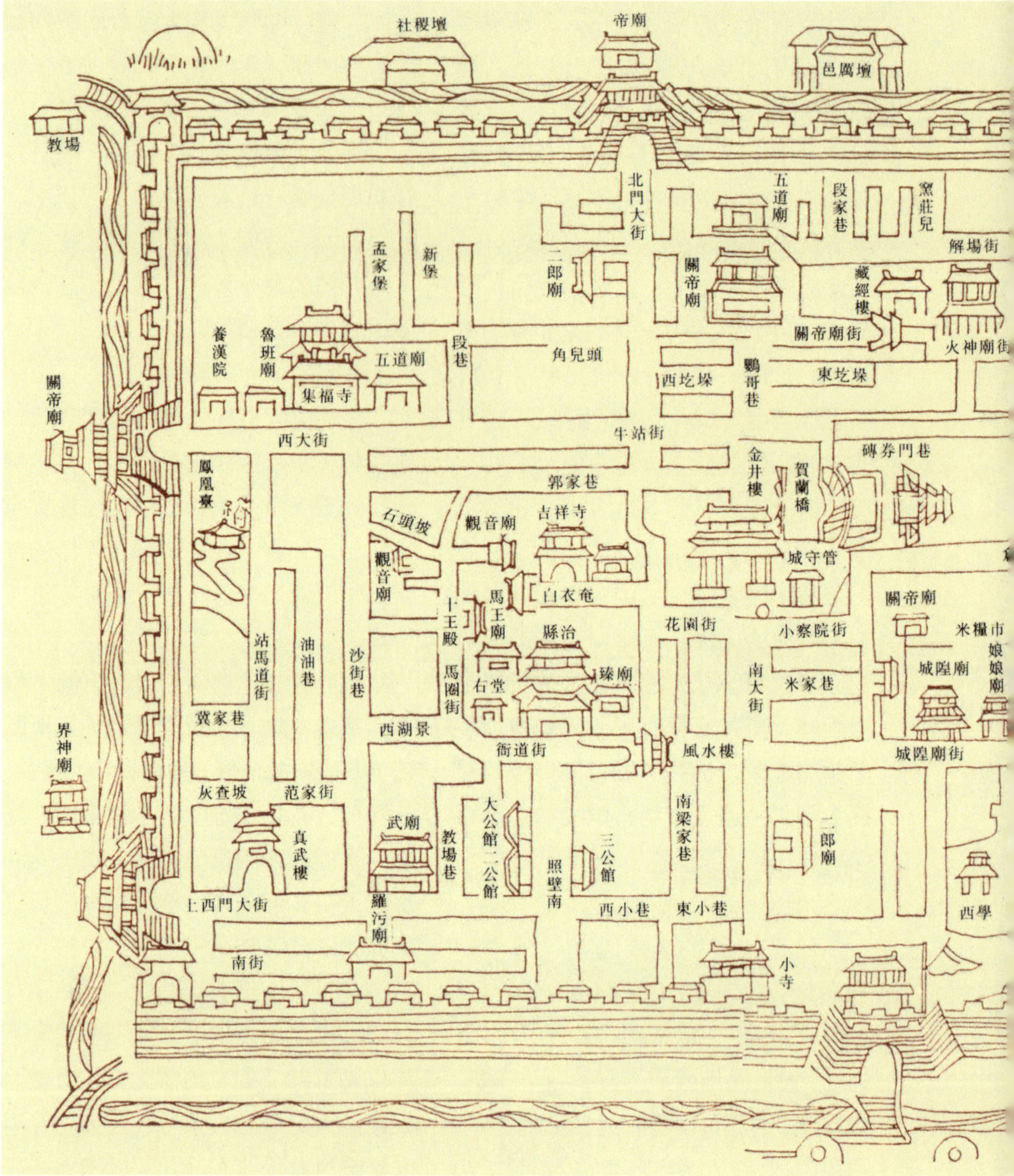

图 3-1：1882 年（清光绪八年）平遥古城图，平遥人侯光照原作。

遥人口接近 10 万，城市初具规模。1689 年（清康熙二十八年），随着商业的发展，人口超过 10 万。18 世纪末（清乾隆末年），平遥颜料行、当行、盐行、药材行等商人纷纷在全国各地设立分庄，平遥人口突破了 13 万。19 世纪中期的咸丰年间平遥人口达到了 30 万左右。虽然在 1881 年（清光绪七年）后，由于西方列强变本加厉地掠夺中国丰富的资源和土特产品，平遥商人遭到严重打击，平遥人口骤减为 17 万人，但是由于票号的兴盛加速了资金的周转，反过来推进了平遥商业、手工业的繁荣，提高了城市的经济与建设水平。当平遥发展为全国的商业金融中心时，人口稳步回升

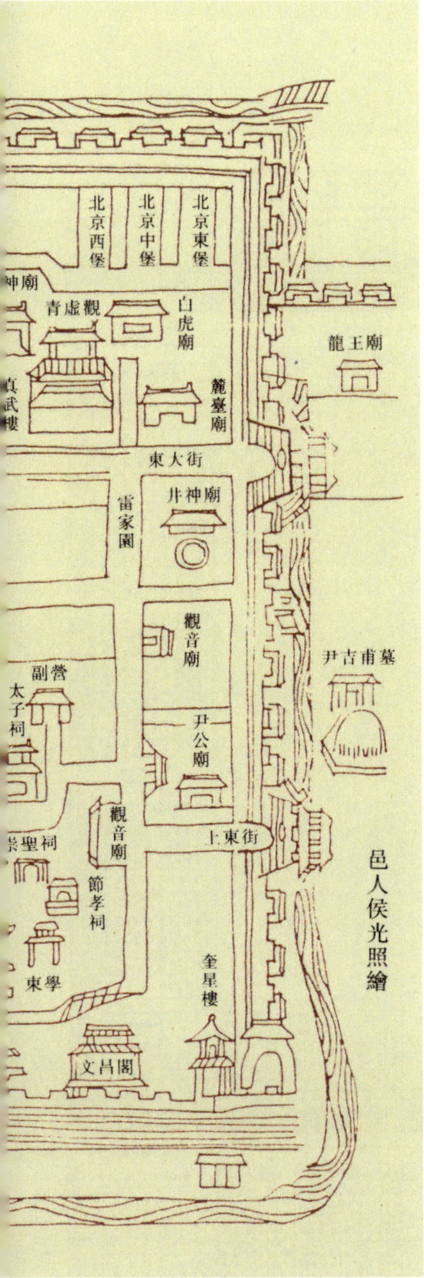

到 33 万。民国后，虽然平遥的商业和票号业均趋于衰退，但是平遥人口一直维持在 20 万左右。

平遥人经商者成千上万。清末民初平遥 60% 以上的家庭都有过经商史。而那些外出经商之人，又往往有千里万里外致富后，将其银钱运回老家的习俗。因此，平遥人因从商而致富者越来越多，即使未成大户，也能脱贫而成小康之家。财富的聚集，资本的累积，使平遥古城进入昌盛繁荣的时期（图 3–1）。

一方面，平遥商人多在城内设总号，在外地设分庄。城内总号与各分庄及与客户之间，大宗项的批发、运销、中转业务兴旺发达，不少商铺批零兼营。因此，清中叶的平遥古城商业在原来“市”的基础上，店铺左右延伸连接，以南大街、西大街、东大街、城隍庙街、衙门街构成的倒“土”字形商业街格局初具规模。此外，北大街、米家巷、郭家巷、花园街、砖圈门巷、沙巷、站马道等小街及东西关等处也都有商号店铺（图 3–2）。1813 年（清嘉庆十八年）《市楼重修碑志》记载，城内“迩来商贩云集，居奇罗珍，增前数十倍”。古城中“廛肆纵横，街衢皆黑壤，有类京师”，其市井繁荣可见一二。后来虽然经历了清末的商业衰落和日军的经济封锁，但 1948 年，全县还有商行 42 种，共 461 家，主要分布在城内。明清以来，古城内的商行有绸缎布商、颜料商、茶商、古玩商、中药商、洋货商、货栈旅店商、钱商（票号、钱庄、典当、银号等），等等，涌现出了大批如日升昌、蔚泰厚、天成亨、长泰永、西裕成等名牌老字号（图 3–3）。

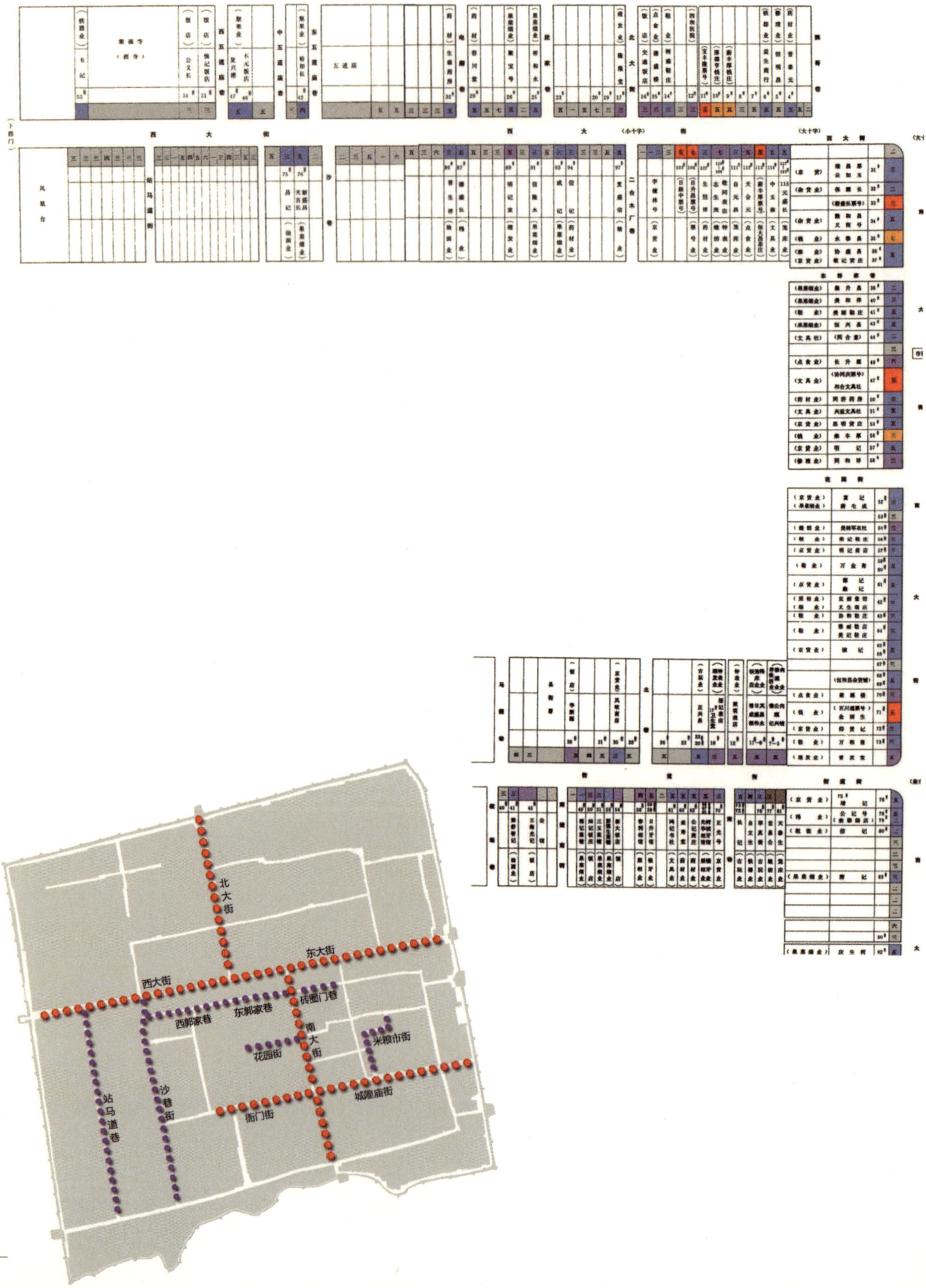

图 3-2

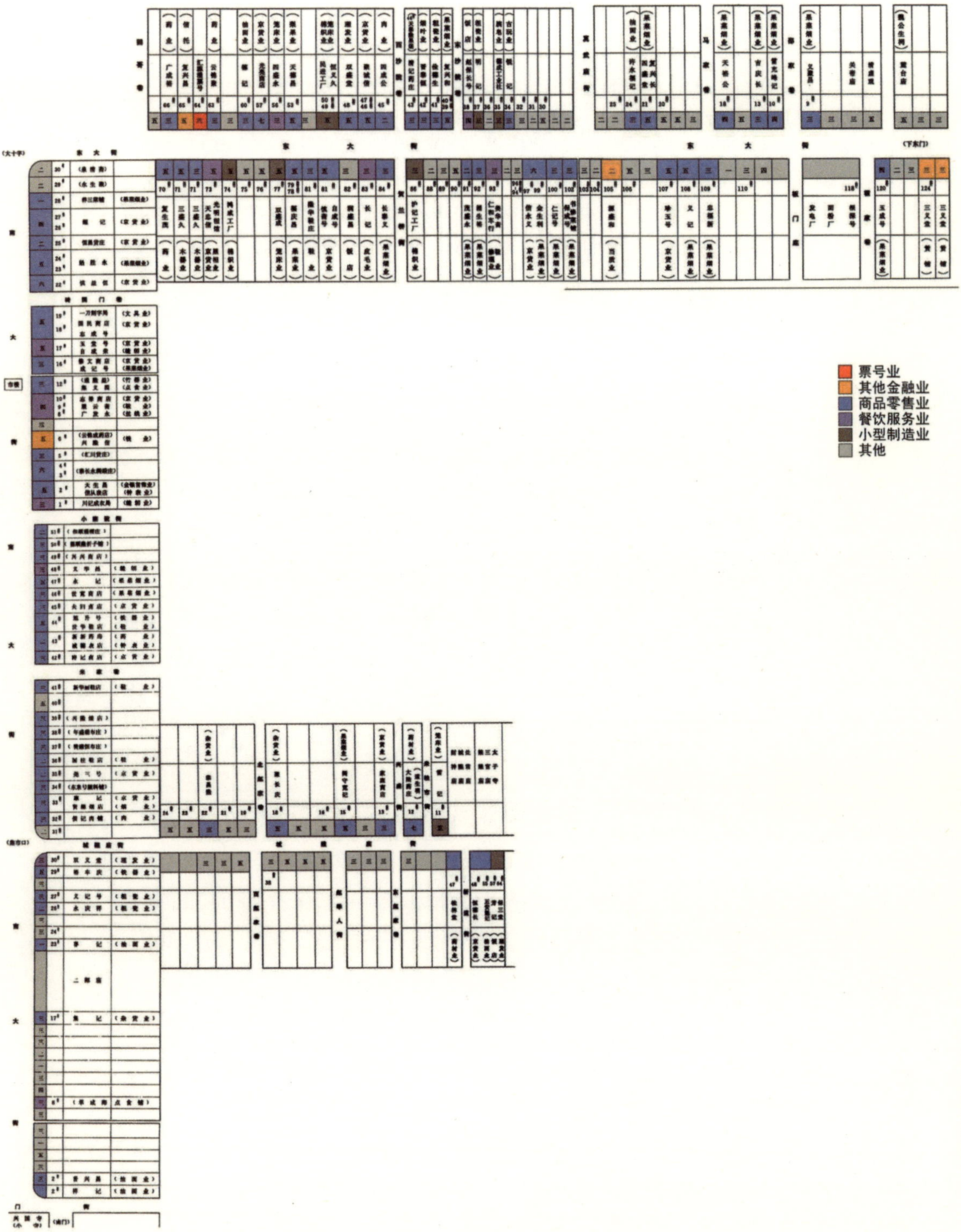

图 3-3

图 3-2：平遥古城商业街示意图。

图 3-3：1948 年平遥古城倒“土”字形商业街市店铺示意图。

另一方面，平遥商人还非常热衷资助公共设施的建设。1758 年（清乾隆二十三年）《重修金井楼记》碑载：城内捐银的行业和店铺 80 余家。1813 年（清嘉庆十八年）《市楼重修碑志》记有捐银店铺和人名共 924 个，其中捐银店铺已达 700 余家。因此，古城内因集市贸易而筑的市楼，其宏伟高大之势在全国都极为罕见。市楼有对联云：“五行气正民生遂，百尺高楼物象新。朝晨午夕街三节，赞风桥台井上楼。”自此，以市楼为核心的倒“土”字形商业街市在平遥古城的空间格局中以及平遥人的心目中已经占据核心的地位。

6. 宗教与民间信仰

由于商业经济的发展，带来大规模人口的流动，同时也为文化和宗教的传播创造了契机。平遥古城的多元信仰传统就是文化交融的结果。

北魏时期，佛教传入平遥县，始有佛事活动。城外双林寺（图 3-4，3-6）、镇国寺（图 3-5），城内集福寺、太子寺、吉祥寺、兴国寺等，均为历代佛教设坛受戒场所。

道教是汉民族的传统宗教。唐代，平遥县始有道教活动，老百姓入道受教者众多。平遥古城内东大街清虚观，就是道教活动的重要场所。明清时期，平遥道教活动场所多达 30 余处。

天主教和基督教都是平遥商人在外经商入教后，再回平遥传教或请外国神父传教，修建教堂，广纳信众。

图 3-4

图 3-5

图 3-4：双林寺位于县城西南 6 公里处，现存殿宇多为元、明建筑。寺院坐北朝南，有大小殿 10 座。天王殿、释迦殿、大雄宝殿位于中轴线上。规模宏伟，布局严谨，主次分明。双林寺是世界文化遗产平遥古城的组成部分之一。

图 3-5：镇国寺位于县城东北 12 公里处，全寺由二进院组成。沿中轴线有天王殿、万佛殿、三佛殿，布局严谨古朴。其中主殿万佛殿建于公元 963 年（北汉天会七年），是我国现存最古老的木结构建筑之一。镇国寺是世界文化遗产平遥古城的组成部分之一。

图 3-6

图 3-6：双林寺韦陀彩塑。双林寺的彩塑，共有宋、元、明、清历代大小彩塑 2 050 尊，因其造型独特、生动而被中外艺术家称为“神品”。

天地是至高无上的神，是日月星辰、山川河流、风雨雷电自然神的综合。平遥人几乎家家信仰天地爷。在平遥古城墙南，原有风云雷电坛。旧时每逢过年时，家家在院中央供天地爷牌位，或张贴天地爷神画，牌位或神画间写着“天地三界十方万灵真宰”。有的天地神画两边写有“天高悬日月，地厚载山河”的对联，横批“天地神位”。牌位或神画下面置供桌，设香炉，焚香摆供而祀。

土地是古代神话中管理山川郊社之神，也是受平遥群众爱戴而家家供奉的神。旧时建筑院门时，在门两旁墙上设置土地爷和门神爷神坛，有的在大门对面墙壁上设土地爷神坛。逢年过节，燃烛、烧香，设供祭祀。民间修盖房屋，必先祭祀土地神，方可破土动工。工毕要制作五贡五菜上供谢土。

此外，还有城隍、关圣、张弓爷等信仰，祈求城池稳固，家庭平安，驱邪避恶，保护商贾。

（二）“平遥古城甲天下”——平遥古城的特点

城市历史文化特征是自然环境、文化观念、经济水平共同作用的结果。平遥古城既有一般县城的典型格制，又有其曾经作为全国金融中心的张扬个性。

1. 选址：“山环水绕，自然形胜”

中国古代城市的选址往往考虑优良的自然环境，平遥古城也不例外。据康熙年间的《平遥县志》记载的平遥城的周边环境：“左襟麓台，右带汾水，中都衍于前，沙河环其后，超山拱秀，寨堡相错，洵为一方之胜云。”惠济河（原中都河）曾沿城南流过，古城在选址和修筑时沿中都河呈南偏东 10 ～ 15° 左右，以中都河作为南护城河并构成整个护城河水系，沿河栽植杨柳。可谓“水绕水环古楼驿，蜂须蝶翅麦花秋，人行芳草碧如水，日出杏花红满楼”（图 3–7）。

2. 城防体系：“堡寨相错，龟城永固”

平遥古城素有龟城之称，意在长生不老，青春永驻，坚如磐石，金汤永固。周边五堡二寨（洪善堡、杜村堡、侯冀堡、郝同堡、达蒲堡、赵壁山寨、西泉山寨）环绕左右，相互呼应，形成了非常有特色的防御型制特色。

平遥城墙周长 6 000 多米，几乎是一个正方形。东、西、北三面俱直，唯南墙随中都河蜿蜒而顿缩逶迤如龟状。中国古代礼制规定：天子的城方九里，公爵的城方七里，侯爵和伯爵的城方五里，子爵的城方三里。平遥城三里见方，显然是古代最低一级城市（县城）中最大的城了。

平遥城墙高 10 米，底宽 8~12 米，顶宽 3~6 米。城墙内檐以素土夯筑，外檐青砖砌筑。墙头砌垛堞 3 000 个，高 2 米，垛口宽 0.53 米，每堞有瞭望孔。内檐墙头，砌女儿墙，高 60 厘米。墙顶青砖海墁，雨水通过女儿墙根水口，沿砖砌水槽，排往城内“马道”。平遥城墙四隅还筑平台，上建角楼。城墙外檐，每隔 40~100 米，附马面 1 座，上建敌楼。墙头敌楼计 71 座，连同城东南隅之奎星楼共 72 座。3 000 个垛口，72 座敌楼，寓意孔子三千弟子，七十二贤人。

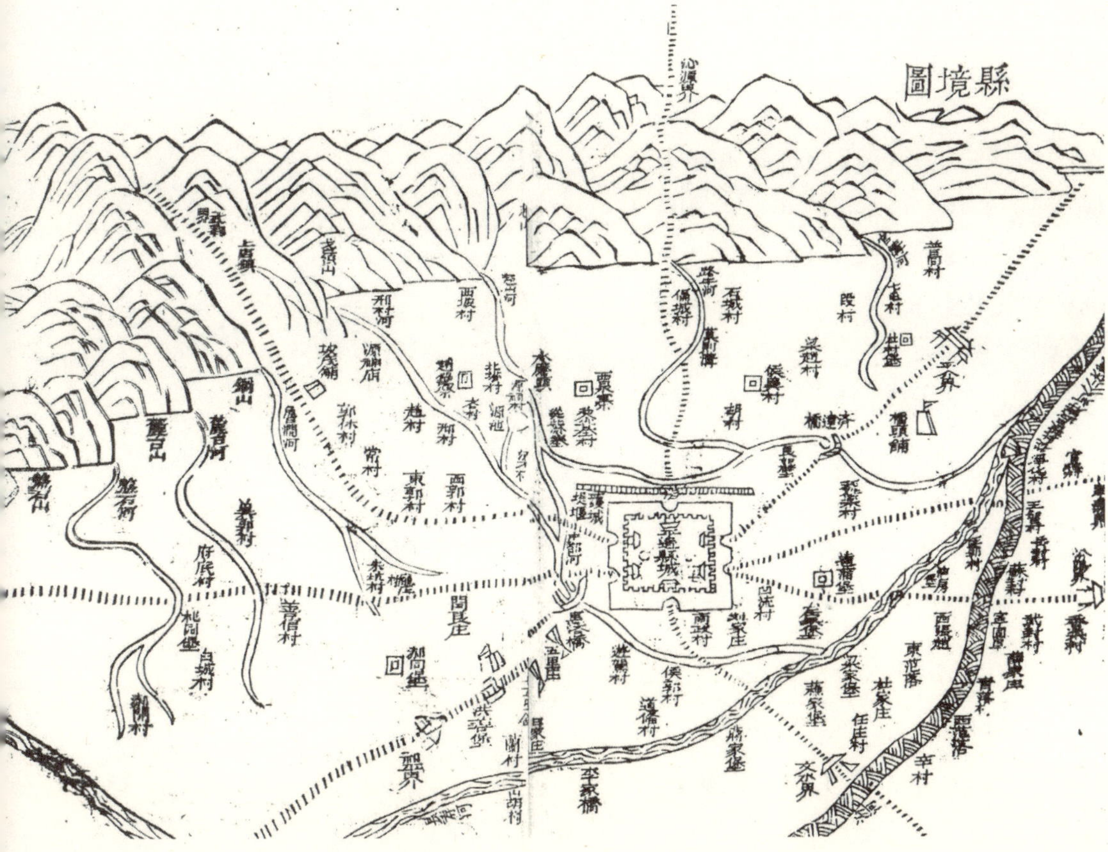

图 3-7：古代平遥古城周边山环水绕，实为一方形胜。可惜如今仅在天气晴好时方得窥见远处青山，而秋日麦田、阡陌芳草亦已不可再寻了。

平遥城墙有城门六道：东西各二，东有太和门（上东门）（图 3–8）、亲翰门（下东门），西有永定门（上西门），凤仪门（下西门）；南北各一，南称迎薰门，北称拱极门。门洞拱券式，上建重檐歇山顶城楼，门外建重门瓮城。东西瓮城之重门皆向南，面向远方的山河，使之“纳气”；唯下东门之重门向东，且重门之轴线与里门中轴线平行，朝向通往京都的官道，以示对朝廷的尊敬；而北门之重门甩向东，南门的重门虽与里门相错，但因势利导，仍然面南。此外，因为城市排水防涝之需，古城地形中间高，四周低，整个城市形同一只欲行而未动的乌龟（图 3–9）。既体现城市科学合理的一面，又暗合“龟城永固”的美好愿望。南门之外，原有中都河水蜿蜒而过，从而引发了古代文人“龟前戏水，山水朝阳，城之攸建，以此为胜”的感慨。

平遥城墙外四周，筑护城濠。根据 1882 年（清光绪八年）《平遥县志》记载，城濠“深广各一丈”，“复掘堑深阔三丈”，六门外设有吊桥，连通城内外。

明清时代，平遥城的六座瓮城内建有关帝庙、财神庙以及戏台等建筑，以保佑城池的安全、人民的富裕。

平遥城墙可以说是目前中国保存最为完好的古城墙（图 3–10）。

3. 形制与格局

（1）“县制完整，布局对称”的功能布局

平遥古城内部的功能布局是我国汉民族中原地区古县城的典型代表。古城平面方正端庄，城内地形以西南象限为最高，衙署即建在此。明清以来，平遥古城内商业异常繁华，城市中心移向以南大街为主的商业街肆，城市功能也更加完善，成为县级城市中规模最大、格制最完整的一个城市。

图 3–8：平遥古城的上东门——太和门的瓮城。

图 3–9：平遥城形同一只欲行而未动的乌龟，此“龟”头南尾北，东西四门比拟为龟之四足，南门外原有水井两眼，喻为“龟”之双目，民间故有“龟城”之说。

图 3–10：20 世纪 80 年代保存完好的平遥古城墙。

图 3-8

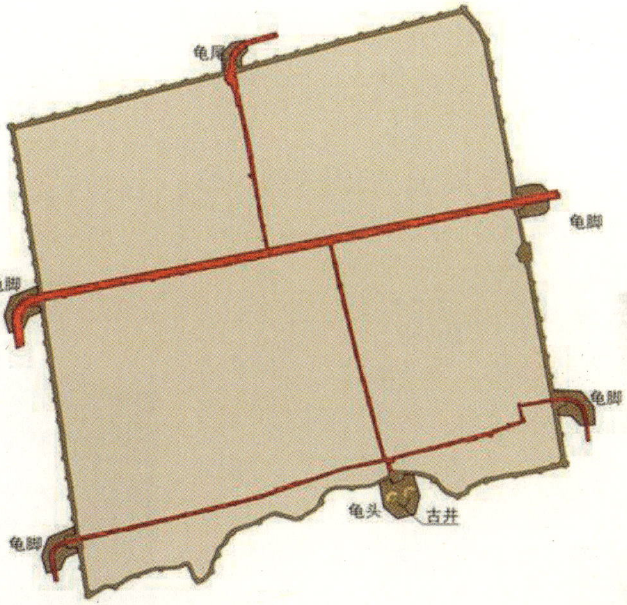

图 3-9

图 3-10

平遥古城以巍峨壮观的市楼为中心，以市楼所在的南大街为城市的轴线，东西两侧的建筑物形成了独特格局：城之中部两侧，东为城隍庙，西为县衙署，是全城阴阳两界的最高管理机构；南部两侧东有文庙，西有武庙，体现了儒家的文武礼治思想；北部两侧东有清虚观，西建集福寺，为道、佛两家集中活动场所，充分反映了中国传统的封建等级思想和正统的礼制观念（图 3-11）。

（2）“街巷有序，坊里井然”的街坊格局

平遥城内街巷素有“四大街、八小街、七十二条蚰蜒巷”，数不清的“线天”之说，意喻街巷之多（图 3-12）。南大街、东西大街、城隍庙街、衙门街构成倒“土”字形商业街，其规模超出一般传统县城（图 3-13）。

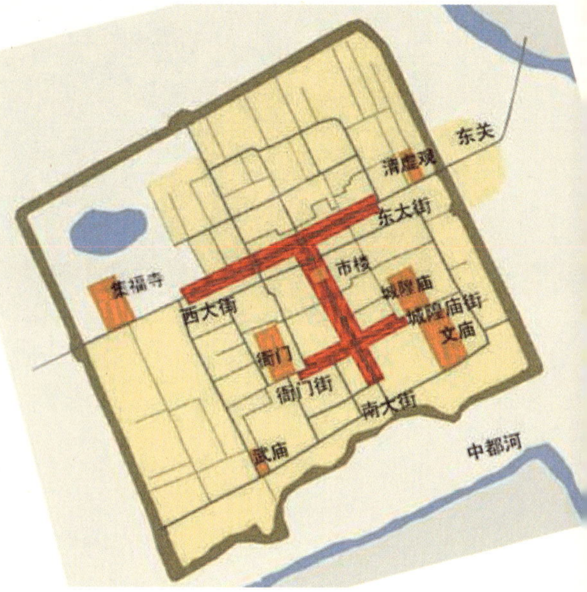

图 3-11

图 3-13

图 3-11：平遥古城的左城隍（城隍庙）、右衙署（县衙）、左文右武（文庙、武庙）、东观（清虚观，道教）、西寺（集福寺现已不存，佛教）、市楼居中的对称式布局，是汉民族中原地区古县城的典型。

图 3-12：平遥古城的街巷分为四级：四大街、八小街、七十二条蚰蜒巷，还有数不清的“一线天”，联通了城市、街坊、院落，层级分明，有条不紊。

图 3-13：平遥古城熙熙攘攘的南大街。

图 3-12

古城内不论大街小巷，大多是南北向或东西向的直线，经纬交织，有条不紊，轴线突出，主从分明，动静有致，布局严谨。城内道路平面格局、空间尺度、街巷名称均保留了明清时期的特点，成“井”字和“丁”字形街、巷、马道的形式（图 3-14）。

根据《平遥县志》，平遥在清代的时候城内设坊，城外设乡、里。1883 年（清光绪九年），在平遥城中有 10 坊，分别为：文会坊（东北）、忠孝坊（东）、宣教坊（南）、里仁坊（中东）、积善坊（中西）、余庆坊（中南）、宣化坊（南）、德盛坊（南）、武宁坊（西北）、宣德坊（西南）。

4. 规划与建筑艺术

（1）“合院严正，楼阁巍峨”的整体空间特色

平遥古城内整体建筑空间充分体现出了在古代宗法和礼教制度影响下，以“礼”为本、尊卑有序、主次有别的特色。

在平面布局上，无论是公共建筑、商业建筑还是民居建筑，都采用了严正规整的合院模式，形成了轴线明显、均衡对称的建筑基本形态，然后根据不同的功能、不同的投资在规模上或者形制上进行演化发展。

在竖向空间关系上，大面积的民居建筑形成了水平向铺展的效果，而重要的公共建筑（城楼、角楼、县衙、文庙、清虚观等）中大体量的楼阁则巍峨壮观，色彩绚丽，构成了平遥古城平展而稍有起伏的天际轮廓线（图 3-15）。

图 3-14

图 3-15

图 3-14：平遥古城晨曦中的小巷，安详宁静。

图 3-15：平遥古城中的重要公共建筑往往体量壮观，采用高耸的歇山顶，突兀于大片平缓的民居之上，共同构成了优美的天际轮廓线。

（2）“砖瓦青灰，琉璃绚烂”的整体色彩关系

平遥古城内民用建筑均用青砖、灰瓦，营造出厚重、淳朴的古城风貌，但是重要的公共建筑，尤其是庙宇则色彩绚丽（图 3-16）。

平遥古城内传统建筑的材料基本是取自当地的土和木，以及由土烧制的砖瓦。因此，建筑色彩上表现出整体的协调统一性。平遥古城内民居院落的外墙皆为灰色清水砖墙，大面积的屋顶采用灰瓦，屋顶上造型各异的脊饰、烟囱帽、风水楼等也采用灰砖砌筑。而仅在合院内部的建筑宽大的檐下才会施以彩绘，和木雕、砖雕、石雕一起共同成为外部严肃的合院建筑中的活跃之处。青砖、灰瓦的民居院落层层叠叠，营造出厚重、淳朴的古城底色。

但是，平遥古城内重要的公共建筑屋顶则广泛采用鲜艳夺目的琉璃，色彩的绚丽、规模的宏大、建筑的高耸共同使得公共建筑在平遥古城的整体景观中占据突出的地位。这一方面和封建礼制的观念有关，另一方面也和平遥琉璃工艺的悠久和高超的技术有着直接的关系。

元帝国统一宋、金长期对峙的分裂局面后，平遥琉璃开始进入兴盛阶段，色彩有黄、绿、蓝、白、褐等并用。明代，社会安定，城市繁荣，促使琉璃艺术空前兴盛，形成了琉璃工艺的鼎盛时期。不仅匠师众多，而且釉色从黄、蓝、绿三色为主发展到孔雀蓝、翡翠绿、葡萄紫、黑、白等十多色。品种从一般砖瓦发展到建筑装饰附件，如勾滴脊兽、螭吻等造型。

图 3-16：平遥古城整体色彩关系也非常遵从儒家的礼制思想：大片民居采用青砖与灰瓦，只有在重要的公共建筑中才可以采用绚丽的色彩。

清代，平遥的琉璃工艺更加精湛。1688 年（清康熙二十七年）重修的平遥市楼，屋面全部采用琉璃构件，构思独特，建造精美，是平遥古城的公共地标（图 3–17）。城隍庙、财神庙等殿宇屋顶也布满了色彩斑斓的琉璃瓦和各种琉璃饰件，以蓝、绿为主，黄色相间组成的清冷色调，装点出道教居所神秘的意境，而上面的仙人、走兽、龙吻、脊刹等各种饰件，造型精美，琳琅满目，美不胜收。

（3）建筑特色与艺术

①传统公共建筑

文庙 文庙位于古城东南隅，坐北朝南，规模宏伟，由并立的三个建筑群组合而成：中央为文庙，左为东学，右为西学。文庙前为棂星门，左右竖下马碑，东西为“广大”“高明”二门。棂星门前建照壁，照壁南有“云路天衢”坊。棂星门外之左右，分别有“德配天地”“道贯古今”坊。棂星门内有大成门，院中依次为泮池、大成殿（图 3–18）、明伦堂、敬一亭、尊经阁。总体布局体现了中国元明以来文庙建筑的特有规制。

图 3–17：1688 年（清康熙二十七年）重修的平遥市楼，屋面全部采用琉璃构件，黄、绿、蓝三色交相辉映，排列有序，拼接为南“喜”北“寿”，寓意吉祥永久。

图 3–18：大成殿为文庙主体建筑，1163 年（金大定三年）重修，建在 1 米高的台基上，面宽五间，进深六檐，单檐歇山顶，布瓦覆盖，琉璃脊饰。建筑雄伟状况，结构古朴，是中国现存最早的文庙大成殿。

图 3-17

图 3-18

清虚观 清虚观位于东大街东段路北，坐北朝南。中轴线上，先后由山门、龙虎殿、献殿、三清殿、玉皇阁形成三进院。献殿即纯阳宫六檩卷棚式，悬山顶，前有抱厦，两翼有八卦台，甬道两旁有碑亭。宫后是主体建筑三清殿，单檐歇山顶，左右有耳殿，东、西有廊殿。三清殿后，由玉皇阁和东、西廊窑组成后院。清虚观的建筑选址和建筑构思，充分体现了中国古代恪守“礼制”的建置思路，在布局上追求“人、天地、建筑”之间的和谐（图 3–19）。

城隍庙 城隍庙位于城内城隍庙街东端，创建年代悠久，1864–1869 年重修。前后三进院落，建筑形制活泼，结构精巧，既具有庙宇建筑特色，又有官署建筑意趣，体现了“前朝后寝”的功能布局（图 3–20）。城隍神是城市的保护神，明代开国皇帝朱元璋曾说：“朕立城隍神，使人知畏。人有所畏，则不敢妄为。”可见城隍神在一个城市中的重要作用。

市楼 随着平遥商业的发展，平遥商人们纷纷捐资多次重修市楼。现存市楼为 1688 年（清康熙二十七年）重修。市楼位于古城中心，跨于南大街上。市楼为三层三重檐木构架楼阁，高 18.5 米，是古城中最高的建筑。市楼底层平面呈方形，南北向为通道，东西筑砖石台基，四角立通柱，外包砖墙，东西各有券门一道；二层四周回廊，中间为一方室，南向供关圣大帝，北向祀观音大士；最上一层则为奎光阁供奎星。屋顶为彩色琉璃瓦，镶嵌成南“喜”北“寿”的精美图案（图 3–21）。

图 3–19

图 3-20

图 3-19：清虚观的献殿纯阳宫与前抱厦、宫后的三清殿的屋顶前后错落、高低起伏，形成了丰富又有序的组合。

图 3-20：城隍庙屋顶全部采用琉璃瓦覆盖，五彩缤纷，璀璨夺目。

图 3-21：市楼横跨南大街，玲珑古朴，是古城最高的建筑，也是平遥古城商业繁荣的标志。

图 3-21

②传统商业建筑

在南大街、东大街、西大街、城隍庙街、衙门街等主要商业街道两侧，居民根据商业功能的要求，往往将店铺、作坊、仓储与住宅并用。沿街的店面开间少则一间，多则三五间。大部分是开敞式的，有的是可装卸的木板门，有的是通排的木棂窗。店铺立面多为一层，但高达五六米，有些店主便设置二层阁楼，用作仓储。这些商业院落一般前院通商业街，后门接通巷道，方便货物运输（图 3-22）。

店铺形制又分为前店后坊（宅）、深宅大院等模式。

前店后坊是在普通民居院落的基础上，将沿街的倒座作为店铺，店铺的正中或一侧开有门或留出通道，进入店铺后面的居住空间或作坊。这种形式的店铺往往是中等经营规模的经营服饰、棉织业、手工工艺、日用杂品及药材加工等的商店。如“永隆号”绸缎铺（图 3-23）。

图 3-22

图 3-22：平遥古城三种典型的商业沿街店铺。上图为外廊式，经营类别较高档的店铺往往将铺面后退一个柱距形成外廊，作为内部较为私密的交易活动的过渡，如日升昌票号。中图为门厅式，中间可打开，左右两间封闭，是较为内向的商业空间。下图为临街式，三个开间均可打开，是比较外向的商业空间，日用百货类采用较多。

图 3-23：永隆号绸缎铺旧址位于南大街 57 号。店铺坐西向东，铺面 5 开间，通道居中，两边原为 L 形的柜台，面向街道，对称布置，称为“栏柜”，里面有货架排列，并有门与后面的柜房互通；第二进院落是储藏室和作坊；第三进院落为住宅。将商业店铺与居家庭院进行了有机结合。

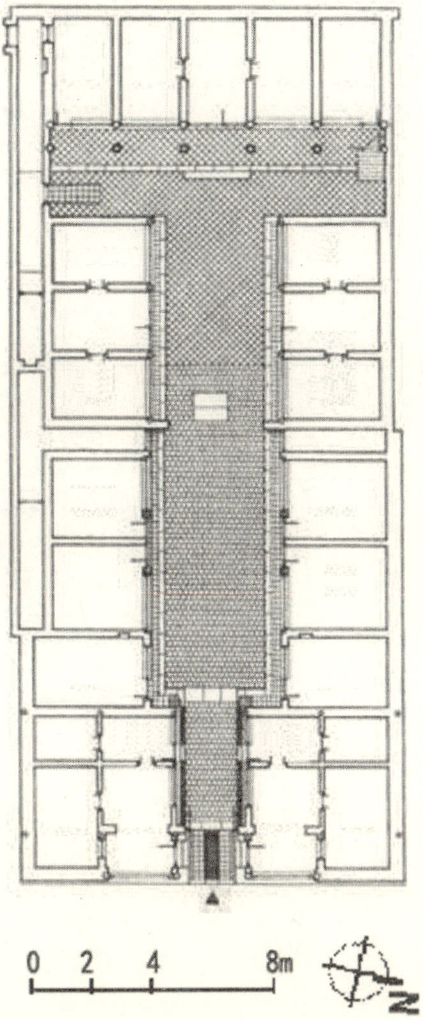

图 3-23

图 3-24：日升昌院落坐南朝北，拥有单体建筑21座，总面积近2 000平方米。分主次两组院落。主院临街铺面即面阔5间，门厅居中，内置屏门，两边为柜台。铺面内共有三进院落：第一进为对外营业的柜房和金库；二进为“信房”和“账房”，中厅为会客室；最后一进的正房为票号经理办公、起居室，东西厢房主要供客人住宿，南端有南厅5间。次院为贯通西大街至东郭家巷的马夹道。前夹道也有铺面，内设书房、灶房、食房；后夹道则有马厩、马倌住处、厕所等，与主院通过小门相通。

图 3-25：平遥民居风水格局图。

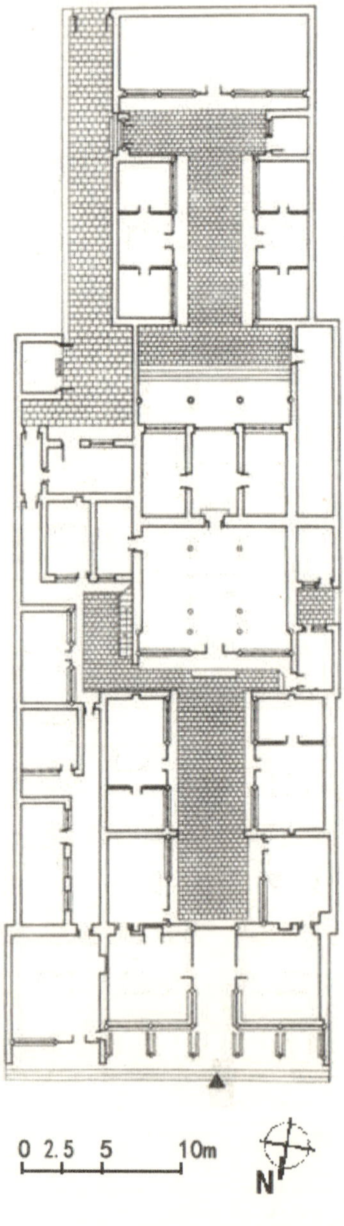

图 3-24

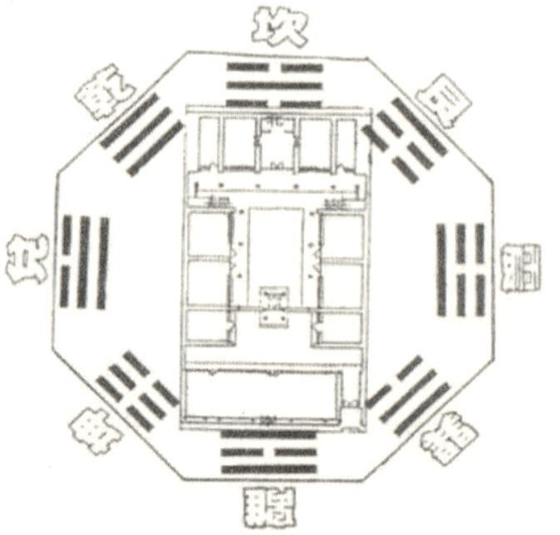

图 3-25

深宅大院模式的店铺往往规模较大，用地宽裕，有着明确的中轴线和左右对称的格局，有些甚至还是组合院落，几乎都用作商业功能。如位于西大街的“日升昌”总号（图3-24）。

平遥古城的商业建筑沿街店面往往既考虑了商业的需要，同时还照顾到不同顾客的需求和隐私，充分体现了平遥人的细腻精明的商业经营理念。

③传统居住文化与民居特色

明清朝随金融业兴起，平遥日渐繁荣。除了商贾云集、街市繁荣外，平遥的建筑业和手工业也得到了全面发展。财富的聚集、匠人的汇聚和技术的发展不仅造就了公共建筑的辉煌，也更加真实地反映在民间建筑的整体品质上。

平遥民居反映了诸多乡约民俗，这里既有对皇天后土的崇敬，对儒道思想的追随，也有对来之不易的钱财的守护，更有对未来美好生活的期许。所以说，平遥民居充分地反映了中国人的居住理念。

风水择居 这个观念在平遥人建造民居时显得尤为重要。民居一般以坐北朝南为最理想，正房建在北端，卦位为“坎”，称“坎宅”。宅门修在东南“巽”方或正南“离”方皆大吉，如“巽门坎宅”则以东南方为伏位，北向正房为“生气天狼木星”，上吉；西南向为“五鬼廉贞火星”，大凶，一般为厕所使用（图3-25）。

由于处于土地金贵的闹市之中，平遥人没有太多的选择宅基位置以及朝向的自由。当无法获得坐北朝南的理想朝向时，平遥人就按照风水理论以“避凶就吉”。所以，我们就不难理解古城中很多院落的大门在西北或者正北，主屋则是坐南朝北的。

有的时候，人们还会用风水楼和风水影壁达到更好的风水位置。如在北部“坎方”的主房屋顶上居中建风水楼，以加强“吉”气；也会在“凶”位建风水影壁，以挡住煞气等（图3-26，3-27，3-28）。

图 3-26

图 3-27

图 3-26：民居建筑上的风水楼。

图 3-27：民居建筑上的风水影壁。

图 3-28：民居建筑中的影壁。

图 3-28-1

图 3-28-2

礼制观念 是主人在对院落内各房屋布局时又一个重要的依据了。儒家提倡的“居中不偏”，“不正不危”，礼教尊卑、伦理、秩序无不体现在平遥民居的布局中。

平遥古城的民居院落往往有着对称的布局和严谨的空间序列。以一个典型的二进院落为例：第一进是大门与倒座，靠左墙角为厕所，靠右侧墙的大门影壁后为厨房，然后是供客人或仆人居住的外东西厢房。第二进两侧是供晚辈居住的内东西厢房，正面是正房。正房中间为厅堂，两侧为供长辈居住的卧室。每进院落之间或者通过门墙和内宅门进行分割，或者通过过道厅进行串联。院落的地面以及建筑的屋顶逐进抬高，充分体现了长幼有序、尊卑有别的特征（图3-29，3-30）。

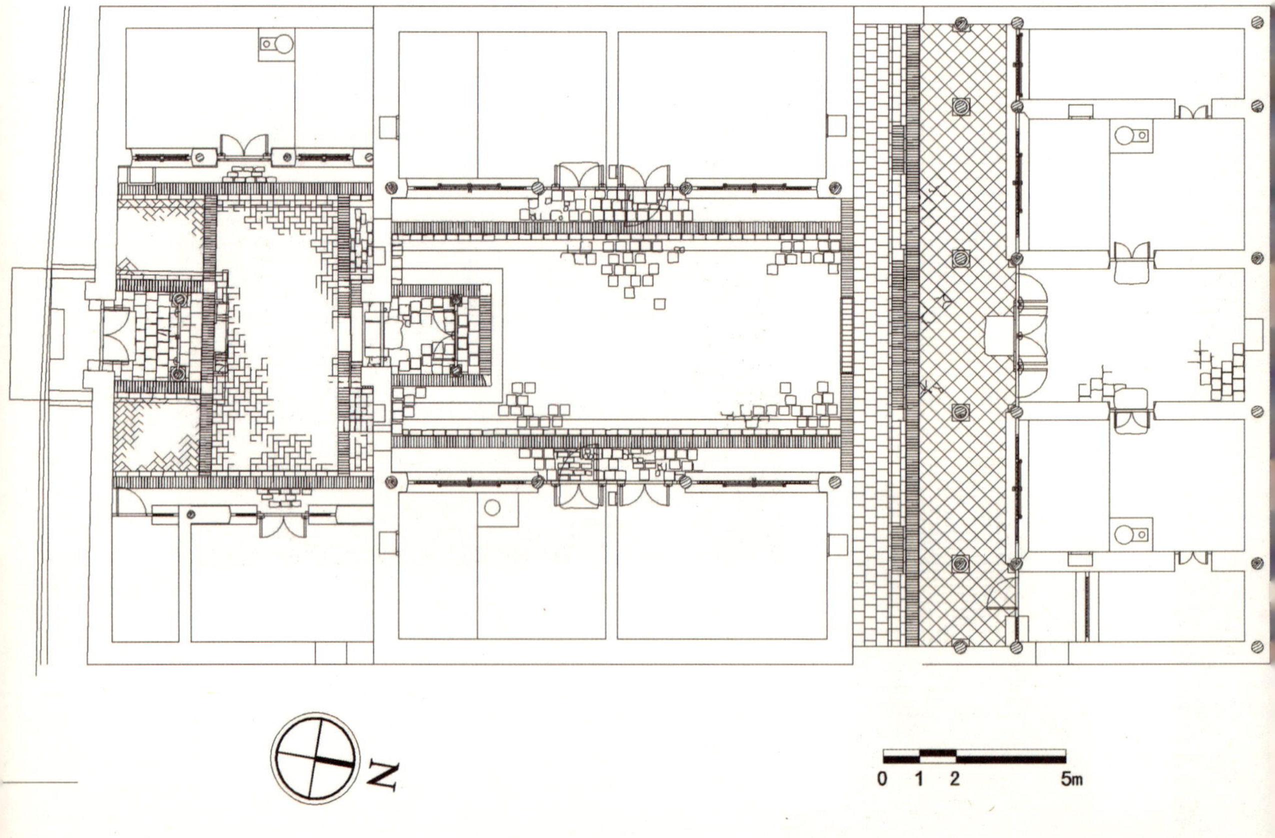

图 3-29-1

图 3-29-1：范家街 35 号是一座相对比较局促的二进院，但是内院居住，外院为辅助用房或客房的格局非常清晰。大门居中朝南，外院的两侧都可以有实用空间；内外院之间有宅门分割，很好地照顾到内院的私密性。

图 3-29-2：范家街 35 号剖面图，可以看到整个院落地面与建筑屋顶均逐进抬高。

图 3-29-3：范家街 35 号外立面图，中轴对称，屋面轮廓线优美而又富有张力，凸显平遥民居的特色。

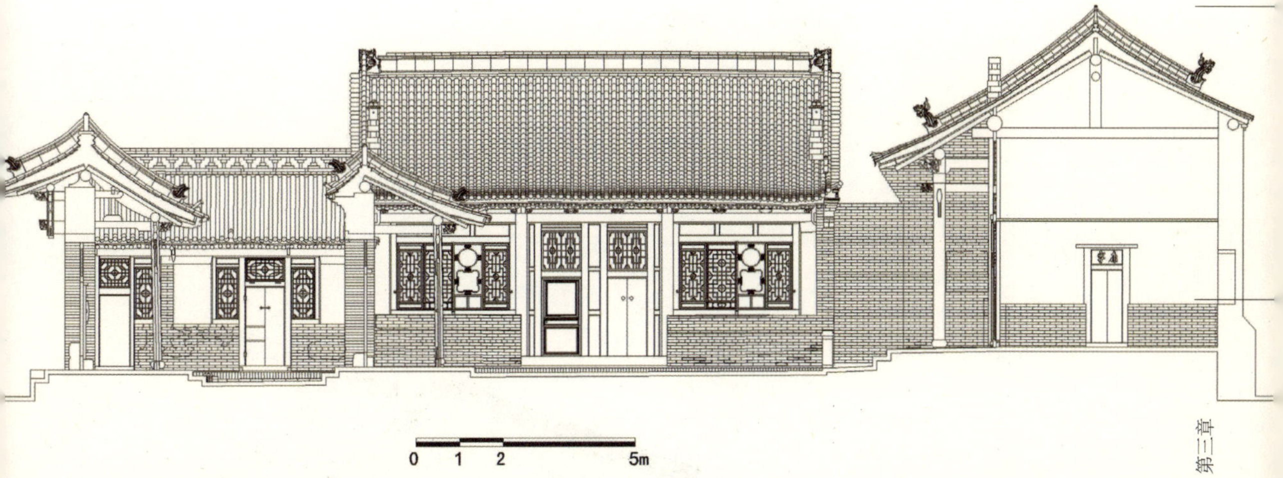

图 3-29-2

图 3-29-3

图 3-30：平遥古城南巷 39 号是典型二进院落。因为东面和南面均为道路，因此将主入口放在东侧，同时在西侧厕所外墙上设置了照壁。

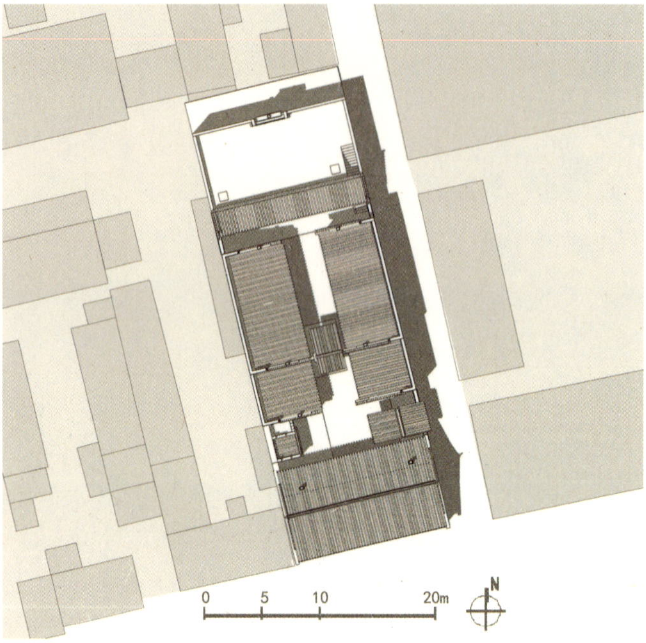

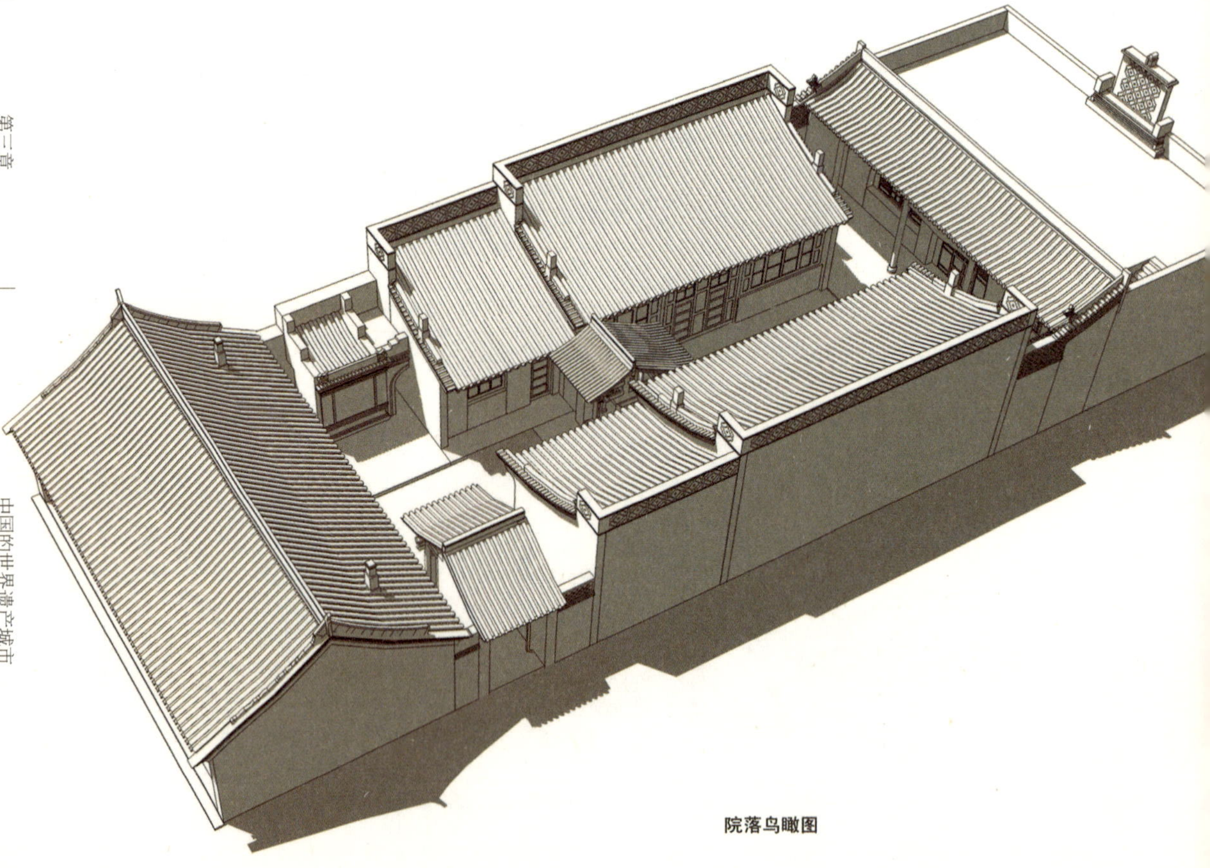

院落鸟瞰图

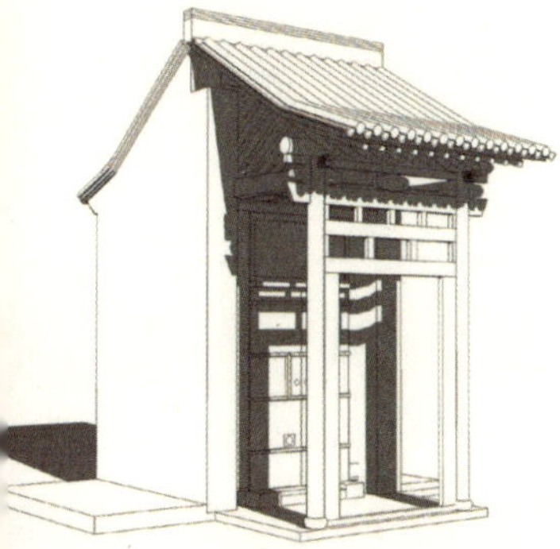

大门

西厢房

中门

东厢房

倒座

正房

富裕之家则在这个基础上或纵向增加院落，或横向增加院落。如在正院的边上建有侧院或偏院，用于停放车马、饲养牲畜、安置碾磨、储藏、供“下人”起居；也有取其幽静而设小书房者。因此，院落的主次关系非常明显（图 3-31）。

另外，平遥古城内住宅的大门檐下匾额上的题字常有“凝秀”“树德”“敦厚”“耕读”“霞蔚”“崇实”“乐天伦”“厚德传家”等（图 3-32）。这些文字反映了传统道德、伦理以及人们的生活信念和价值取向。在此环境里成长起来的人在不知不觉中接受了这种文化的熏陶。

图 3-32-1

图 3-31：平遥古城范家街 4 号是一个典型的组合院落，由三个部分组成，由车马院进入，后面是辅助院，旁侧是正院。主次功能清晰，空间布局合理。

图 3-32-1：平遥古城范家街一个院子内宅门的楹联写道："修身如执玉，种德胜遗金。"可见平遥人对人格品德的重视。

图 3-32-2，3-32-3：平遥范家街某民居院内两边旱厕的门头上分别镌刻"兰香""桂馥"。使人如厕时亦如沐春风。

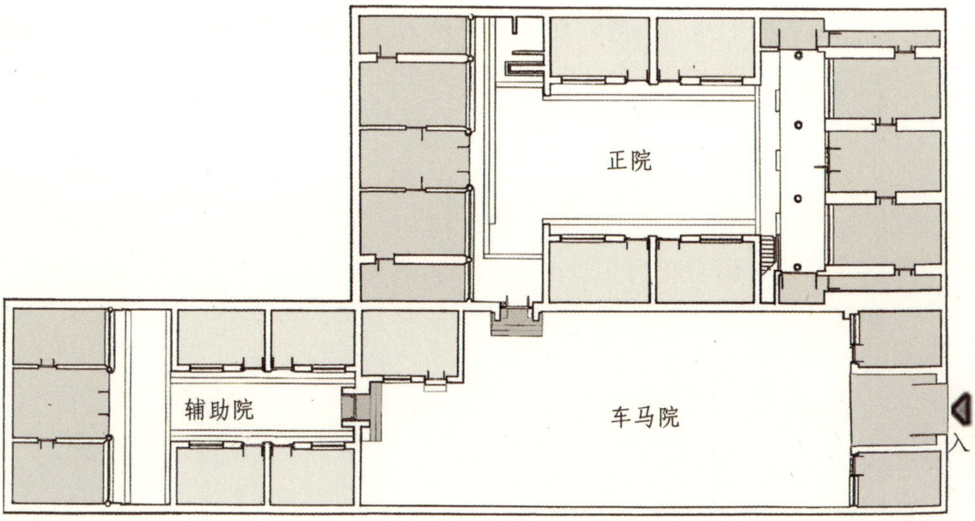

图 3-31

图 3-32-2

图 3-32-3

民俗信仰 在平遥民居中也有充分的体现，土地、门神和灶王更占有特殊的重要地位，并成为民居特色的一部分。

平遥民居中的土地祠，多在与大门相对的影壁上或在入口附近的墙上设一小龛，通常为砖雕或木构形式的小庙，龛内放土地造像，平时龛上盖以红布。有的土地祠两侧贴有联：“土地堂前坐，四季保平安。”（图3–33）

在一些正南向开门的宅院，由于大门入口与二道垂花门相对而设，一般在院内的垂花门两侧的隔墙上建影壁，两座影壁上都设小龛，称之为“门神府”“土地庙”，内供神像，用以弥补宅门中开，进入后无影壁遮挡的不足，来达到视觉与心理上的安全感。

在宅中灶台上方的墙上都会有供灶王的小龛，希望保佑家人饮食平安，每年的祭灶活动是一项非常重要的民俗活动。

营建技术 是平遥传统民居一大特色。传统民居的主体建筑，往往视拱券砖窑洞为优，这是沿袭了华夏民族在黄土高原创造的“凿土为窑”的住宅文化。平遥古城民居在平地起窑，称为“锢窑”，冬暖夏凉，可以很好地适应平遥的气候特点。主人们还喜欢在窑洞前加木廊，甚至在窑顶平台上再筑木构楼房。

传统民居的室内也非常有特色。由于当地盛产烟煤，因此，在居室靠窗的一边都筑有火炕，火炕具有床榻和烟道的双重功能，通炕的灶火供冬季取暖，兼供烧水做饭。因此，居室的炕周围既是家人聚集的地方，也是劳作的重要场所（图3–34）。

平遥传统民居凭借屋架的巧妙处理，使斜坡屋顶不是呆板的直线，而是形成一个富有张力的反曲线，又因檐椽前加有插飞，屋顶便更加平缓而舒展。屋顶望板搭接，草泥厚重，筒板瓦合瓦，勾头、滴水、脊饰俱全（图3–35）。

图3–33

图 3-34

图 3-33：民居中的土地祠。

图 3-34：锢窑室内。

图 3-35：平遥民居建筑屋面巧妙的处理手法，使屋面曲线舒展而又富有张力。

图 3-35

装饰艺术 充分体现了平遥人的美学观念。除了位于商业街上的外商内居的建筑外，大量位于街坊内的民居院落的外观往往比较封闭：院落四周皆筑成清水砖墙，屋面以斜向院内的单坡瓦顶居多，临街的墙面均不开窗户，车马院的门往往采用拱券砖门，雄浑而简单。只有大门会采用比较繁复的结构，华美的装饰，并有书法精湛的门匾显示主人的身份和地位（图 3-36）。

图 3-36-1：平遥古城三种典型的民居建筑沿街立面：上图为锢窑型；中图为内向单坡的砖木型；下图为双坡砖木型。

图 3-36-2：位于街坊内的民居外观往往比较封闭，只有大门会采用比较繁复的结构和华美的装饰。

图 3-36-1

图 3-36-2

但是到了院落内部，则可以发现精致的石雕、木雕、砖雕、陶塑、彩绘，满布在廊下和所有的室外装修中（图 3-37）。为更好地解决气候变化和私密等问题，平遥民居往往采用两层的门扇（板门和风门）（图 3-38）和三层的窗扇（板门式的窗扇、棂格式的窗扇和中间的固定棂格）（图 3-39），成为平遥民居的一大特色。

细腻的建筑构思和由此而得的温馨环境，与封闭的外观形成鲜明的对比，造就了平遥民居“外雄内秀”的整体形态。

图 3-37-1

图 3-37-2

图 3-37-1，3-37-2：平遥民居内精美的砖雕。

图 3-37-3：平遥民居内的木雕往往采用八仙过海、福禄寿等题材。

图 3-37-3

图 3-38-1

图 3-38-2

图 3-38：平遥的门往往有两层：板门和风门。风门往往精雕细作，与整个门框装饰形成一体，可以向外开启。板门装饰较为简单，向内开启。两扇门充分考虑了安全、光线、美观等因素。

图 3-39：平遥的窗往往有三层：向内开的板门式窗扇、中间的固定棂格和向外开的棂格式窗扇。
图 3-39-1：为正房五扇窗的外观，注意厅堂两侧卧室窗的一扇呈开启状态，露出棂格式窗扇内的糊纸和中间的固定棂格。
图 3-39-2：为全部关上的外观。

图 3-39-1

图 3-39-2

5. “入诗入画，亦雅亦俗”的人文景观

平遥古城所在地区虽然土地贫瘠，通过商业、金融业的发展而兴盛，但是在物质生活不断发展的同时，平遥人对城市景观的挖掘与营造也颇具匠心。然而平遥人的“诗意景观”中既没有气势磅礴的高山流水，也没有精雕细琢的私家雅苑，更多的是给予他们基本人居条件的泉、溪；为了现实生活而营造的桥、楼；承载他们信仰的庙、观；甚至是为了城市防洪排涝而形成的旷地。这些与日常生活息息相关的市井景致是自然与人工交互作用形成的，但亦入画入诗，是中国的城市文化中非常重要的一个部分。

1882年（清光绪八年）《平遥县志》称：“旧有八景，为一邑之胜，骚人逸士所寄兴游览者。”旧八景即：贺兰仙桥、市楼金井、凤鸟栖台、于仙药迹、源池泉勇、婴溪晚照、照峰晓月、麓台叠翠。光绪年间又将清虚仙迹、书院弦歌、河桥野望、仙观古柏等四景增入邑胜，合称“平遥古十二景”。此十二景观中，古城区即有其六。我们从这些“景致”中可以看到平遥古人对人与自然和谐关系的尊崇。

贺兰仙桥 所在之处其实是平遥古城中为了排涝而在城市中心特意留出来的一块空地。也许是为了阻止权势者侵占这块闹市公地，因而人们杜撰了贺兰仙子过此的故事。1736年（清乾隆元年），官民各自解囊，集资

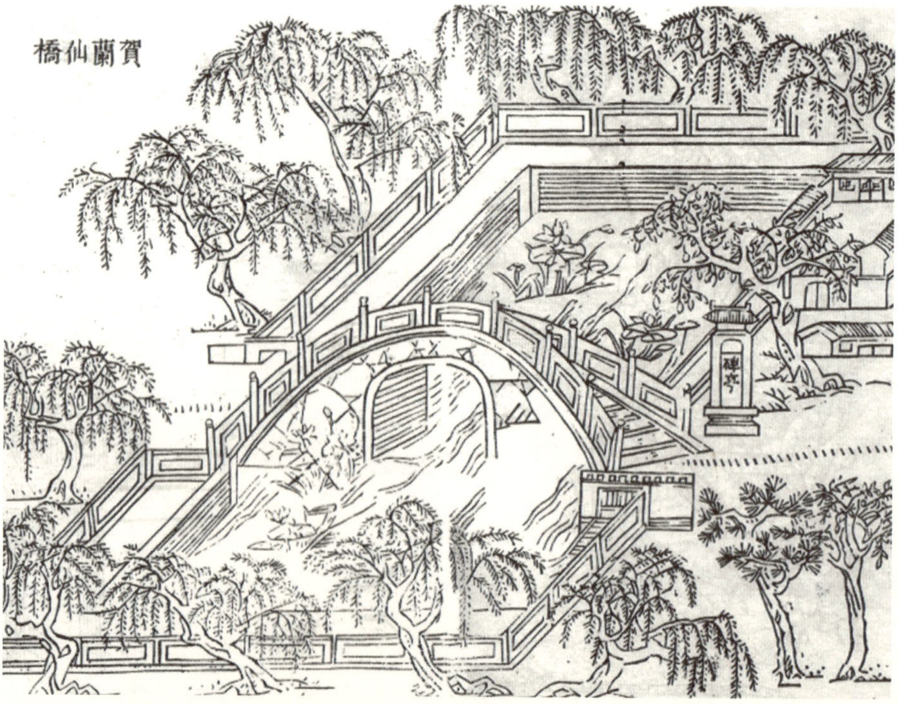

图 3-40：贺兰仙桥胜境位于平遥古城的中心，市楼东侧。

整修，“浚其池，复券砖桥”，并“栽以槐柳，密布阴浓而金鱼玉鸭游戏浮萍之间，每大雨后，潦水入池，音如巨雷……”（清光绪八年《平遥县志》）可惜目前水塘淤平，拱桥湮没，这一城市规划科学与民间造景艺术的结合已经荒芜了（图 3-40）。

市楼金井 是在中国风水学的影响下形成的。风水学认为：“穴者，山水相交，阴阳融凝，情之所钟处也。”穴是聚气的焦点，南向为正，居中为尊。市楼金井位于最初的旧城的几何中心位置，正是穴位所在。按照风水术，确立穴位之后，尚需在穴位上挖掘验证地理地质情况的深井，谓之“金井”。市随井而成，市井之称也由此而来。后来的市楼建在了金井的近旁，故而又名金井楼。

凤鸟栖台 位置是明代以前城池外的一个小山坡，相传金代曾有凰栖于其上，俗称“凤凰台”。明代洪武年间城市西拓后将之纳入其中，但当时的人们并没有把它夷为平地，而是在其上筑台建亭，修廊植梧，成为城内居民休闲的一个好去处（图 3-41）。20 世纪 60 年代初，县物资局占用这个地方，于是毁亭拆台，至今只有凤凰台的美丽传说，在民间广为流传。

图 3-41：凤鸟栖台位于西大街的西端，下西门内，今已不存。

清虚仙迹 是指清虚观中古柏成荫，苍然如黛，古人以为："层阁在云表，登之令人有冲举意，其地古多真人，城市烟霞宜仙真之所游息也。"在物质高度繁华的古城中能够有如此静修之地，是忙碌的平遥人寻求心灵宁静的所在，实在难得。

书院弦歌 指西河书院，今照壁南街 57 号院是其旧址的北部。康乾盛世，大兴学风，县境内广设义学，"弦诵遍野"，"西河书院诵读之声不绝，午夜灯火犹如燃藜，为人文之胜"。朗朗书声亦成古城一景。

河桥野望 是指下东门外的惠济桥，连通了京师孔道，"遥而望焉，东与道院相映，南与长桥相连，水树苍茫，疑入画图中"（图 3−42）。一路、一河、一城，因这一桥而充满诗意。

平遥古城蕴含着大量的传统艺术，包括工艺美术、戏剧歌曲、绘画诗文等多种类型，内容丰富，特色鲜明。

平遥推光漆器始于唐代开元年间，盛于明清，距今已 1 200 年的历史，是中国四大漆艺之一。

位于平遥古城东北侧，始建于 963 年（北汉天会七年）的镇国寺万佛殿，是目前中国排名第三位的古老木结构建筑，距今已有一千多年的历史，殿内 10 世纪时期的彩塑珍品是研究中国早期彩塑的样本。同时，始建于 571 年（北齐武平二年）的双林

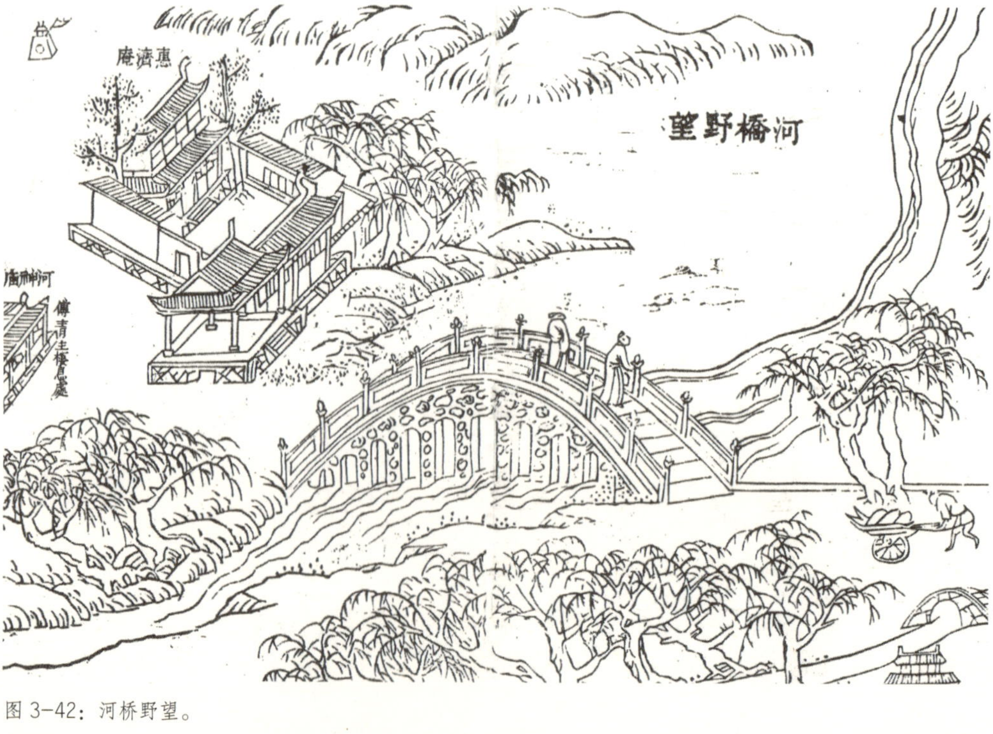

图 3−42：河桥野望。

寺，在该寺的十余座大殿内有13世纪到17世纪的彩色泥塑2 000多尊，被人们誉为“中国古代彩塑艺术宝库”。

纱阁戏人俗称纱阁人，因最初常置放于有碧纱罩遮的阁内，故名。是以传统戏剧为题材，采用多种工艺和手法制作成戏剧人物，然后置于木阁内。一阁一戏，一戏一场，犹如小小舞台，供人欣赏。明清时流行于晋中一带。平遥纱阁戏人是全国独存的一种艺术珍品，已成为研究我国传统戏剧和民间美术难得的实物资料。

平遥的节庆文化特别丰富，每逢节假日，平遥古城就弥漫着中国传统的喜庆气氛，物质与非物质文化遗产交相辉映（图3-43）。

图3-43：平遥古城节日里的社火表演，有推车、高跷、旱船、背棍、抬阁等等。

（三）

“水到渠成”

——平遥古城的申遗过程

20世纪80年代初，在我国历史文化保护专家委员会副主任郑孝燮和同济大学教授阮仪三等“刀下留城”的疾呼下，平遥古城幸免被拆。1986年12月，国务院公布平遥古城为第二批国家历史文化名城之后，平遥古城受到了世界有关专家学者的关注。

1990年10月，以杰伊·穆尔为组长的联合国人居署专家组一行五人，在国家建设部和国家文物局等专家陪同下，专程赴平遥古城考察，评价平遥古城为“世界古建筑中心”。1992年6月，以巴克莱·琼斯为首的联合国人居署专家组和国家建设部联合组成的平遥古城保护咨询规划研究及培训班，建议要迅速开展对平遥古城的保护、开发、利用，并提出了申报“世界文化遗产”的建议。

1993年，平遥争取到全国历史文化名城委员会二届三次常务理事会在平遥召开的机会，希望同时举行“平遥历史文化名城旅游经济开发论证会”，抓住机遇，邀请有关专家学者讨论并论证平遥的发展规划。

1994年6月9日至12日全体常务理事与建设部、国家文物局以及京、津、沪等一些高校、研究机构的著名学者、专家云集平遥。时任山西省建设厅副厅长的曹昌智宣读了《历史文化名城平遥保护与发展战略（草案）》，与会代表们围绕平遥古城的保护与发展提出了许多很有价值的意见和建议。

通过考察研究论证，时任平遥县政协副主席成乃凡、分管古城保护副县长王志毅在征求郑孝燮、罗哲文、徐萍芳三位专家的同意后，起草了《关于支持尽快向联合国申报平遥历史文化名城为世界文化遗产的倡议书》，从此申遗工作又前进了一步。

1995年6月，建设部、文物局、中国联合国教科文组织全国委员会在北京召开论证会，郑孝燮、罗哲文、傅熹年、徐萍芳、阮仪三、王瑞珠、侯仁之等参加会议。专家们经过认真评审，同意将平遥古城、丽江古城和苏州古典园林列入推荐申报的预备名单。平遥古城的申遗工作进入实际操作阶段。

为了“申遗”，原平遥县负责古城保护的副县长安锦才组织地方的文人组织编制申报文本，在众多专家的指导下，申报文本逐渐成熟。1995年12月4日至8日，全国历史文化名城保护专家委员会郑孝燮、阮仪三、赵士修、任致远一行四人组成国家“申遗”专家组，与山西省建设厅副厅长曹昌智等，一起考察了平遥古城向联合国教科文组织申报《世界遗产名录》事宜。在郑孝燮、任致远撰写的《名城平遥专题考察研究报告》中明确表示：①平遥古城标志着中华人民共和国汉民族优秀的历史文化，具有重要的历史、艺术、科学价值；②平遥古城保护完整，措施比较完善，应当继续贯彻“保护为主，抢救第一”的方针；③完全支持平遥申报为“世界文化遗产”。其中，特别提出“能够成为中国汉民族平原地区古县城的典型代表者，现在唯平遥古城而已”。

1997年2月23日，建设部付爽副处长、中国联合国教科文组织全国委员会景峰副处长和国家文物局詹德华科长，陪同联合国教科文组织委派的国际古迹遗址理事会专家、日本京都大学教授田中淡博士，专程到平遥评估考察，重点是鉴定平遥古城遗产价值和保护状况。田中淡曾在南京工学院研修过中国古代建筑史，通晓汉文化，曾多次到中国考察交流，此前已经四次到过平遥，中国国情和平遥古城对于他早已不陌生。在听取了时任平遥县委书记刘志杰关于平遥古城近年来的保护状况和发展计划，以及时任山西省城乡规划设计研究院院长、平遥古城保护委员会副主任李锦生关于古城历史文化价值、特色及保护规划、技术政策措施后，实地考察了古城墙、古寺庙、古街市、古民居等，欣然题词：“平遥古城甲天下”。（图3-44）田中淡向世界遗产委员会提交的考察鉴定报告对平遥古城持完全肯定的态度，对于平遥古城顺利通过主席团初审起了关键作用。

1997年11月26日，平遥申遗代表团参加世界遗产委员会在意大利那不勒斯举行的第21届大会。当地时间1997年12月3日19时04分，世界遗产委员会第21次大会一致通过把平遥古城列入《世界遗产名录》的决议。罗哲文先生欣然撰联祝贺：

议先史，理财跨三晋，

票号金融通四海。

看今朝，平遥再崛起，

古城再度显辉煌。

2007年12月3日，平遥县隆重庆祝平遥古城申遗成功十周年。山西省政府授予郑孝燮、罗哲文、阮仪三、王景慧、郭旃、曹昌智、高可等7位曾经为古城申遗做出突出贡献的专家“申遗功臣”的荣誉称号。

图3-44：田中淡题词“平遥古城甲天下”。

参考文献

[1] 平遥县地方志编纂委员会编．平遥县志．北京：中华书局，1999.

[2] 宋昆．平遥古城与民居．天津：天津大学出版社，2000.

[3] 晋中市史志研究院编．平遥古城志．北京：中华书局，2002.

[4] 安锦才．实录平遥申遗．太原：山西出版集团山西经济出版社，2007.

[5] 王金平，徐强，韩卫成．山西民居．北京：中国建筑工业出版社，2009.

[6] 邵甬．平遥古城保护控制性详细规划．上海同济城市规划设计研究院，2009.

[7] 邵甬，张鹏．平遥古城范家街历史文化街区保护修复项目．上海同济城市规划设计研究院，同济大学建筑设计研究院（集团）有限公司，2010.

备注

[1] 题图，图3-18，3-20图片来源： www.quanjing.com

[2] 图3-2，3-3，3-9，3-11，3-12，3-22，3-30，3-31，3-36图片来源：邵甬．平遥古城保护控制性详细规划．上海同济城市规划设计研究院，2009.

[3] 图3-4，3-5，3-16，3-44图片来源：晋中市史志研究院编．平遥古城志．北京：中华书局，2002.

[4] 图3-7，3-40至3-42 图片来源：清光绪八年《平遥县志》.

[5] 图3-8，3-15 图片来源：阮仪三．护城踪录．上海：同济大学出版社，2001.

[6] 图3-23至3-25 图片来源：宋昆．平遥古城与民居．天津：天津大学出版社，2000.

[7] 其余图片由阮仪三、邵甬、张鹏提供。

二

丽江古城

简要综述

丽江古城位于中国西南云南省境内海拔 2 400 米的丽江坝子中，周围群山环抱，坝子北部的玉龙雪山终年积雪，气势雄浑。坝子内河流、泉、潭形成丰富的水系。丽江古城由大研古城（含黑龙潭）、白沙民居建筑群、束河民居建筑群三部分组成，均依山傍水而建，集中体现了地方历史文化的交流和民族风俗风情。

鲜活的城市空间，充满生命力的水系，风格协调的建筑群体，亲切宜人的居住环境，以及独具风格的民族艺术内容等，体现了特定历史条件下城镇建设中人类的创造精神，是人居环境的典范。

突出普遍价值

1997 年联合国教科文组织认为丽江古城符合加入《世界遗产名录》中文化遗产标准的第二、第四和第五条，以“保存浓郁的地方民族特色与自然美妙结合的典型，具有特殊价值，历经 1996 年‘2・3’大地震，基本格局不变，核心建筑依存，恢复重建如旧，保存了历史的真实性”的总体评价被列入“世界遗产名录”。

标准（ii）：丽江古城从 12 世纪开始逐步成为中国川（四川）滇（云南）藏（西藏）贸易重要的物资集散地，是南方丝绸之路与茶马古道的交汇点。自元代（13 世纪）与中原朝廷建立统属关系后，木氏土司始终保持着与汉族地区的友好往来，“改土归流”（18 世纪初）之后丽江古城更加成为纳西、汉、藏、白等各民族经济文化交流的重要枢纽。8 个多世纪文化技术的交流形成了融汉、白、藏各民族精华，并独具纳西族特色的建筑、艺术、城镇规划和景观以及社会生活、风俗习惯、工艺美术等人文特征。尤其宗教建筑及其他建筑中的壁画表现了儒家、道教和佛教等多种宗教的相容并存、和谐相处的生动景观。

遗产地名称：丽江古城

Old Town of Lijiang

登录时间：1997 年

标准（iv）：丽江古城的三个组成部分白沙、束河和大研古城充分体现了从宋元时期（12 世纪）开始不同历史阶段的社会经济文化发展以及为丽江古城人居环境不断改进与完善而进行的不懈努力。规划布局均充分利用自然的山体、水系，以四方商业广场为中心，主要巷道从广场依山傍水向四周伸展，形成城镇的脉络。纳西民居在布局、结构和造型上按照自然条件和传统生活习惯，有机结合汉民族、白族、藏族民居的优秀传统，并在房屋抗震、遮阳、防雨、通风等方面进行了创新，形成独特的风格。

标准（v）：丽江古城山水、树木和建筑融为一体，在营造“天人合一”的人居环境方面达到了极高的境界。丽江古城以坝子北面的玉龙雪山为背景，北侧以深入平坝的山体为屏障，东面和南面为田园平川，拥有非常良好的风水关系和生态格局。自雪山而下的水系呈脉络状分布，穿越村镇与农田。象山西麓的黑龙潭是大研古城的主要水源，潭水与散布的井、泉构成完整的水系，供全城消防、居民生活、生产用水之需。同时，水系入墙绕户，穿场走院，形成主街傍河、小巷临水、跨水筑楼的独特建筑、城市形态和景观，构成了人与自然和谐共生的人居环境，充分体现了人类对土地使用的聪明智慧。

如果说平遥古城是中原汉民族文化集中体现的话，那么丽江则是中国边陲民族地区文化交融的产物。自然、活泼的丽江古城与讲究“中准绳”“中规矩”的平遥古城形成了鲜明的对比。

图 3-45：世界文化遗产丽江古城由三个部分组成：大研古城（含黑龙潭）、白沙民居建筑群、束河民居建筑群。

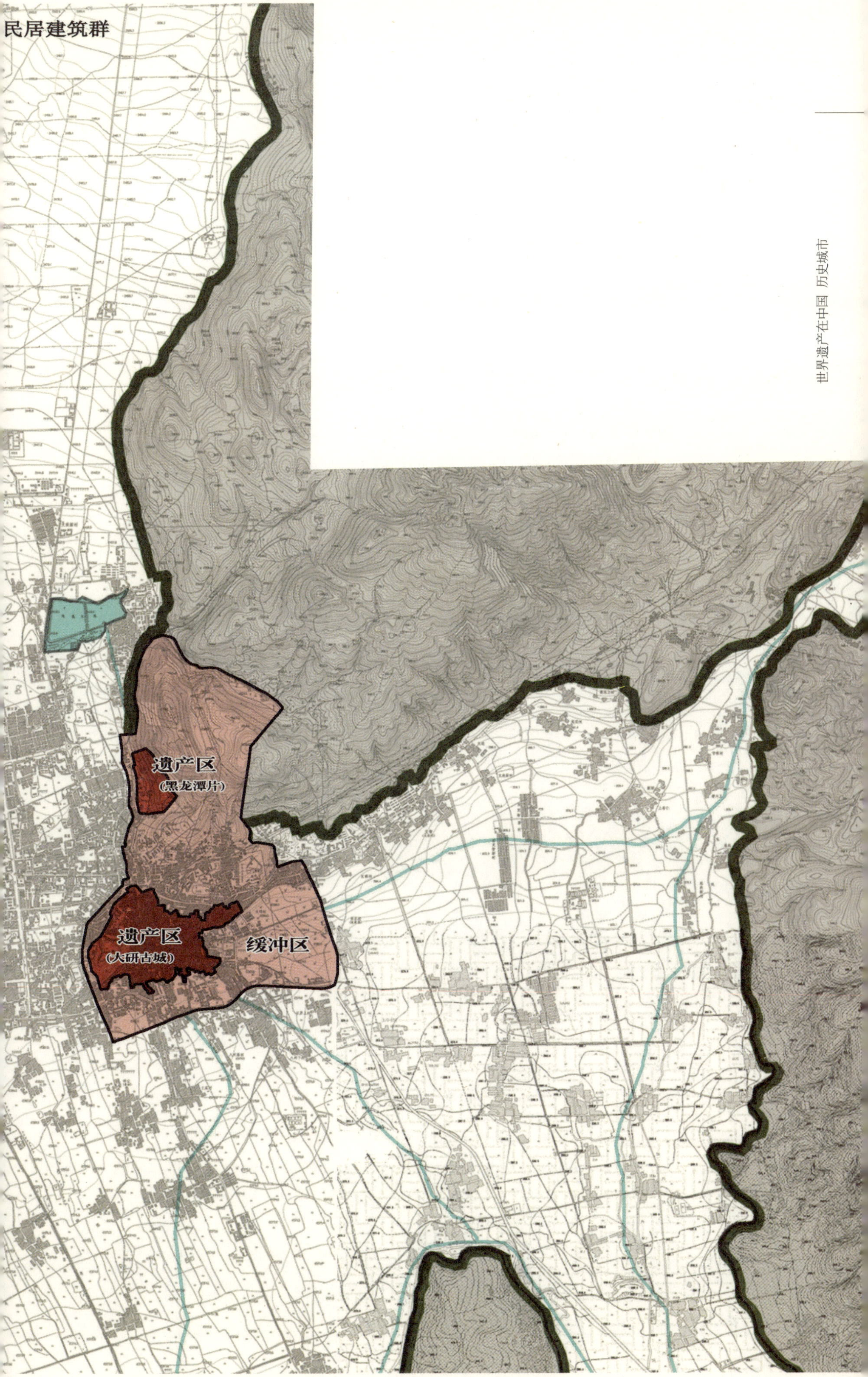

图 3-45

（一）

被遗忘的王国

——丽江的社会经济发展

1. 悠悠古驿道，巍巍险关隘

秦汉时期从成都通往南亚、中亚的“蜀身毒道”西道至西昌后，一岔道由盐源至华坪、永胜，经丽江境通往大理。唐宋时期，从大理至剑川，经九河、石鼓、巨甸至塔城的驿道是南诏、大理通往吐蕃的主要道路。唐樊绰著《云南志》载：“铁桥城在剑川北二日程，川中平路有驿。”

20 世纪中叶，丽江周围尚有从丽江至永胜、宁蒗、鹤庆、剑川、兰坪、中甸、维西等多条古驿道。这些古驿道构成了茶马古道和南方丝绸之路，使丽江成为滇藏、中印商贸交易的重要枢纽（图 3-46，3-47）。

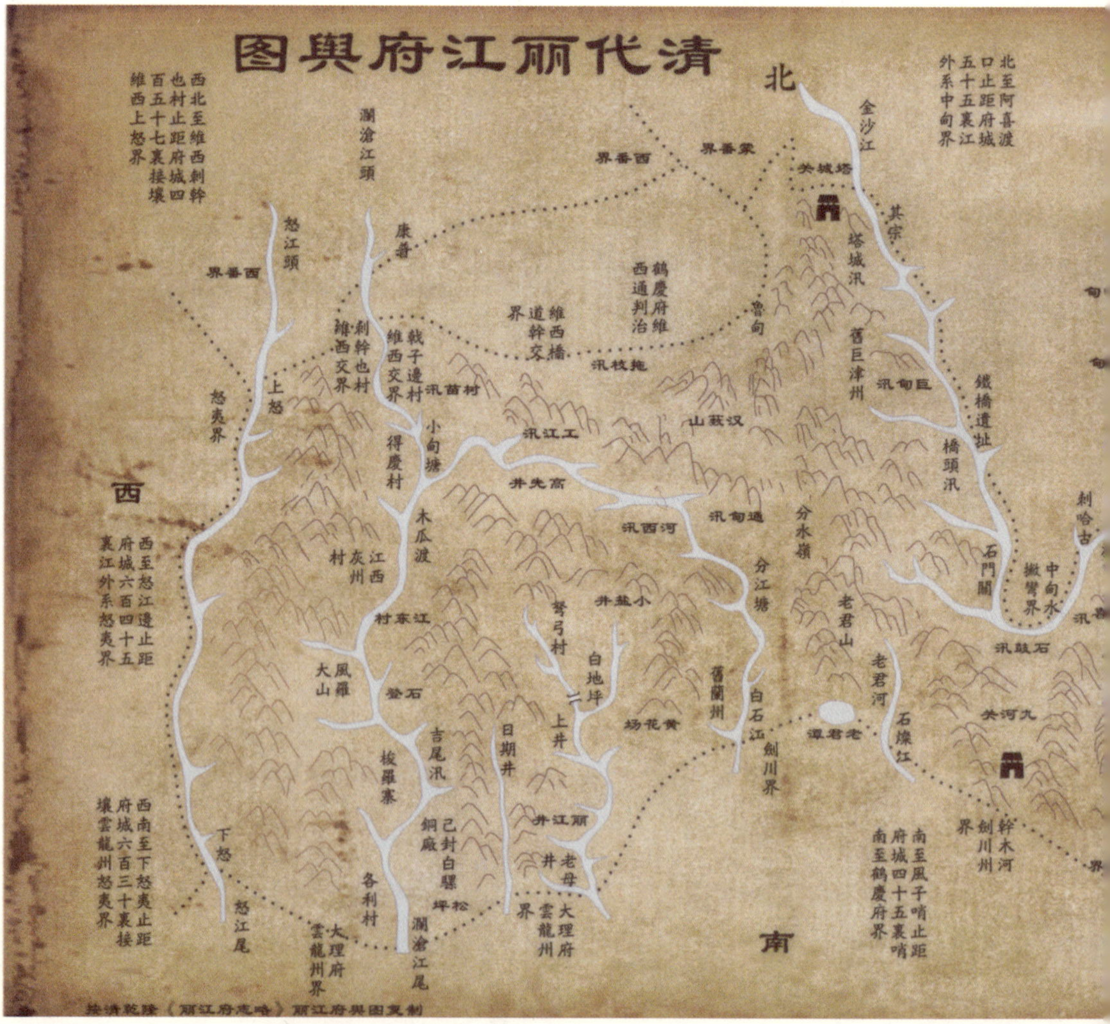

图 3-46

有道必有关，“丽郡横亘千余里，铁桥、石门隔绝外蕃，最称险要。澜沧江、怒江出其西，而金沙大江，则周遭环绕，殆天地设险以限夷夏者耶？”（图 3-48，3-49，3-50，3-51）丽江古城以大江深峡、高山险关为依托，在城四周设关口防守，西北设塔城关，西设石门关，西南设九河关，东北设太子关，南设邱塘关。

图 3-46：此图根据清代乾隆年间《丽江府志略》的丽江府舆图复制。图中清晰标注了丽江周边的山水关系以及重要的关隘。由于清代丽江“改土归流”，因此丽江府的城池表达得非常清晰，而土通判的衙署则偏于一隅了。这是中国古代地图中意识形态的体现。

图 3-47：此图是俄国人顾彼得记录其 1941 年至 1949 年在丽江经历的著作《被遗忘的王国》中的插图。左下小图标注了丽江与越南、缅甸、印度、尼泊尔等国的地理关系。大图清晰表达了丽江在地域交通网络中的重要性：从丽江出发有六条道路分别通向拉萨、大理、永宁、鹤庆等。

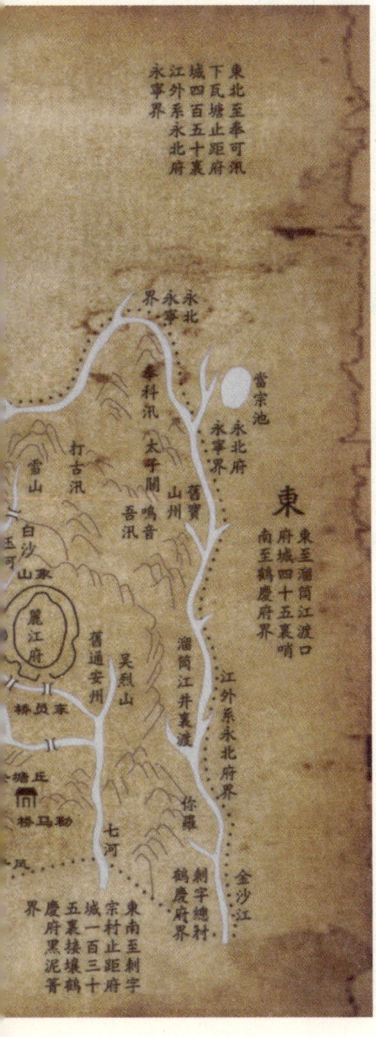

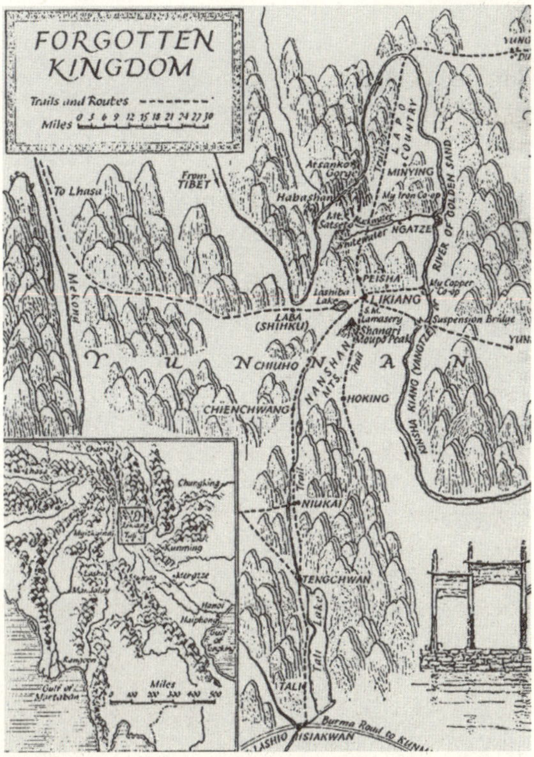

图 3-47

图 3-48：万里长江从青藏高原顺横断山脉奔腾南下，到丽江石鼓镇陡然掉头北上，成为长江第一湾。

图 3-49：虎跳峡长约 20 公里，落差约 190 米。峡中绝壁激流，涛声如雷，令人胆战心惊。

图 3-48

图 3-49

邱塘关在城南20公里处的关坡山上，漾弓江从关坡穿峡而过形成天然险关。明代在峡口两侧设东、西两关，均为由鹤庆经七河通往丽江坝之咽喉。明《徐霞客游记》称东关“真丽之锁钥也，丽江设关于岭脊，以严出入”；谓西关“为丽东南第二重锁钥”。

石门关在城西60公里的石鼓镇，东临汹涌湍急之金沙江，西依千仞绝壁，为通藏区之险关。明代设石门关巡检司，木氏土司多次在石门关据险击溃入侵之当地武装。清代设石门关塘，驻绿营兵扼守。

塔城关位于城西北180公里塔城乡与维西县交界处，金沙江从关下入境。唐时关旁江上架铁桥，吐蕃置铁桥城。751年（唐天宝十年），在铁桥城设神川都督府，管辖滇西北地区。

九河关位于城西南60公里的九河乡与剑川县交界处。两山对峙，形成峡长险谷，为内地入中甸、维西之必经通道。雍正年间，知府杨馝于关上建碑，题额“道通百蛮”。

雪山门关（太子关）位于城北110公里的奉科乡与宝山乡之间的剌宝山上，东临金沙江，西为绝壁，有民谣“剌宝太子关，伸手摸着天”。古时山上有上、中、下三条路，上路可行马帮，中路从山腰绕道，崎岖狭窄，仅容单人通行，下路在临江悬崖上，行人须攀藤附岩通过，常有失足坠江。1253年（宋宝祐元年），元太祖忽必烈率征大理之中路军从雪山门关入丽江坝，故又称“太子关”。

图 3-50

图 3-50：位于丽江坝子西侧的拉市海。大江深峡、高山险关守护着云淡风轻的高原湖泊。

图 3-51：当年的顾彼得正是沿着这样奇陡的山路随着马帮进入了丽江。

图 3-51

2. 茶马古道上的边贸重镇

丽江纳西族最早是由从西北地区南迁的羌人及当地的土著民族混合形成的。丽江传为古筰国地，汉、晋、唐、宋以来，名号屡次更动。唐初丽江曾归属吐蕃管辖。宋代丽江与中原朝廷与大理国之间的关系都比较松散，自己建立摩娑诏，独立称王。宋末忽必烈赐名“丽江郡”后，丽江之名才见于史载。

有元一代在武力统一本地少数民族地区时逐渐形成了一种以夷制夷的土司土官制度。1276 年（元至元十三年）后渐在丽江设置路府州县，改变了原来诸部落分立、不相统属的局面，促进了民族之间社会经济文化方面的交流。元代时丽江与外界的交通情况有很大的改善，所设马站、驿站已是“星罗棋布、脉络相通，朝令夕至，声闻毕达”。来往的中原人士也日渐增多，当地文化教育受到影响，儒学渐兴，体现出一定的汉化倾向。

元末阿甲阿得土司归降明朝廷后，被赐木姓，担任明代的首任知府。受明朝廷的优厚待遇支持，历十三世的经营与军事扩张，至明末势力范围已经达到中甸、理塘等北部藏区及怒江州、缅甸一带。木氏土司重视农田水利、开采金银矿藏，并重视对汉族文化技术的吸收，手工业也十分发达。当时战乱较少，周围贸易交通条件也得到改善，滇藏茶马道是木氏土司的主要收入来源。木氏土司从中原地区聘请大量技术人员及文人学者，文化交流成效卓著，诸如古城建筑、白沙壁画、纳西古乐等均成就非常。

清代丽江在云南地区率先拥护“改土归流”政策。木氏土司势力渐衰，被降为丽江通判，后清朝廷委派流官知府，建立新的建置。流官知府鼓励开垦荒地，兴修水利，发展生产，科举与教育勃兴，各种手工业与商业也得到进一步发展。古城有两个街市，街期赶集贸易，商业十分繁荣。古城手工业以制铜业、皮革业为主，此外还有纺织业与酿酒等。由于骡马交易中心的形成，古城的马店与旅店业也发展起来。据 1743 年（清乾隆八年）撰写的《丽江府志略》：“宰城西关外大研里，湫隘嚣尘，环市列肆，日中为市，名曰坐街。午聚酉散，无日不聚，四乡男妇皆来。商贾之贩中甸者，必止于此，以便雇脚转运。……入市者必醉饱归。”

民国以后特别是抗战时期，丽江工商业的发展达到巅峰。这次繁荣主要有两个方面的原因：

首先，丽江自古以来就是汉、藏、白、纳西等各民族经济文化交流的重要枢纽，是滇、藏、川交通要冲。其西北至中甸等地，东南至鹤庆府，西南至大理府，东北至永北府，都有古来形成的驿道与关隘。南方丝绸之路与茶马古道在这里相交，使丽江成为滇藏、中印商贸交易的重要枢纽。自元代逐渐与中原朝廷建立统属关系后，木氏土司始终保持着与汉族地区的友好往来，改土归流之后更加成为中原地区与边疆地区及外邦民族经济文化来往的中心城镇。纳西族开放包容的个性，为茶马古道上多民族的共融共生、共同发展创造了条件。

其次，抗战时期国内许多地区沦陷，沿海外贸中断，滇缅公路被日军截断，丽江成为云南内地通往西藏、印度的必经之路，使西部的中印贸易线得到空前发展。丽江古城内商贾云集，店铺林立，许多外地客商在丽江设立了商号，并捐资于公共建筑及教育事业等。手工业中以铜器、皮毛皮革、纺织为盛，另有铁器、银器、造纸、缝纫、建筑、竹木器等的加工制造。1937 年至 1945 年间，大研古城商铺有 1 200 多家，其中拥有百万元以上资金的有十余家。来自北京、四川、西藏、山东、广东、湖北、湖南、江西等地的客商 20 余家。富滇银行、交通银行、中央银行等八家银行在大研古城内都设有分支机构。每年来往于丽江和拉萨之间的马帮由原来的 4 500 匹增加到 10 000 匹（图 3-52）。

图 3-52-1

图 3-52-2

图 3-52：南方丝绸之路与茶马古道在丽江相交，使大研镇成为滇藏、中印商贸交易的重要枢纽。大研镇街市上的陶器、铜器、铁器等等是最主要的货物。图 3-52-1 为一个藏族人在买陶器；图 3-52-2 为一些康巴藏族男子正走过丽江大街。

3. 丽江坝子上的城镇迁徙

丽江古城最初并不是在现在大研古城的位置，而是其北面 9 公里处的白沙。白沙是丽江土司“木氏家族”的发源地。根据历史记载，在唐朝时期，南诏王封玉龙雪山为“北岳”的时候，木氏祖先就开始在这里修建了白沙街和北岳庙。而在宋元时期，白沙古镇是丽江商贸、政治、文化的中心，一直到明代初年木氏家族迁到大研之后，白沙的政治、经济功能开始减退。尽管如此，明代木氏土司在大研大兴土木营造土司府的同时，在白沙亦建造了雪松庵、大定阁、金刚殿、琉璃殿、大宝积宫等众多建筑群，绘制了许多有极高艺术价值的壁画。明代以后，白沙的铜器制造业逐渐发展，产品远销康藏地区与滇西北各地。

大研古城始建于 12 世纪末至 13 世纪中叶（宋末元初时期），明初木氏土司先祖将主要聚居地由白沙迁到狮子山麓，新城为通安州城，俗称“大叶场”。

大研古城的建设主要分四个阶段：第一阶段是原始村落的自然发展集居，属于原始自发性的建设；第二阶段是丽江宣慰司阿胡阿烈时期挖了西河水，开辟了西区的新城建设；第三阶段是明朝木氏土司进行的以木府官邸和周围民居为主体的城镇建设；第四阶段是 1724 年（清雍正二年）改土归流后开挖了东河水，完成了古城的东区建设。（图 3–53）

现状保留的大研古城主要是在 13 世纪末 14 世纪初（元末明初时期）渐成雏形，在明代发展壮大起来的。第一代土司木得在城北引玉河水为源，分为三个方向的支流穿越古城，再挖掘更小的支溪水渠，呈脉络状覆盖全城。城北为商业区，以四方街为中心，四条干道呈经络状向四周尤其是东及南方延伸，临街均设商业铺面。现在的五一街，便是当时茶马古道的旧道。木得并设土司衙署于城南，周围建宫室苑囿，在一条东西主轴线上，排列着石牌坊、丹池、大殿、配殿、光碧楼、玉音楼等建筑物。明代大旅行家徐霞客曾惊叹曰：“宫室之丽，拟于王者。”

清代第一任流官知府杨馝按朝廷礼制建流官府衙及府城，修筑土城，建学兴教。1743 年（清乾隆八年）巡察迤西道朱凤英在《丽江府志略》序言中提到：“计丽江归流，距今二十载余。余方巡历其地，见其城池官廨，府库仓储，学宫坛庙，厘然皆备。以至桥梁关扼，道路沟洫及义学社仓，无不兴举，条理井然。”可见当时城东府城已经形成规模。城东即为旧时流官府衙所在地，现仍存文明坊、文庙、武庙等古迹。纳西族民居则由居民根据家庭生产生活需要、经济条件和用地状况，自由灵活地安排建设。古城商业也渐趋繁荣，并有“巩本”“英古”两个街市，每街约居住四五十户，还有少量店铺，街期赶集贸易。街道铺设石板，并形成洗街之风。

民国时期大研古城是商业贸易的重要枢纽，四方街一带及各条主要街

道上各类商号众多，如狮子山东坡以铜器铺面、作坊为主的金鑫街，新义街积善巷的造纸作坊等等，还有为不同地区客商服务的旅马店等。

丽江古城正是 8 个多世纪以来的社会经济、文化技术交流以及纳西人对人居环境不断改进和完善而不懈努力的结果（图 3-54）。

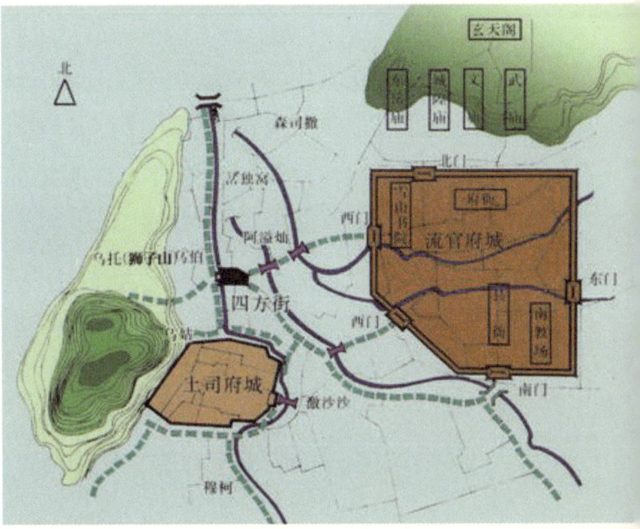

图 3-53：大研古城的四方街、明代木氏土司衙署和清代流官府城三足鼎立的独特格局，体现了丽江古城建设过程中的多元文化的融合，在中国的历史城市中非常独特。

图 3-54：1944 年的丽江古城航拍图。山、城、田非常自然地互生共融。

4. 神秘的纳西东巴文化

地处滇川藏三角区的丽江文化，深受汉藏文化的强烈影响。藏传佛教、汉传佛教、道教渗入崇拜自然的纳西族原始宗教，形成了独特的东巴教。

源于纳西族原始宗教东巴教的东巴文化，包括东巴教祭祀仪规、东巴象形文字、东巴经、东巴音乐、东巴舞蹈、东巴绘画等丰富的文化内涵。

东巴文字，属原始象形文字，共有 1 400 个单字，至今仍使用不衰，故被誉为目前世界上唯一还活着的象形文字（图 3-55）。

图 3-55：东巴经是用东巴文字写成的经书，内涵丰富，是研究纳西族古代哲学思想、宗教民俗、社会历史、伦理道德、民族关系、文学艺术、语言文字诸方面的珍贵资料。

东巴教有特殊的法器和服饰，法事亦十分繁杂，全年几乎每月都有大小不等的法事活动，主要分祭祀、丧葬、禳灾、卜卦、赐名五大类，其中祭天最为隆重。东巴教对于神、鬼、人的不同态度和方法，通过具体的献祭、祈祷、巫术、禁忌的方式表现出来，使之成为有一定程式化的社会文化行为的宗教礼俗（图 3-56）。

东巴文化对纳西族的精神文化影响深远，对其他世居民族亦有重要影响。

图 3-56：20 世纪 80 年代尚健在的老东巴。

（二）

“美丽的纳西家园”

——丽江古城的特点

丽江古城的三个组成部分白沙、束河和大研古城充分体现了从宋元时期（12 世纪）开始不同历史阶段的社会经济文化发展以及丽江人为人居环境改进与完善而进行的不懈努力。

8 个多世纪文化技术的交流形成了融汉、白、藏各民族精华，并独具纳西族特色的建筑、艺术、城镇规划和景观以及社会生活、风俗习惯、工艺美术等人文特征。在营造“天人合一”的人居环境方面达到了极高的境界。

1. 选址——“风气实收聚矣！”

丽江的地理环境得天独厚。1743 年（清乾隆八年）《丽江府志略》载：“黄山右环、吴烈左峙，雪峰雄居其后、三台特拱于前，丽水绕其东北，怒江界其西南，中则玉河漾流，漂洄襟带，风气实收聚矣。”

（1）玉龙雪山

玉龙雪山位于丽江古城的西北，距大研古城 20 公里左右，有大小山峰 89 座，较大的有 13 座，俗称“玉龙十三峰”，是丽江古城非常重要的背景山体（图 3–57）。

由玉龙雪山南坡顺着丽江坝子西边和东边延伸的山体芝山、普济山、马鞍山、文笔峰、五台山、黄山、蛇山等构成了丽江古城的周边山体。这些山系伸入平坝形成象山、狮子山、金虹山、文笔山、聚宝山、龙泉山等，是丽江古城的依托山体。

（2）玉龙冰雪滋养的河流、泉潭和井

玉龙雪山海拔 5 000 米以上的山体终年积雪，有固体冰川 11.25 亿立方米，夏秋季节，部分冰川融化，成为玉龙山周围河流、泉、潭的主要水源。在田野千顷的平坝之上，自雪山而下的水系呈脉络状分布，穿越各处村镇与农田，是生活与农业用水的重要来源。尤其是由北向南流淌的青龙河（其南段称为漾弓江），穿过玉湖、白沙、束河等多处重要村镇（图 3–58）。

丽江坝子内水系还有黑龙潭（图 3–59，3–60）、玉河等，构成丽江古城建城非常重要的物质基础。

图 3–57：玉龙雪山主峰扇子陡海拔 5 596 米，分布有现代冰川，山体高耸，终年积雪，如羽扇轻展，气势雄浑，是丽江古城非常重要的背景山体。

图 3-58

图 3-59

图 3-58：青龙河自北向南穿过白沙古镇、束河古镇，急急向南流向丽江坝子的南面后被称作漾弓江。可惜这个还带有古道痕迹的景观已经被酒吧一条街替换了。

图 3-59：由黑龙潭北望，玉龙锁翠，寒潭漱玉。郭沫若 1963 年题联："龙潭倒映十三峰，潜龙在天、飞龙在地；玉水纵横半里许，墨玉为体、苍玉为神。"

图 3-60：象山山麓的黑龙潭，是大研古城重要的水源。

图 3-60

沿象山脚百余米地段有泉眼几十处，清流从岩石间汩汩流溢，汇成约5万平方米清澈见底的黑龙潭，由锁翠桥下泻，南流至玉龙桥，分东、中、西三条河流奔涌入城。河流总称玉河水，纳西语叫“古鲁吉”，意为龙王庙九眼洞流下来的“九龙水”。

玉河水从黑龙潭潺潺流入古城，在城北分流三支：中河系原始形成的天然河流，流向东坝子；西河约于元代开挖，从玉龙桥南流至四方街南转向东南面；东河开挖于清代，流向东面。三条河在城内又分成纵横交错的无数条支渠入墙绕户，穿街过巷（图 3-61）。河流最宽处为 6 米，最窄处不足1米。河床平缓地段清流悠悠，水波不兴，陡坡处水流湍急，哗哗有声。20 世纪 60 年代以前，水质洁净清冽，古城居民多饮用城中河水。清代至民国，官府多次颁布有关保护环境、禁止污染玉河水的告示，民间也立乡规民约。

图 3-61-1

图 3-61-2

图 3-61-3

图 3-61：玉河水从黑龙潭潺潺流入古城，在城北分流三支。三条河在城内又分成纵横交错的无数条支渠入墙绕户，穿街过巷，形成主街傍河、小巷临水、跨河筑楼、依山而居的高原水城美景。

满足全城消防、居民生活用水需要的，除了清澈的流水通过线网状河道沟渠流经千家万户，还有散点状的井泉。这些井泉清如明镜，干旱年往往仍丰盈如故，是古城不可缺少的水源。大研古城中有白马龙潭、半月泉三眼井、八河三眼井、狮子山泉、金虹山泉、溢琛泉、甘泽泉。束河古镇中有九鼎龙潭和蔬河龙潭。这些泉潭之下修有上、中、下三个水池，三池相连通，蓄积从潭泄出之清流，上池饮用，中池洗瓜果蔬菜，下池洗涤衣物，俗称三眼井（又名：三塘水）。井旁往往有古榆树和古槐树（图3–62）。

图 3–62

（3）丽江坝子的田野与聚落

丽江坝子位于群山环抱之中，基本形态呈现L形，纵向向北伸展的玉龙山位于坝子西北，文笔山在坝子南部，象山由东南斜向插入，与坝子正中的狮子山形成一豁口。主要城镇大研古城就位于狮山与象山的怀抱之中。

平坝上除了规模最大的大研古城之外，还分布点缀有许多的小村庄。白沙与束河是其中规模比较大且保存较为完整的村镇。这些村镇呈散落的点状分布，一般相隔步行距离为20至30分钟，构成丽江一带雪山田野村落交相辉映的独特景观（图3-63）。

图3-62：水源是古城的眼睛。丽江居民们世世代代恪守着有关三眼井用水的乡规民约。

图3-63：丽江坝子上雪山田野村落交相辉映。

图3-63

2. 形制与格局

（1）大研古城

①“居庐骈集，萦坡带谷”的整体空间形态

大研古城的选址，充分利用了地理环境及黑龙潭水源，北倚金虹山，西枕狮子山，总体上坐西北而朝东南，利用狮子山挡住了冬季来自西北方向的寒风。东南接辽阔平川，春迎朝阳，夏驱热气，建筑物依山就势，层叠起伏（图 3–64）。城北黑龙潭是大研古城的主要水源，潭水由北向南蜿蜒而下，至双石桥处被分为东、中、西三条支流，各支流再分为无数细流，与散布的井泉构成完整的水系，以满足全城消防、居民生活用水需要。同时，水系入墙绕户，穿场走院，形成主街傍河、小巷临水、跨水筑楼的独特景观，构成了人与自然和谐共生的人居环境，充分体现了人类对土地使用的聪明智慧。

大研古城以四方街为中心，以新华街、五一街、七一街、新义街、光义街五条主要街道为经络，街道依山傍水向四周伸展。

大研古城的城市格局有别于中原受建城礼制影响的城市。城中无规整的道路网，无森严的城墙，根据居民的生活习惯、文化习俗、充分结合地形形成，在中国现存古城中非常罕见（图 3–65）。

图 3–64：丽江古城东北侧为象山和金虹山，西侧为狮子山，豁口处可见远处终年积雪的玉龙雪山主峰，轻展双翼，宛若古城的保护神。

图 3-65：大研古城无序但有机的形态。

②“四通八达，回环连贯”的街巷

大研古城分布有 30 多条主街和主干巷道，数百条小巷道。以四方街为中心，呈放射状，四通八达，回环连贯 (图 3-66)。

四方街位于狮子山东麓，清代称四方街为府城市，民国时称人和街，纳西语称“芝滤古”，意为街市的中央、古城中心。四方街包括街场及东至大石桥、南至百岁坊石桥、北至卖鸡巷地段，街场长 68 米，宽 22 米，面积 1 500 平方米。四周房屋店铺骈连，五条主街呈辐射状与之相连(图 3-67)。几百年来，四方街是滇西北最大的贸易集市。

西侧的制高点是科贡坊，为风格独特的三层门楼（图 3-68）。西侧是西河，东为中河。西河上设有活动闸门，利用西河与中河的高度落差冲洗街面。这种独特的卫生设施，在国内外都属罕见。

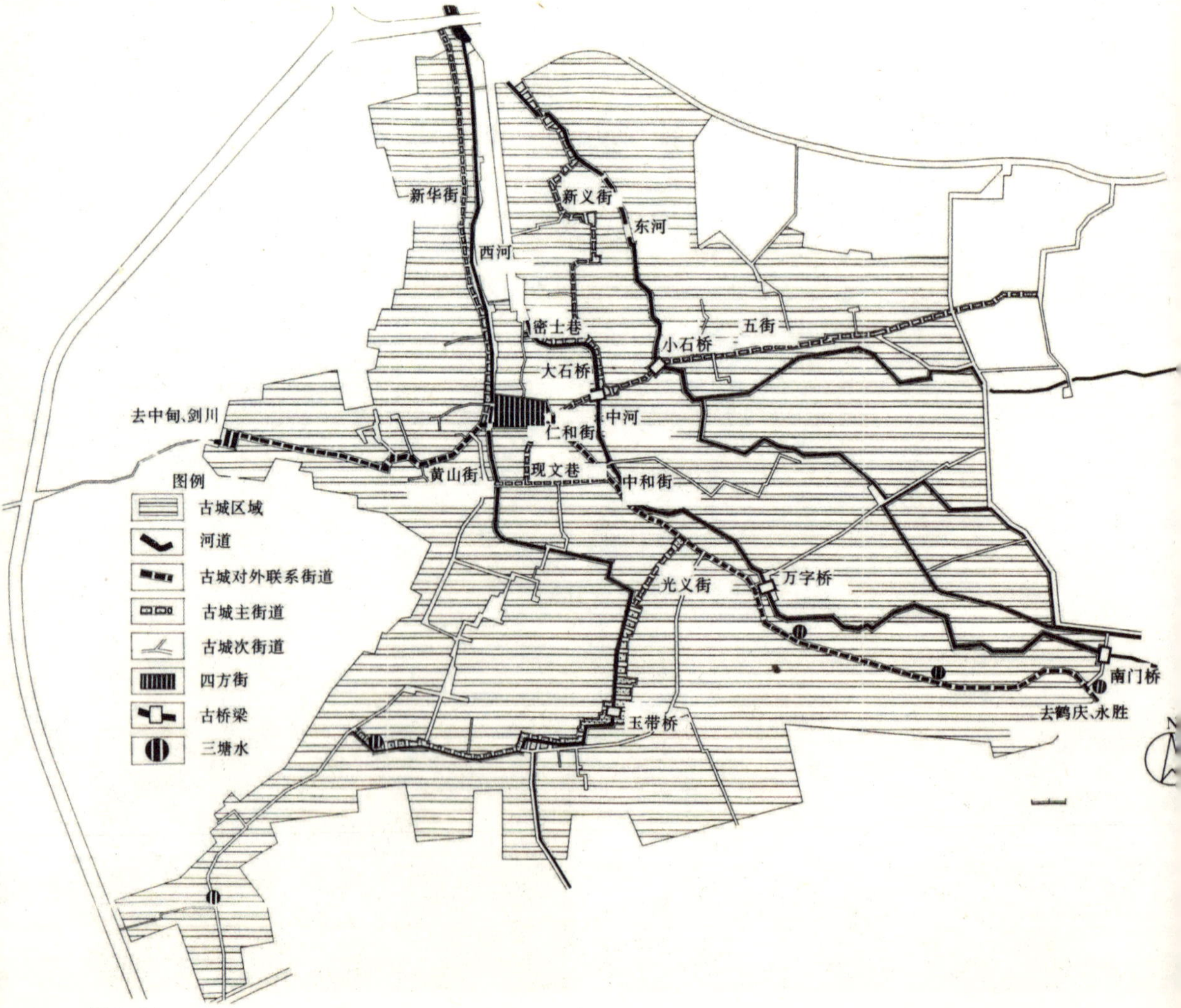

图 3-66

图 3-67

图 3-66：大研古城的主要街巷体系以西侧的四方街为中心，呈放射状向东、东南、南、西、北延伸，其中又有次级街巷连通这些主要街巷。

图 3-67：四方街及其周边平面图。

图 3-68：四方街西侧的制高点科贡坊，是因为清代嘉庆、道光年间巷内杨家接连三人中举，官府为励学登科，在巷口建设的两层牌坊。现存三层阁楼是 1944 年原来科贡坊遭火灾焚毁后由富商牛文伯捐款重修的。

图 3-68

民国年间，四方街市场繁荣。俄国人顾彼得在其《被遗忘的王国》一书中，记述四方街通宵达旦的热闹情景：“一大早，几股由农民形成的人流，从远处村子出发，沿着五条大道，十点钟后开始向古城集中。石头铺成的路上，马蹄声嘈杂，人声鼎沸，人群都拼命挤过去，抢占四方街广场的各‘启除’(纳西语，意为专卖某类东西之地段)最好位置。”“稍过中午，集市达到了热火朝天的程度，人和牲口乱作一团，开了锅似的，约在下午三点钟后，集市到了高潮，然后开始回落。……晚饭后，大街上又开始挤满了人，商店重新开门。有些商店点着普通的油灯，红色的灯光忽隐忽现，有些商店则用汽灯和煤石灯照明，不时点明了火把，人群来回走动。”“银色的月亮从高空向下微笑，松明子火把发出的芳香烟雾直升九霄，四方街上竖起几个帐篷，逐渐把广场变成了营地。”（图 3-69）

大研古城的主干街巷新华街、五一街、七一街、新义街、光义街，街道两旁房屋建筑兼具商业贸易和居民住房功能，临街一面开店铺，或作商店，或为手工业作坊，内院为住宅。

古城的街道，经历代官修、居民自修、商户捐款集资修建等多种方式陆续修成。街道路面铺宽、厚 20 厘米左右的五花条石，雨天不泥泞，晴天不扬尘，经数百年人马走磨，平滑如砥。雨过天晴，石纹毕现，五彩斑斓（图 3-70）。

图 3-69

图 3-70-1

图 3-69：美籍奥地利裔学者约瑟夫·洛克拍摄的丽江古城四方街集市的热闹景象。

图 3-70：大研古城的主干街巷两侧是密密匝匝的商铺和作坊，地面为五花石铺砌。

图 3-70-2

（2）白沙民居建筑群

白沙距离大研古城9公里。白沙民居建筑群分布在一条南北走向的主轴上，中心有一个梯形广场，四条巷道从广场通向四方。民居铺面沿街设立，一股清泉由北面引入广场，然后向东南融入民居群落，极具特色（图3–71）。大宝积宫、琉璃殿等公共功能位于整个古镇东北。

白沙民居建筑群街巷体系十分简单，由连接四方街的四条街道形成“十字”主街，入户街巷与主街垂直。南、北主街是茶马古道必经之路，沿街以店铺为主，街巷尺度明显较东、西街要大。而街坊内均是传统居住功能，巷道尺度较小，基本上在2米左右。白沙民居建筑群形成和发展为后来丽江大研古城的布局奠定了基础。

（3）束河民居建筑群

束河人从事皮革、麻线加工，铁器、竹木器制作等行业，他们缝制的皮鞋、皮靴、皮口袋及皮索等产品，远销康藏。纳西语称束河为“绍窝希日奔”，意为束河皮匠村。清代以后，有“束河皮匠，一根锥子走天下”之说。他们走康定、进拉萨、到印度，清代以后涌现出一批富商。20世纪上半叶，束河从事皮革业的计有336户。

束河民居建筑群位于大研古城西北4公里处。《徐霞客游记》载：“又五里，过一枯涧石桥，西瞻中海，柳岸波潆，有大聚落临其上，是为十合院。”其中所提到西临于中海之上的大聚落“十合院”，指的就是束河。束河依山傍水，居民房舍错落有致（图3–72）。北头有二潭泉水，一曰“九鼎龙潭”，一曰“疏河龙潭”，泉水清澈，流水蜿蜒于街衢旁。青龙河从两潭泉水中间从北向南穿过束河。明代在其上建青龙桥，桥东侧形成四方街（图3–73）。四周店铺林立，依水设街，形制与大研古城四方街相似，同样可以引水洗街。由连接四方街的四条街道和青龙河以西仁里路形成倒“土”字主街，入户街巷与主街垂直，较白沙而言略为规整。

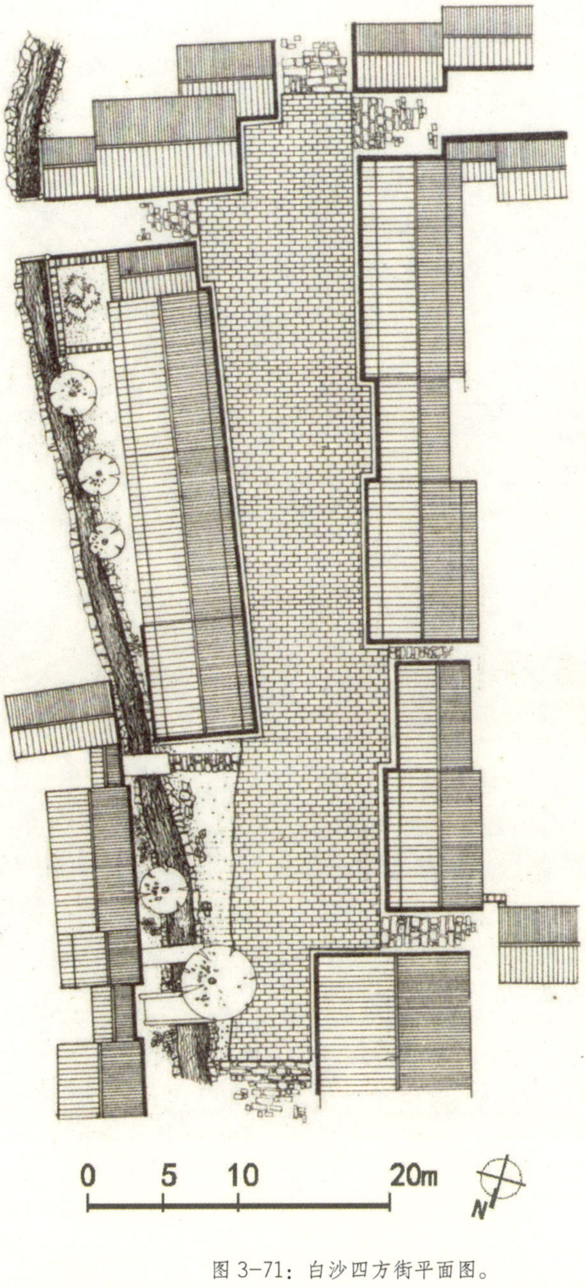

图 3-71：白沙四方街平面图。

图 3-72

图 3-72：从西侧聚宝山上往下看束河古镇。中间树林茂密处为青龙河，将束河古镇分为东西两个部分，通过青龙桥连接。

图 3-73：束河四方街平面图。

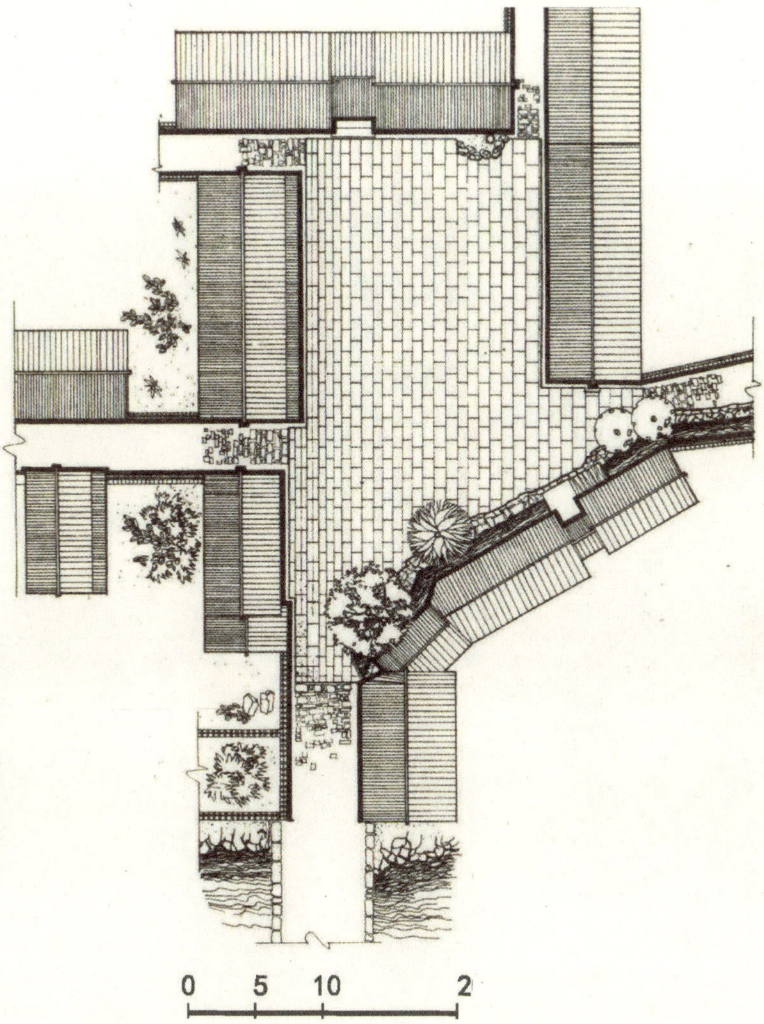

图 3-73

3. 多元文化体系下的公共建筑

（1）“宫室之丽，拟于王者”的土司衙署

1383 年（明洪武十六年），土知府木得在大研古城建造丽江军民府衙署，后经历代土司相继营建，至明末，土司衙署、家庙、住宅已具相当规模。1638 年（明崇祯十一年），徐霞客至丽江，谓土司衙署区域“宫室之丽，拟于王者”。

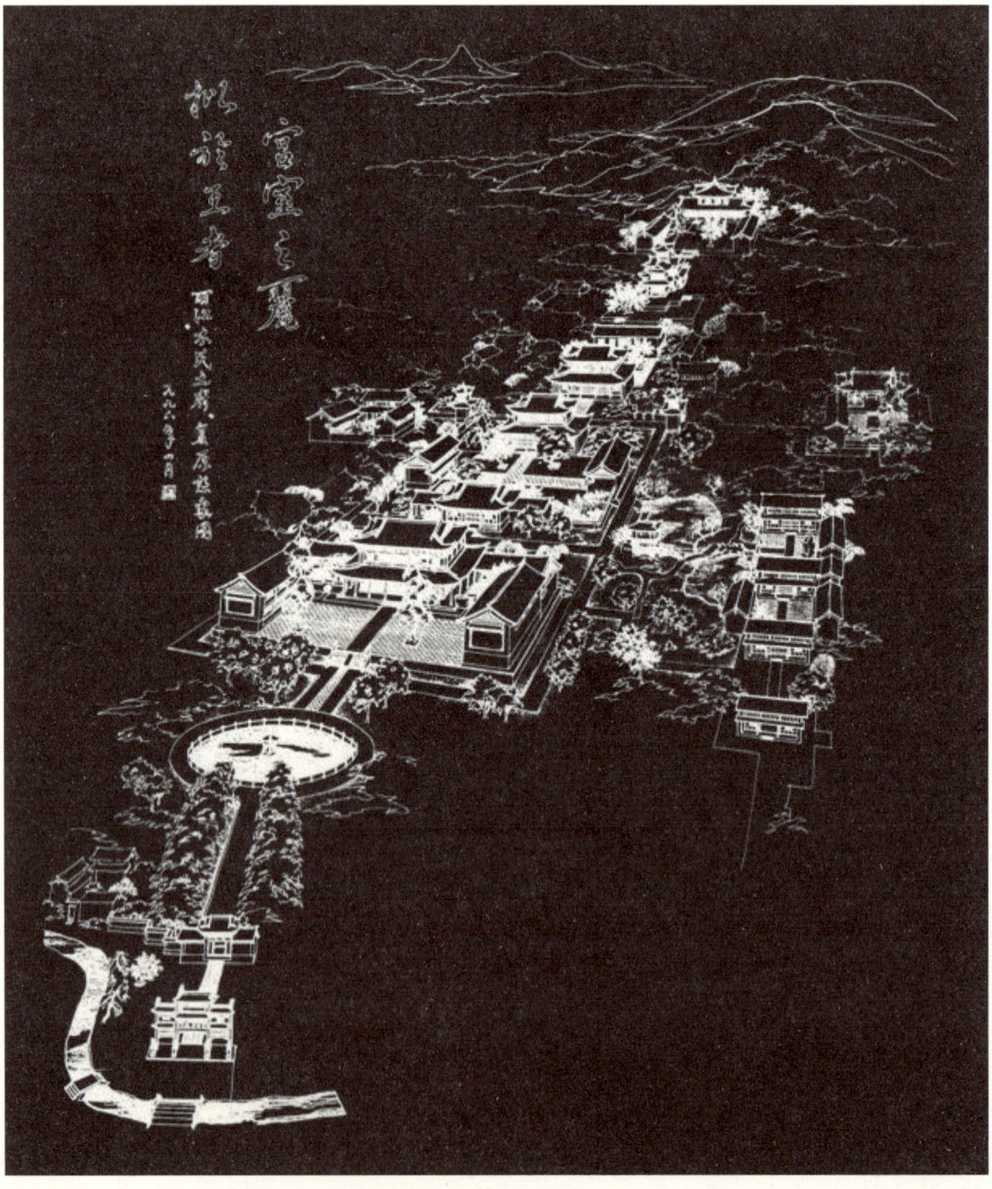

图 3-74

土司衙署的选址、布局讲究风水、地望、避讳。衙署建在城西南，北靠狮子山，意为“玄武”；左有城池及金虹山，意为“青龙”；右临白马龙潭，意为“白虎”；前方坝子平展，远处有震青山，寓作“朱雀”。四方街、关门口一带，建筑平面呈阴阳图形，层层环拱，从里向外拓展。府前有流经古城而来的西河环绕，背依山陵，前抚平川。根据东方属木，木为纳西东巴教中的崇拜物，亦为皇帝所赐纳西土司之姓，衙署坐西朝东，以受木气（图 3–74，3–75）。

图 3–74：土司衙署复原想象图。

图 3–75：丽江木氏土司衙门大门石牌坊。坊上镌刻着明神宗于1620年钦赐木增的“忠义”二字，在这之上的横坊上还镌刻有“圣旨”二字。

图 3–75

（2）偏于一隅的流官署，昙花一现的土城墙

1723 年（清雍正元年）丽江“改土归流”，首任流官知府杨馝到任后，于 1725 年（清雍正三年）在大研古城东北面金虹山麓建丽江府衙署，并环官府建筑群修筑城墙。这时的丽江古城出现了“一城两府”“三足鼎立”局面。

根据传统规划形制，除了衙署外，最重要的建筑便是文庙武庙。文庙位于古城内的北门坡。1725 年（清雍正三年）始建，现存建筑系光绪末年重建，仅存主院的正殿和东厢等。武庙原在古城南门外，1835 年（清道光十五年）从南门外迁移至文明村。现存正殿、配殿、花厅、东西静室小院（图 3–76）。

相传木氏土司避讳“木”字被围成“困”字，因而最初未修筑城墙。1723 年（清雍正元年），云贵总督高其倬呈请朝廷准建丽江府城奏疏曰：“丽江府素无城池，既设仓库、监狱，宜建筑围墙，以资防范。应俟新守到日，将该府与经历、干、把总衙署，兵丁营房，一并估计，公捐盖造……”1725 年（清雍正三年），首任流官知府杨馝奉旨建城墙：下基以石，夯土为墙体，墙头盖瓦，周长约 720 丈（约 2.4 公里），高 1 丈 2 尺，厚 4 尺，下广上锐。城墙设五道城门，皆有楼，东门名向日，南门名迎恩，大西门名服远，小西门名饮玉，北门名拱极。建城墙时，古城内尚未开挖东河，府署所在地居民饮水需取用中河，集市居城西，因此西面城墙设二门，以便赶集、汲水。

但是这土城墙在 1751 年（清乾隆十六年）地震时垮塌，修好后，至 1793 年（清乾隆五十八年）城墙又倒，得到命令“不必再建”，于是搁置下来，老百姓也不以为然。

图 3-76-1

图 3-76-2

图 3-76：文庙、武庙偏于城市的北面，历史上曾经起到教化民众的作用，如今已经残破不堪。图 3-76-1 为武庙，图 3-76-2 为文庙。

图 3-77-1：大宝积宫的宫南墙上的壁画：孔雀明王海会图。
图 3-77-2：大宝积宫的宫南墙东侧壁画的局部：上清灵宝天尊像。
图 3-77-3：大宝积宫的宫北墙西侧壁画的局部：金刚亥母应化身像 。

（3）儒、释、道并存的宗教建筑和壁画

丽江古城周围分布许多有特色的宗教建筑，这些宗教建筑包含汉传佛教、藏传佛教、道教等多种宗教，其中以五大寺（文峰寺、玉峰寺、普济寺、指云寺、福国寺）和北岳庙最为著名。

白沙宗教建筑群包括琉璃殿与大宝积宫、大定阁、金刚殿、文昌宫四组建筑。其中琉璃殿和大宝积宫有着珍贵的建筑史学价值。

丽江壁画分别分布在琉璃殿、大宝积宫、大定阁、大觉宫等白沙宗教建筑群中，现存 44 幅。是明代到清初三百多年间，先后由汉、藏、白、纳西等民族的画师们陆续制作完成的。所以它不仅是各民族文化交流的结晶，也是各族人民共同劳动的成果，在纳西族文化艺术史上占有重要地位。

壁画内容系宗教题材，但和其他地方宗教绘画不同，这里不仅有汉族的佛像、道教神像，还有藏传佛教的密宗（红教）佛像。壁画内容的糅杂现象，是明代木氏土司大量吸收汉藏文化在绘画艺术上的反映。而内容的糅杂又导致风格上各民族艺术的结合，不仅具有中原唐代佛、道绘画的传统和藏传佛教绘画的特点，而且还有纳西东巴画的长处，兼收并蓄，独树一帜，具有用笔严谨、色彩富丽、造型准确的特点（图 3–77）。

图 3-77-1

图 3-77-2

图 3-77-3

琉璃殿与大宝积宫 位于白沙四方街东，有山门、前房、藏经楼、琉璃殿、大宝积宫等，二进院落。琉璃殿建于1417年（明永乐十五年），平面呈正方形，重檐歇山抬梁式，凹脊飞翅，给人以饱满浑朴、简练豪放的感觉。我国著名建筑学家刘敦桢说："在我国众多的古建筑中，除北京明十三陵屏门外，仅此一例。"

后殿大宝积宫，建筑外观线条与琉璃殿略同，殿悬"大宝积宫"四字，有"土官木旺造"款识，可证其建造年代在明万历间。斗拱繁复，与琉璃殿形成鲜明对比（图3–78）。

文昌宫 位于白沙四方街东，明洪武年间始建，现存建筑系1862至1874年（清同治年间）建，1925年修葺。由正殿、前殿、门楼及附属建筑等构成，坐北向南，占地面积1725平方米。二进院落：第一院有门楼、两厢，中间垂花楼联通第二院左右厢房，正中为大殿。正殿是抬梁与穿斗相结合的木结构，重檐歇山顶。两层檐下施装饰性斗拱，上层周匝回廊，殿前有月台和垂带踏跺（图3–79）。

大定阁 在白沙大宝积宫、琉璃殿东北角，相距约12米。始建于1598至1623年，"创于世宗土府木增"，1743年（清乾隆八年）重修。光绪《丽江府志稿》载："阁四面缭以铜采，锭以文石，修极精巧。"后毁于兵燹，修复中原貌多失。阁坐东西向，单檐歇山四合院落。由大门、正殿组成，正殿明间高耸，斗拱繁复。内有165铺壁画，计96平方米（图3–80）。

图 3-78：大宝积宫。

图 3-79：文昌宫正殿。

图 3-80：大定阁大门。

图 3-81：金刚殿大门。

金刚殿 位于大宝积宫北。明代始建，1743 年（清乾隆八年）重建。单座四合院，坐北向南，抬梁式木结构，重檐四角攒尖顶。上层檐下旋斗拱。八角形藻井内绘太极图与八卦。前檐柱、枋等皆浮雕。前有照壁，两侧镶砌汉白玉浮雕。殿里为白沙洞经音乐的活动场所，即“白沙细乐”（图 3-81）。

大觉宫 在束河四方街东，建于 1598 至 1624 年间（明万历二十六年至天启四年），四合院式建筑，坐北向南，现存正殿抬梁式木结构，单檐歇山顶。天花板上镶 9 块圆形图案，四周有两行云龙纹透雕，内雕佛教八宝等。殿内原有壁画 9 幅，现存 6 幅，内容有道教神祇、佛会、菩萨、罗汉、天王等。笔墨变化较多，全系汉画作风，艺术造诣极高（图 3-82）。

图 3-82：大觉官正殿。

黑龙潭建筑群 始建于1737年（清乾隆二年），旧名玉泉龙王庙。园内有4万平方米的深潭，系由数十眼涌出地面的泉水汇集而成。因潭水清澈如玉，而得名玉泉。后获清光绪皇帝敕封“龙神”而得名，再后改称黑龙潭，是丽江古城的水源。随势错落的古建筑有龙神祠、得月楼、戏台、锁翠桥和后来迁建于此的福国寺解脱林门楼、五凤楼、原土知府衙署的明代光碧楼及清代一文亭、文明坊等建筑（图3-83）。

图 3-83-1

图 3-83-2

图 3-83-1：福国寺五凤楼是 1974 年迁建到黑龙潭公园内的。福国寺始建于 1601 年（明万历二十九年），1864 年（清同治三年）寺毁于兵燹，1882 年（清光绪八年）重建。原名安乐寺，又名解脱林，明熹宗赐名福国寺。原属汉传佛教建筑，清康熙改为藏传佛教寺庙。五凤楼为福国寺主要建筑，为三重檐四角攒尖顶木结构，从任何角度望去都有五个翼角，似五只展翅欲飞的凤凰，故俗称五凤楼。

图 3-83-2：得月楼始建于 1876 年（清光绪二年），1963 年重修。三重檐攒尖顶楼阁式建筑，平面呈方形，基座呈八角形，通高约 16 米。二、三层檐下施翼形斗拱，一层四角有擎檐柱支撑角梁，飞檐翘角，镂雕精细。楼四面临水，悬有“得月楼”三字和两副楹联，为郭沫若手笔。

4. 兼收并蓄，舒适灵活的传统民居

丽江古城的民居建筑是纳西族建筑艺术和技术的集中体现。它在纳西族原始的井干式木楞房形式基础上吸收、融汇了汉、白、藏等民族建筑的一些优点而形成，在布局形式、建筑艺术等方面都有鲜明的地方特色与民族风格。

（1）平面布局

古城民居的平面布局形式主要有四种（图3–84）。

三坊一照壁：正房一坊，左右厢房二坊，正房对面为一堵照壁。

四合五天井：由正房、下房、左右厢房四坊房屋组成一个封闭的四合院，中间一个大天井，四角四个小天井（或称“漏角”）。

前后院：在一条中轴线上分别设前后两个大院。后院为正院，一般为四合五天井；前院为附院，为三坊一照壁或两坊与院墙围成的小花园。两院之间有可穿通的花厅房。

一进两院：在正房院的左或右侧设另一个附院，形成两条纵轴线。

另有部分两坊拐角、四合头、多进套院、多院组合等类型。

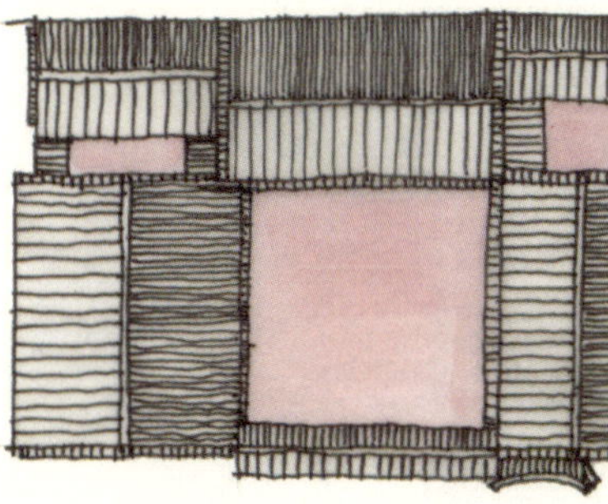

图 3-84-1：三坊一照壁民居。

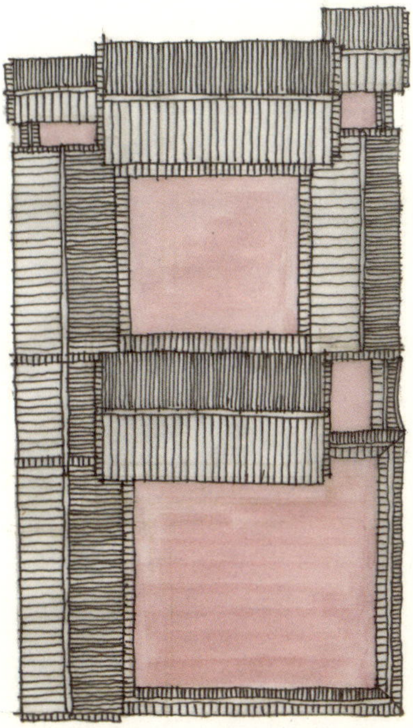

图 3-84-3：前后院民居。

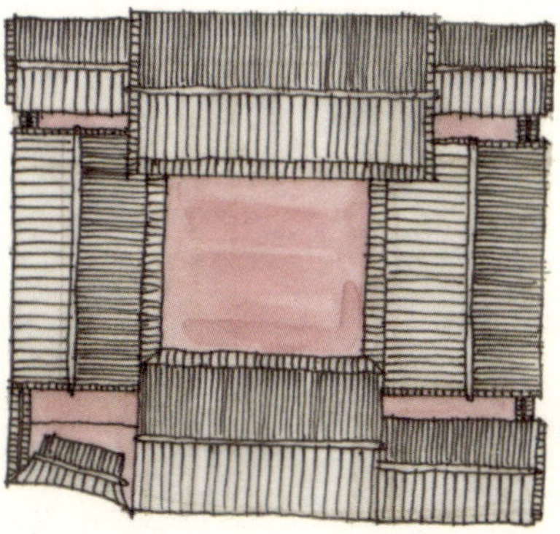

图 3-84-2：四合五天井民居。

图 3-84-4：一进两院民居。

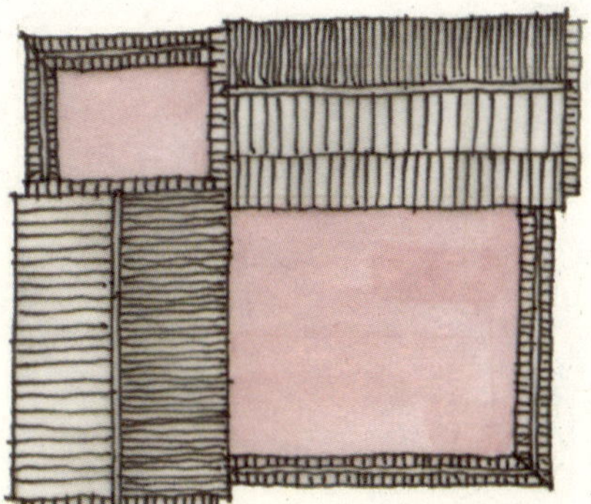

图 3-84-5：两坊拐角民居。

民居均以天井为中心组织平面，不管何种平面类型，都有一个正方形的大天井，天井内或置盆景或种花木。天井三面或四面布置房屋，每坊通常为一明两暗的三间。在主轴线上端的为正房，其地坪及屋顶皆略高于其他坊，多朝南或东。其他坊的厢房或下房对称于中轴线。正房多为二层楼房，厢房或下房也多为二层或部分一层。正房堂屋为客厅，放置案桌、沙发等家具，上堂屋多设祭祀的神龛。堂屋左右两间多做卧室。正房有宽大的厦子（即外廊），有供吃饭、会客、休息、操作副业等多种功能；厢房或下房也多设厦子。厦子宽度从 1.5 米到 3 米不等。有的在漏角建屋，分别用作厨房、卧室、书房、杂物储藏室。有的漏角做小花园。大门入口亦一般占一角小院，院中与大门入口相对或平列的山墙面作照壁（图 3-85）。

（2）外墙

民居外表多为石砌的勒脚，抹灰粉白的墙体，有的在墙角镶贴青砖（俗称“金镶玉”），青灰色筒板瓦屋面。二层楼房的后墙面上部多为木围护墙，局部开窗；有的土坯墙到顶，上段外面镶贴青砖。山墙下段的土坯围护墙与上段的山尖两部分通常以“麻雀台”分界（图 3-86）。

图 3-85

（3）屋顶

传统民居的屋檐往往采用悬山的形式，将木构架暴露在外，悬挑出山的檩条端部钉搏风板，檩条悬出较长，深厚的阴影产生虚的轻巧、活泼感，显出洒脱而生动的造型（图 3-87-1）。

图 3-85：丽江古城典型的民居院落以及各部分的名称。

图 3-86：民居建筑的外墙往往比较封闭，仅在二层外墙面对外开窗，很好地解决了遮阳、防雨和通风等功能。

图 3-87-1：丽江古城典型的民居屋顶。

图 3-86

图 3-87-1

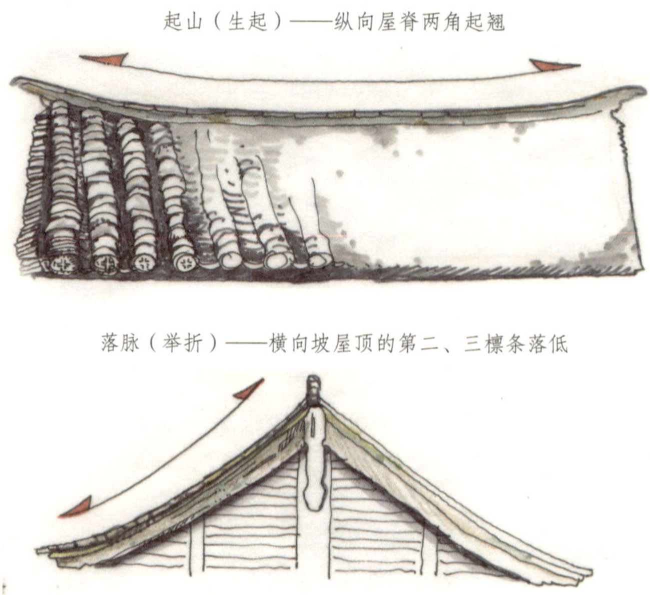

图 3-87-2

图 3-87-2：屋脊的“起山”和“落脉”使每组民居建筑的群体轮廓显得舒展、柔和、优美。

图 3-87-3：民居院落依山就势，屋面层层叠叠，颇有“萦坡带谷”之意。

图 3-87-3

屋脊两角直翘，名为“起山”(即生起)；横向两坡屋顶的第二、三架檩皆略低一些，名为“落脉”(即举折)。因“起山落脉”做法(常为“起山五寸，落脉三寸”，“起山三寸，落脉一寸”)，屋顶纵横向皆形成微微的反拱曲线；外墙墙角采用“见尺收分”做法，渐上向里略为倾斜，使每组民居建筑的群体轮廓显得舒展、柔和、优美，与唐代中原建筑风格相似(图 3-87-2，3-87-3)。

(4) 门楼

一般有两种设置方式：一是设有大门、二道门，大门的门楼在一漏角天井外独立设置；二是不设二道门，多附山墙或后墙而设，偏于一端，忌设正中，多朝东或南向，取“紫气东来”“彩云南现”等吉祥之意。临街的个别朝西或北。门楼形式有砖拱、木过梁平拱及木构架式三种，以砖拱式较多。砖拱式门楼多为中间高、两边低的三滴水牌楼形式，筒板瓦顶，用砖层层挑檐，端部起翘；门洞边框的墙柱一般用砖缝整齐的青砖镶面，檐下及门洞边的砖一般饰有精美的线脚，有的局部镶以带花纹图案的大理石块。木过梁平拱式门楼屋顶多为一滴水的双坡屋面，檐下用多层花板、花罩装修。门楼造型生动，与整个民居简朴的立面对比鲜明(图 3-88)。

图 3-88-1：砖拱式门楼是古城中比较常见的民居入口。

图 3-88-2

(5) 照壁

在民居中用于多处，以三坊一照壁正房所对的天井照壁最具特色。石砌勒脚，粉白照壁，砖瓦檐顶三段匀称，紧靠照壁为花台，照壁顶部有一滴水与三滴水两种形式，与其他各坊屋顶和谐统一。檐部的砖砌线脚自然大方，有的线脚砖上绘黑白素画。有的贴以大理石，显得素雅（图 3-89）。厦子两端的照壁也作重点装饰。厦子的照壁一般在墙面上镶装一块花纹别致的大理石，边框作木雕或砖琢线脚；有的绘或圆或方或扇形的山水人物画。

图 3-88-2：木构架门楼檐下用多层花板、花罩装修，造型生动。

图 3-89：民居院落中的照壁。

图 3-89

(6) 铺地

天井铺地大多用块石、瓦碴、卵石等简易材料按民间风俗铺砌成有象征意义的图案，如“四蝠闹寿”“麒麟望月”“鹭鸶踩莲”“八仙过海”等（图 3-90）。厦子的铺地用大方砖、六角砖、八角砖与卵石、瓦碴组成有韵律感的几何图案，与厦子两端的照壁及房间大门窗隔扇的雕饰相呼应。

(7) 门窗隔扇

房屋底层明间面对天井的一面，在两侧抱柱之间多为三组共六扇木雕隔扇门，俗称“六合门”，是纳西族民居中细木雕琢的精华。每扇隔扇门的框料大多由五个框组成，上、中、下三个是高约 4 寸的小框，下部大框中多填以“一块玉”的门肚板，其上雕以简洁的线条及图案。上部的大框内多填以一块多层透露的漏雕，底层为“穆”字形穿花图案，面层雕以象征吉祥的鸟禽动物、四季花卉、琴棋书画、博古器皿等。

图 3-90：用卵石和瓦渣拼成的“四蝠闹寿”的图案，寓意吉祥长寿。

图 3-91：民居建筑对外开的窗相对简单，满足通风采光的需要。

图 3-90

另有一种在上部大框内安装一块可升降的木板，根据需要可装可卸，以调节室内采光与通风，板上绘以国画或书法，称为“美女窗”。次间两个房间面对天井的一面，为采光需要，上部各有一扇木花窗隔扇，形状或方或圆，多为梅花窗、菊花窗、象眼窗、古钱窗、绣球窗、冰裂窗等，有的中间镶以透明玻璃（图 3-91，3-92）。

图 3-91

图 3-92：民居建筑向内天井开的窗则比较讲究。

图 3-93：丰富多彩的梁头雕塑。

图 3-92

(8) 梁材

木构架外露部分多作艺术处理：将支承子衍大过梁或厦承的梁头雕琢“狮子头”，在承受荷载较大厦承下部所加穿枋多雕漏透雕、浮雕，也有的把正房厦子外的子衍挂加工成花罩的。有些民居在厦子中所见的梁枋、柱头部位绘简朴的彩画图案，或绘黑、白、灰三色构成的素画，色调朴素，与民居的格调相和谐（图 3-93）。

图 3-93

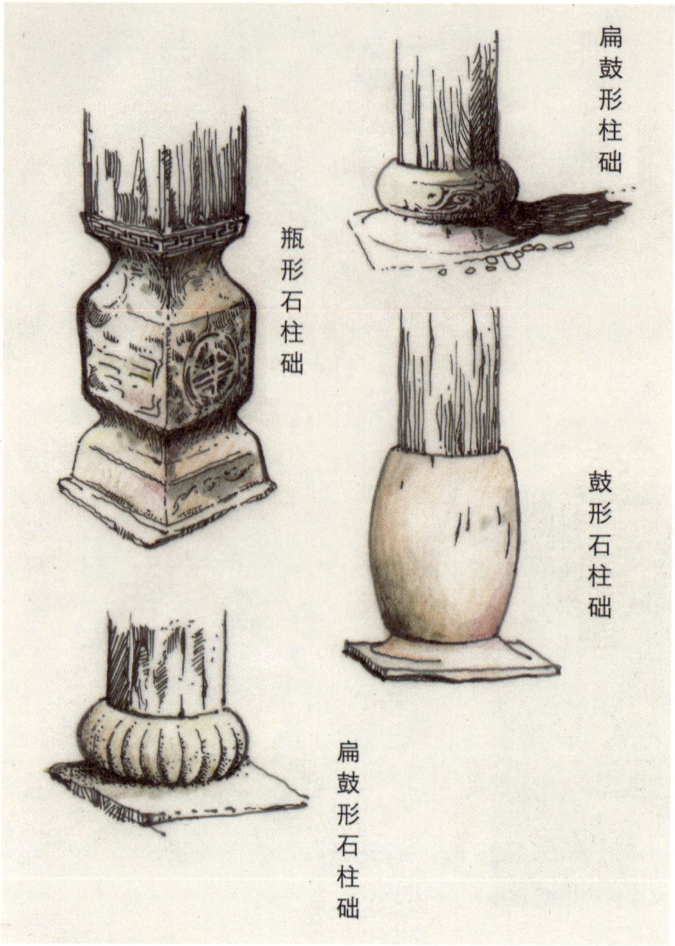

图 3-94

图 3-95

(9) 其他装饰

冲天蛮楼前檐围护栏杆安装竹节形、花瓶形、波纹形等竖向构件，有的在明间挑出做成“美人靠”，以供坐息。前檐柱下柱础石多为扁圆鼓形，表面雕以草、花、橘瓣。无重檐的冲天蛮楼，为防飘雨，柱础高约60厘米，多做成腰鼓形、瓶形、多棱柱形等（图3–94，3–95）。

民居的室内陈设比较集中地体现于正房的中间堂屋，多设有檀木桌椅、案桌、床等，家具木料讲究，做工精细，形式古朴雅致。

图 3-94：前檐柱下柱础石多为扁圆鼓形，无重檐的柱础较高，有利于防雨。

图 3-95：瓦当上面往往雕刻花草、回文，以示吉祥。

图 3-96：纳西语称为“斯究鲁究”，意为见木画木，见石画石，极具象形特征，是世界上目前还使用的象形文字。

5. 民族风情浓郁的非物质文化遗产

丽江古城非物质文化遗产包括口头传统、传统表演艺术、民俗活动、礼仪、节庆、传统手工艺技能等，极其丰富多彩。2003 年纳西族东巴古籍被列入世界记忆名录；首批国家级非物质文化遗产名录 2 项：东巴绘画和东巴造纸；云南省首批国家级非物质文化遗产名录 2 项：纳西族白沙细乐和纳西族东巴舞。

（1）纳西族语言与文字

纳西族语言属汉藏语系，藏缅语支，彝语支。在数千年的文明发展中，既保留了自己传统的母语，又广泛吸收其他民族的语言。在民众中流行用纳西语自编自唱的歌曲，有效地促进了纳西语在民众中推广普及使用。

纳西族人民自创了一种古老而又独特的象形文字，共有 1 400 多单字。纳西族先民用这种文字，写下了近千种内容各异的东巴古籍文献（图 3–96）。

图 3–96

纳西族口头民俗主体是口头文学，它是伴随纳西族民众的生产、生活而产生，同时渗透到纳西族民众的各种民俗活动中，成为传承生产、生活技能、知识，传播民俗文化，凝聚民心、寓教于乐的重要载体、工具。纳西族的民间文学一部分传承于口头，一部分记载于东巴经典，包括神话、史诗、传说、故事、歌谣等内容。

（2）纳西古乐

“纳西古乐”由两部分组成：其一是作为《安魂曲》的《白沙细乐》，今已濒于泯灭。是我国屈指可数的几部大型古典管弦乐之一。无论是1743年（清乾隆八年），由丽江军民府知府管学宣和丽江府儒学教授万咸燕编修的《丽江府志略·风俗卷》中，或是1917年的《丽江市志·风俗卷》中，均有对此乐曲的详细描述：“此曲（《白沙细乐》）相传为元人遗音。”就是说它在元朝时就流传在原籍人中了。据此推断它的历史已有724年。《白沙细乐》在我国，乃至世界音乐学研究领域中均具有重大的研究价值；在古典音乐艺术欣赏方面又是一件不可多得的珍品，并被誉为“活的音乐化石”。

其二是丽江洞经音乐，它是自明、清以来从中原逐渐引进，并植根于纳西族的文化阶层中。它是一种道教经腔音乐（其他地方尚有零星存活）与儒家“雅集型细乐”的有机结合，非常珍贵，还保留了一部分在中原早已失传的辞、曲音乐（图3-97）。

（3）东巴绘画

纳西东巴画也是一份很重要的艺术遗产，有木牌画、纸牌画、神轴画和布卷画等，用笔浓艳，粗犷有力，尤其是布卷画《神路图》(恒丁)，卷长十多米，宽三十厘米，色彩鲜明，装饰味浓，形态生动，别具一格，是我国各民族绘画艺术中的珍品之一（图3-98）。

图3-97：演奏纳西古乐的丽江人。

图3-98：东巴绘画。

图 3-97

图 3-98

（4）东巴造纸

纳西族造纸历史悠久。以前多被东巴人用来书写东巴经书，所以被称为“东巴纸”。东巴纸用高原特有的植物，经家传工艺制成的古老纸张。因其具象牙色泽，防虫蛀，清香味，吸墨性强，不易变色，保存年代久，对人体有镇惊安神作用的特性，成为古代纳西人书写重要的契约及东巴经文的载体，承担着传承纳西文明链条的重任。东巴造纸被列入中国首批非物质文化遗产名录（图 3–99）。

（5）传统服饰

宋《太平御览》载：么些蛮“男女皆披羊皮”。元李京《云南志略》载：男子“挟短刀，以砗磲为饰”，“妇人披毡，皂衣，跣足，风鬟高髻；女子剪发齐眉，以麻绳为裙”。清乾隆《丽江府志略》记载丽江男子“耳坠绿珠，腰挟短刀，膝下缠以毡片，四时着羊裘”，妇人“戴尖帽，耳坠大环，服短衣，拖长裙，覆羊皮，缀饰锦绣金珠……”。清嘉庆年间，知府王厚庆改革服饰。改革后，妇女上身穿前幅及膝后幅及胫的宽腰大袖领褂（多为灰色、蓝色），外罩朱红或青、灰色坎肩，下穿长裤，系百折围腰，穿缕口尖鼻绣花鞋。山区、半山区已婚妇女头裹黑布或黑纱头帕，城镇、坝区中老年妇女戴用青布和黑纱帽缝成的“古子”，未婚青年戴头帕或帽子。妇女皆披七星羊皮，羊皮由纯黑色绵羊皮制成，上方下圆，背面钉七个用彩色丝线绣成图案、象征“七星”的圆布片，“七星”下系有一排对应的垂穗（图 3–100）。

图 3–99：纳西造纸过程，前后将近有 10 道工序。

图 3–100：纳西族妇女皆披七星羊皮。

图 3-99

图 3-100-1

图 3-100-2

（6）皮革

丽江纳西族据考是古羌人族群的后裔，是由游牧民族逐步变为半耕半牧的民族，定居丽江逐步发展形成丽江古城。在数千年的文明发展中，皮革工艺的形成和发展构成了丽江古城世界文化遗产的重要内容之一。至迟在明代，丽江束河一带已经发展成为皮革加工制作的手工业区，服务范围至滇川藏三省，是当代丽江、迪庆、大理等地的重要的皮革业创作中心和皮匠聚集区。曾建有三圣宫，供奉皮匠祖师爷孙膑。束河皮匠“一根锥子走天下”成为当时的佳话。皮革制品纯手工制作，有七星羊皮、藏鞋、藏腰带、皮夹克、护膝、帽子、皮包、烟袋等品种。

（7）打铜、打银、打铁

丽江铜器加工起源于明中叶，木氏土司从四川请来铜器制作匠师，开始在丽江传授、制造各种精美耐用的铜器和加工技术，主要生活生产日用器皿有铜盆、铜锅、铜壶、铜碗、铜锁等，尤其制作铜锁最有名气。在明代徐霞客来丽之际，木氏土司即以“红毡丽锁”相馈，其中的“丽锁”即是丽江民间艺人加工的“黄铜挑簧锁”。清末至民国时期，丽江古城制作铜器用品的手工业，对丽藏的商贸起了很大的作用，藏商来丽江购买马料锅、黄连锅，还有庙宇佛台陈设的一应铜器用品和铜瓦等，动辄数十驮计，为繁荣丽藏商业，做出了很大的贡献（图3-101）。

丽江产银，丽江银匠也是明初由木氏土司从中原内地聘请而来。到民国时期，丽江古城已经有了明确的行业分工，不同行业位于不同的地理位置。古城中就有银匠巷，纳西语叫“吾堆过”（今兴文巷）。此巷中共有18家银器商行，其中以“裕兴恒”“集义生”商号最为有名。银匠行业成立了自己的行会组织，并与铜匠、铁匠、五金等行业联合组成。

银木碗、藏刀鞘、净水碗（藏传佛教寺庙专用）、银项圈、银珠等等，成为藏、彝、傈僳等民族的生活特需品（图3-102）。

图 3-101：纳西打铜铺。

图 3-102：纳西打银铺。

（三）

“凤凰涅槃”

——丽江古城的申遗过程

如果说平遥古城的申遗是中国历史文化名城保护的“水到渠成”，那么丽江古城的申遗则在三年中“一波三折”，最终“凤凰涅槃”。

也是在 1994 年 6 月，在山西平遥召开的国家历史文化名城二届三次常务理事会上，在郑孝燮、罗哲文等权威专家的提议下，倡议国家主管部门选择平遥、丽江申报世界文化遗产。

1994 年 10 月，云南省政府滇西北旅游规划会在大理、丽江召开。在丽江举行的闭幕式上，和志强省长宣布：批准实施丽江古城保护工程，并要将丽江古城申报为世界文化遗产，从而拉开了古城申报的序幕。

1995 年 6 月，建设部、文物局、中国联合国教科文组织全国委员会在北京召开论证会，郑孝燮、罗哲文、傅熹年、徐萍芳、阮仪三、王瑞珠、侯仁之等参加会议，丽江的邱宣充、解毅、周鸿等向专家们介绍了丽江古城的情况。专家们经过认真评审，同意将平遥古城、丽江古城和苏州古典园林列入推荐申报的预备名单。

1995 年 9 月 29 日至 10 月 16 日，全国历史文化名城保护专家委员会郑孝燮、阮仪三、鲍世行、王瑞珠一行四人，就丽江古城申报世界文化遗产的事宜到丽江实地考察评估。专家经过八天的考察后认为：丽江古城代表着中国少数民族优秀的历史文化，具有独特的价值，且保存完整，完全支持丽江古城申报世界遗产。

但是，就在丽江成立“丽江古城申报世界文化遗产工作组”开展各项申报工作之时，1996 年 2 月 3 日，丽江发生了里氏 7 级强烈地震，古城受到破坏，申报工作也受到影响（图 3-103）。

1996 年 2 月 16 日，世界遗产中心官员梁敏子和联合国教科文组织亚太地区负责人理查德在郭旃等的陪同下，冒着余震的危险，对丽江古城进行考察。他们认为：地震虽使丽江古城遭受重创，但是古城的基本要素与整体价值犹存，联合国方面将继续支持丽江古城的申报。

1996 年 4 月 20 日，申报工作组完成了申报文本初稿，经专家评审定稿，并经建设部部长、国家文物局局长、分管副总理和李鹏总理签字后，于 6 月 26 日正式递交到设在法国巴黎的世界遗产委员会。

1997 年 3 月，建设部处长周日良、付爽，中国教科文组织全国委员会马燕生等，到丽江指导申报最后阶段的工作，安排接待联合国专家考察的具体事宜。

1997 年 4 月 21 日至 23 日，国际古迹遗址理事会专家、巴基斯坦国家考古和博物馆局副局长哈里姆博士，在时任中国联合国教科文组织全国委员会景峰副处长和国家文物局詹德华科长陪同下，到丽江进行考察评估，仔细了解古城历史、现状及保护、管理状况，认为丽江古城具有真实性。

1997 年 8 月初，世界遗产中心主任冯德罗斯特通过中国联合国教科文组织全国委员会秘书长张崇礼通知丽江，要求补报关于丽江古城与中国其他 98 个国家历史文化名城对比、丽江古城与平遥古城对比的两份材料。丽江认真组织了这两份难度极大而又事关申报成败的关键性材料，又另增加了一份丽江古城震后修复与保护的材料。9 月 15 日，建设部将材料转报世界遗产中心。同时，按照 1994 年编制的《历史文化名城保护规划》划定的保护范围线被退回，要求重新界定丽江古城遗产地的核心区和缓冲区范围。

1997 年 11 月 26 日，丽江申遗代表团参加世界遗产委员会在意大利那不勒斯举行的第 21 届大会。29 日，世界遗产委员会主席团特别会议审查通过了丽江古城的补报材料。这标志着丽江古城申报材料已被初审通过，只待全体会议的正式表决。

图 3-103-1

当地时间1997年12月3日19时04分，世界遗产委员会第21次大会一致通过把丽江古城列入《世界遗产名录》的决议。赴那不勒斯列席会议的丽江行署专员和段祺、丽江县委书记和自兴即刻给丽江打电报报喜。丽江沸腾了，人们奔走相告，燃放鞭炮，敲锣打鼓。4日晚上，从四方街到人民广场，上万人围着几十堆火跳起了民族舞，古乐队在月光下奏起了纳西古乐。

图 3-103-2

图 3-103-3

图 3-103：1996年2月3日，丽江发生了里氏7级强烈地震，古城虽然受到极大的破坏，但是因为纳西民居木结构建筑的防震性能，墙倒而屋并不塌，古城的基本要素和整体价值犹存。

参考文献

[1] 丽江风光．昆明：云南科技出版社，1996.
[2] 蒋高宸．丽江——美丽的纳西家园．北京：中国建筑工业出版社，1997.
[3] 丽江古城．广州：岭南美术出版社，1998.
[4] 张桐胜．丽江古城．北京：中国摄影出版社，1998.
[5] 中华人民共和国建设部．中国丽江古城申报世界遗产文本．1997.
[6] 约瑟夫·洛克著，刘宗岳等译，宣科主编．中国西南古纳西王国．昆明：云南美术出版社，1999.
[7] 李丽元，王云．丽江古城．北京：中国民族摄影艺术出版社，2001.
[8] 和湛．丽江古城．昆明：云南民族出版社，2003.
[9] 杨福泉．纳西族文化史论．昆明：云南大学出版社，2006.
[10] 顾彼得著，李茂春译．被遗忘的王国．昆明：云南出版集团公司/云南人民出版社，2007.
[11] 和仕勇主编．丽江白沙壁画图释．昆明：云南出版集团公司，云南人民出版社，2011.
[12] 和仕勇．世界文化遗产丽江古城志．昆明：云南民族出版社，2011.
[13] 山村高淑，张天新，藤木庸介．世界遗产と地域振兴——中国云南省·丽江にくらす．京都：世界思想社，2007.

备注

[1] 题图，图 3-57，3-59，3-62，3-64，3-68，3-83，3-90 图片来源：www.quanjing.com
[2] 图 3-45 图片来源：邵甬．世界文化遗产丽江古城保护规划．2012.
[3] 图 3-46，3-56 图片来源：和仕勇．世界文化遗产丽江古城志．昆明：云南民族出版社，2011.
[4] 图 3-47，3-51，3-52 图片来源：（俄）顾彼得 著，李茂春 译．被遗忘的王国．昆明：云南人民出版社，2007.
[5] 图 3-48，3-65 图片来源：丽江风光．昆明：云南科技出版社，1996.
[6] 图 3-53，3-66，3-67，3-71 至 3-74 图片来源：蒋高宸．丽江——美丽的纳西家园．北京：中国建筑工业出版社，1997.
[7] 图 3-55：图片来源：张桐胜．丽江古城．北京：中国摄影出版社，1998.
[8] 图 3-62，3-99 图片来源：布鲁斯·里．纳西纸书．昆明：云南美术出版社，2003.
[9] 图 3-63，3-75 图片来源：约瑟夫·洛克著，刘宗岳等译．中国西南古纳西王国．昆明：云南美术出版社，1999.
[10] 图 3-70 图片来源：丽江古城．广州：岭南美术出版社，1998.
[11] 图 3-77 图片来源：和仕勇主编．丽江白沙壁画图释．昆明：云南人民出版社，2011.
[12] 图 3-84，3-85，3-87，3-91，3-94，3-95，3-100 作者范雁群，图片来源：邵甬．世界文化遗产丽江古城保护规划．2012.
[13] 图 3-96 至 3-98，3-101，3-102 图片来源：李丽元，王云．丽江古城．中国民族摄影艺术出版社，2001.
[14] 图 3-103 图片来源：世界文化遗产丽江古城管理局．
[15] 其余图片由邵甬、刘仕成提供。

三

澳门历史城区

简要综述

世界遗产“澳门历史城区”在澳门半岛的中部及西南部一段狭长的地形内，也就是妈阁山、西望洋山与大炮台山之间的范围以及位于半岛东部的东望洋山上的东望洋炮台与位于半岛西面的白鸽巢公园前地侧的基督教坟场。如果按堂区分，澳门历史城区则分布在紧密相连的圣安多尼、大堂及圣老楞佐这三个澳门最早的堂区内。

遗产地名称：澳门历史城区

Historic Centre of Macao

登录时间：2005 年

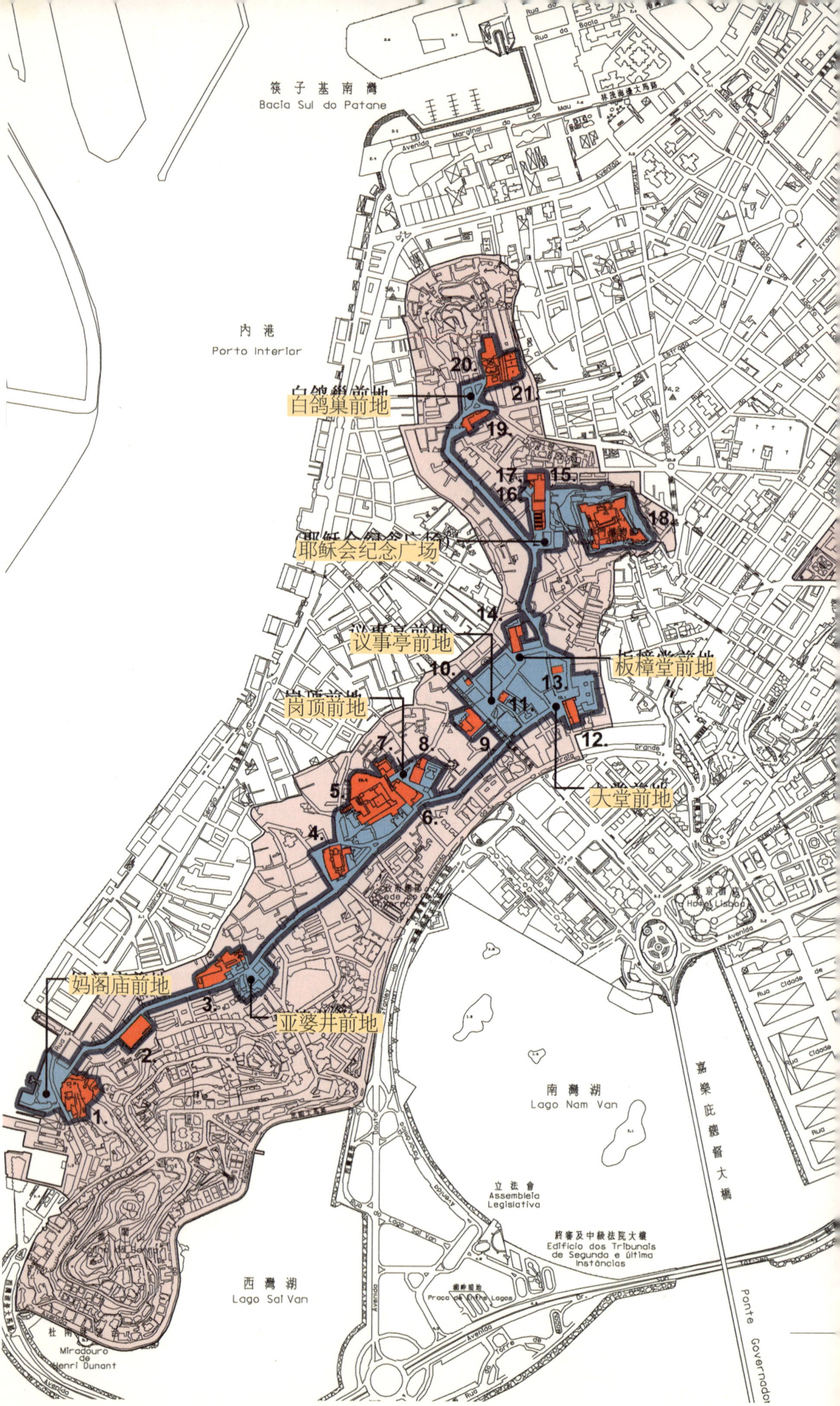

深蓝色为澳门历史城区
鲜红色为文物点
天蓝色为前地及街区
粉红色为缓冲区

图 3-104：世界文化遗产澳门历史城区的遗产区和缓冲区范围

1. 妈阁庙
2. 港务局大楼
3. 郑家大屋
4. 圣老楞佐教堂
5. 圣若瑟修院及教堂
6. 岗顶剧院
7. 何东图书馆
8. 圣奥斯定教堂
9. 民政总署大楼
10. 三街会馆
11. 仁慈堂
12. 大堂
13. 卢家大屋
14. 玫瑰堂
15. 大三巴牌坊
16. 哪吒庙
17. 旧城墙遗址
18. 大炮台
19. 圣安多尼教堂
20. 东方基金会会址
21. 基督教坟场
22. 东望洋炮台（含东望洋灯塔及圣母雪地殿圣堂）

世界遗产“澳门历史城区”是一片以澳门旧城区为核心的历史街区，其间以相邻的广场和街道连接而成，包括妈阁庙前地、亚婆井前地、岗顶前地、议事亭前地、大堂前地、板樟堂前地、耶稣会纪念广场、白鸽巢前地等多个广场空间，以及妈阁庙、港务局大楼、郑家大屋、圣老楞佐教堂、圣若瑟修院及圣堂、岗顶剧院、何东图书馆、圣奥斯定教堂、民政总署大楼、三街会馆（关帝庙）、仁慈堂大楼、大堂（主教座堂）、卢家大屋、玫瑰堂、大三巴牌坊、哪吒庙、旧城墙遗址、大炮台、圣安多尼教堂、东方基金会会址、基督教坟场、东望洋炮台（含东望洋灯塔及圣母雪地殿圣堂）等20多处历史建筑。

这一片区域是昔日以葡萄牙人为主的外国人居住的旧城区，以主要街道和公众空间（众多“前地”），把澳门的重要历史建筑物连成一片，至今基本上保持原貌。

突出普遍价值

澳门是一个繁华兴盛的港口，在国际贸易发展中有着重要的战略地位。从16世纪中叶开始，澳门就处于葡萄牙统治之下，直到1999年中国对澳门恢复行使主权。澳门历史城区保留着葡萄牙和中国风格的古老街道、住宅、宗教和公共建筑，见证了东西方美学、文化、建筑和技术影响力的交融。城区还保留了一座堡垒和一座中国最古老的灯塔。此城区是中西方在国际贸易蓬勃发展的基础上，发展最早且持续时间最长的交流沟通的见证。

标准（ii）：澳门在中国版图上的战略位置以及中国与葡萄牙政府间建立的特殊关系，使其在长达几个世纪中，实现了人类价值在文化、科学、技术和建筑等方面的重要交流。

标准（iii）：澳门是最早的、持续时间最长的东西方文化交流的独特见证。从16至20世纪的四百多年里，它是东西方贸易、宗教和其他多方面相互学习的焦点。这种交流的影响从澳门历史城区的多文化融合特征可见一斑。

标准（iv）：澳门历史城区内杰出的建筑物群，展示了在四个半世纪里中西方文明间交流对话的发展。由一系列的城市公共空间和建筑群组成的历史线路，联系了古老的中国港口和葡萄牙城。

标准（vi）：中西文明之下，多种文化、精神、科学和技术在澳门相互影响和渗透，这些影响直接激发了中国的重要变化，推动了历史的进步。

（一）

“海风吹来的城市”

——澳门的社会经济发展

如果我们与中国古代城市比较，澳门无论如何都是一个异类：选址、城防体系、形制与格局以及规划与建筑艺术等方面无一符合中国传统的建城思想。而它却在中国的土地上，从明朝开始，从一个孤悬海外的小岛，倔强地依着它自己的逻辑走过了四百多年，最终形成一个繁荣的国际城市，不得不说是一个奇迹。有学者指出澳门不是土生土长的，而是“一个海风吹来的城市”，确实很有道理。

1. 16 世纪逐步开辟的“东方新航路”

早在 1453 年，奥斯曼帝国灭东罗马帝国，雄踞小亚细亚，掌握了中西陆路交通的孔道。欧洲人不得不开辟东方新航路。1498 年，葡萄牙人瓦斯科・达・伽马远航东方，绕过好望角到达印度的加尔各答。16 世纪初，葡萄牙人占领了印度的果阿（果阿的教堂和修道院在 1986 年列入世界遗产名录）和马来半岛的马六甲（马六甲海峡历史城市米拉卡和乔治城于 2008 年列入世界遗产名录）后，逐步打开了东方的航线。

1514 年，葡萄牙人欧维士经亚洲的新航线首次来到中国，并到达广东屯门，限于中国禁令未能入境，但将带来之胡椒等物售出，获利甚丰。此后抵达中国的葡萄牙人又先后在浙江的双屿、福建漳州的月港等地作临时交易，并试图建立殖民据点，但均被明朝军队摧毁。最终，葡萄牙人于 1557 年获准在澳门半岛定居。《澳门纪略》中有这样的记载：“嘉靖三十二年，蕃舶托言舟触风涛，愿借濠境地暴诸水渍贡物，海道副使汪柏许之。初仅茇舍，商人牟奸利者渐运瓴甓榱桷为屋，佛郎机遂得混入。高栋飞甍，栉比相望，久之遂专为所据。蕃人之入居澳，自汪柏始。”其中提到的嘉靖三十二年，即 1553 年，被认为是葡萄牙人登陆的开始，而 1557 年则获得了官方的定居允许。

可见，葡萄牙人入居澳门是他们同中国人几番打交道后的一个深思熟虑的结果。首先，为了更好地控制和开拓海上贸易线，以及与极具商业诱惑的中国市场接轨，葡萄牙人迫切需要一个中国沿海的固定地点作为交换货物的据点；其次，澳门靠近中国通向东南亚最重要商埠广州，作为一个陆连岛，一方面与大陆有非常便捷的沟通，另一方面还有内港作为良好的避风港。最终，鉴于当时中国的强大国力，葡萄牙人采取了欺瞒、蒙混甚至贿赂的手段，逐步在澳门扎下了根。当然，朝廷在全面海禁的情况下准许了葡人的居住，这在当时是绝无仅有的。

2. 海上丝绸之路的中继站

在葡萄牙人“海洋思维”的推动下，澳门凭借优越的地理区位迅速发展成为明代最大对外贸易港口广州的外港，广东乃至全国的外贸商品集散地，以及海上丝绸之路国际贸易的中继站。

澳门作为东西方贸易的枢纽，主要联系了 4 条航线（澳门—果阿—里斯本、澳门—长崎、澳门—马尼拉—墨西哥、澳门—东南亚），沟通四大洲（亚洲、非洲、欧洲、美洲）、三大洋（大西洋、印度洋、太平洋），构筑了当时最大和最重要的世界贸易网络。

（1）澳门—果阿—里斯本航线

澳门是广州的主要外港，凭借丰富的中国商品和中国市场，迅速发展起来。在以澳门为中心的多条国际贸易航线中，澳门—果阿—里斯本航线是重要的一条。澳门经果阿运往欧洲的商品，有生丝、丝绸、瓷器、药材等，其中销路最好、销量最大的是中国的生丝和丝绸，使葡萄牙里斯本一度成为欧洲最大的商业中心。通过葡萄牙，中国商品源源不绝地流向欧洲各国，促进了欧洲积累资本的进程。由欧洲启航，经果阿和马六甲到达澳门的商船，满载着毛织品、水晶、玻璃制品、英国时钟、佛兰德工业品和葡萄牙的葡萄酒，沿途在各港口停泊，交易频繁。到达印度果阿后，再驶往马六甲，以大部分货品在那里交换香料、檀香木、暹罗皮制品，然后继续航向澳门。到达澳门后，以刚买到的货品换成丝绸，然后再驶向日本，换取白银。

（2）澳门—长崎航线

葡人通过一年两度在广州举行的交易会，购买大量生丝和丝织品等日本需求殷切的商品，运往日本，换回白银。白银运到澳门后，成为其后贸易的资本，投入中国市场，再换取生丝、丝织品、瓷器、黄金、铅、水银等中国盛产的商品。这样周而复始，使广州—澳门—长崎航线得以兴旺发展，澳门也迅速发展起来。

（3）澳门－马尼拉－墨西哥航线

大量丝绸自广州输出，经澳门运往西班牙占领的马尼拉。该地对中国丝绸需求极大，当中部分需求来自西班牙在美洲的殖民地。中国丝绸到达马尼拉后，马上由马尼拉大帆船运往美洲墨西哥的阿卡普尔科港。由此，太平洋上形成了国际贸易三角网络，让中国丝绸源源不绝地运往美洲，传统的丝路延伸到海上。澳门的商船把丝绸和瓷器运到马尼拉后，换回大量西属美洲盛产的白银。

（4）澳门—东南亚航线

17 世纪时期，印尼望加锡是澳门另一重要中转港，地位仅次于马六甲。澳门的商船，也将中国货品运往安南（越南）的港口。16 世纪中叶至 17 世纪，大西洋贸易明显衰微时，活跃于国际贸易市场的，是中国、菲律宾与美洲西岸贸易，西太平洋各国、中国与日本的贸易，以及中国与东南亚的贸易。这些贸易活动，以中国丝绸和相关产品为主。作为国际贸易中转港的澳门，成为中国丝绸等商品的出口中心，也成为海上丝路的起点之一。

3. 跟着传教士脚步的西学东渐和东学西传

著名学者季羡林先生在 1999 年 12 月 14 日的《羊城晚报》中有一篇文章《澳门文化的三棱镜》，文中说道："在中国五千多年的历史上，文化交流有过几次高潮，最后一次也是最重要的一次是西方文化的传入，这一次传入的起点在时间上是明末清初，在地域上就是澳门。”传教活动是这次中西文化交流的先导，澳门成为天主教教廷在远东的传教中心，进而带动了东西方文化交流的深层发展。

由于葡萄牙拥有当时远东地区传教的“保教权”，加上1576年教宗格里高利十三世指定澳门为教区，领辖日本、中国和安南（越南）等地教务，澳门因此成为各修会在中国和东亚其他地区传教的基地。前来中国传道的各修会教士，往往先到澳门，在此学习中文和其他有关中国的知识，为下一步的工作做准备。

其中尤以耶稣会传教士对中西文化交流的影响最大。由耶稣会在澳门开办的圣保禄学院及圣若瑟修院为天主教在远东和中国的传教事业培养了大量人才，涌现了一批优秀的汉学家；也培养了大批中国籍的传教士，他们成为中国第一代精通西方文明的专家。在他们的努力下，中国人首次接触到天文、历法、水利、数学、物理、测量、地理、医学、建筑学以及音乐、绘画等西方科技和文化艺术，而中国的哲学、文学、医学、绘画、工艺美术等文化精粹亦经澳门向西方各国广为传播。影响所及，北京修了天文台，圆明园的设计受到巴洛克风格的影响，中国艺术也吸收了透视学的技巧。而在17至18世纪欧洲人的社交聚会中，欧洲学者和哲学家们经常对中国的杰出成就深表惊叹，甚至在启蒙时期影响到欧洲人自我认识的发展趋势。

到19世纪，随着第一位传教士马礼逊来到中国大陆，基督新教也以澳门为基地之一，积极开展传教活动。比如中国第一位新教徒蔡高就是由马礼逊在澳门为其洗礼。此外，由马礼逊编写的《华英字典》也是在澳门出版。而由新教徒在澳门开办的“马礼逊学校”更将西式学校教育引入中国，培养出容闳等著名学生。

这种双向的思想交流，使澳门有别于16和17世纪时期亚洲的其他欧洲人聚居地。在各修会的努力建设下，澳门开创了许多“中国第一”的事业，如中国第一所西式大学、中国第一所西式医院、中国第一所西式印刷厂、中国第一份外文报纸等，也形成了一个独一无二的城市。

4. 宽容协作的多元社会

葡萄牙在东方航线上开拓果阿和马六甲作为基地时，采用了武力征服的方式，将当地的文化摧毁后，代之以其自身的文化。但是在澳门，我们却发现多种文化在这里和平共处，宽容协作。这是因为最初中国国力强盛，朝廷管理严格，葡人能够落脚已经是很不容易了，因此更加不会想去摧毁作为中华文化标志的妈阁庙、沙梨头的永福古社等建筑。他们仅在葡城内按照自己的建城思想进行建设。后来，虽然中国政府对澳门的控制力渐弱，但是澳门以国际贸易为核心的产业链已经形成，华洋之间因为共同的商业利益而相互宽容、协作，重商主义成为澳门的城市运行逻辑，也是社区与社区之间，人与人之间的相处逻辑。因此，澳门研究专家吴志良认为澳门是一个没有悲情的城市，因为在澳门居民的心理结构深层，没有非黑即白的极端，没有你死我活的悲情。这种不同具体表现在宗教、管理、教育、衣食住行、血统语言、风俗礼仪等各个方面，形成独特的“澳门文化”和城市生活氛围。

可以说，“澳门文化”是东西方文化在澳门这块中国土地上通过交流、碰撞和融合后所形成并长期共存的一种典型的多元性文化。构成这一特殊文化的主体是自古以来就在这里居住的中国人和16世纪中叶后被中国政府允许“入住”这里经商的葡萄牙人。除此之外，还包含着一些前来通商或传教的西班牙、荷兰、英国、意大利、法国、比利时、丹麦等西方不同民族的文化，以及日本、菲律宾、马来西亚、越南、柬埔寨、印尼、文莱、印度等东方不同民族的文化。吴志良在《生存之道》中说：“他们从四面八方汇聚于澳门，虽然居留时间长短不一，但均能和平相处，从而使澳门成为一座多元文化的港口城市。”

在澳门这个弹丸之地，人们可以看到道教、佛教、妈祖、关帝庙等与伊斯兰清真寺、巴哈伊教祈祷室以及天主教、基督教堂长期并存，各自拥有自己的社会活动基地和社会福利机构，在当地葡人、华人以及土生葡人当中拥有大批的信徒和支持者。每年，中国的妈祖诞、哪吒诞、土地诞、观音诞，吸引成千上万信众去庆祝；而天主教的苦难耶稣像巡游、花地玛圣母巡游也一如既往地继续举办。至于像中国春节、端午节、中秋节和西方的复活节、圣诞节，更成为法定假期，全澳门市民不分种族与信仰，共同欢度这些节日。

华人保留自己原有的社会组织，以血缘、地缘、业缘等为基础组织起来的各种社团遍布澳门。其中，三街会馆的作用不仅代表本行业的利益，不仅是商人的行会组织，还作为华商总代表具有与当局交涉、沟通的职能。

多元文化在澳门建筑艺术上体现得也非常充分，形式丰富多彩，类型多种多样。不仅有直接移植西方的，如西方古典式（澳门邮政局大楼）、葡萄牙古典式（澳门总督府、岗顶剧院）、折中主义风格（澳门中央图书馆）、哥特式（圣味基教堂）、罗马式（西望洋教堂）、巴洛克式（大三巴牌坊、圣若瑟堂）等建筑风格；也有中国建筑形制的继续发展，如中国传统庙宇（妈阁庙、莲峰庙）；还有大量的中西合璧的建筑（郑家大屋、卢廉若宅）。

多元文化在澳门历史城市的空间分布上表现出相互呼应和混合的现象。如供奉中国海神妈祖的妈阁庙与葡萄牙人航海主保的圣老楞佐教堂相隔咫尺；葡萄牙人生活区的亚婆井前地旁坐落着中国近代著名思想家郑观应的大宅；圣若瑟修院则是专为培养中国修士而设的神学院；岗顶前地上有葡人“大会堂”的岗顶剧院，也有中国富绅何东的旧居；至于议事亭前地，除了至今还是澳门华洋市民欢庆集会的中心广场外，其周围既有中国商人聚会交流的三街会馆(关帝庙)，也有葡人的慈善机构仁慈堂；与美丽的玫瑰堂相邻的是澳门华人最早的市集营地街市；不远处，中国富商大宅卢家大屋与天主教主教座堂（大堂）垂直相对；与巍峨的大三巴牌坊并立的是精致小巧的哪吒庙；东望洋炮台和圣母雪地殿圣堂则有着结合西式内容中式图案的壁画。再仔细分的话，在这些建筑群中，有耶稣会、圣奥斯定会、圣多明我会等不同修会的教堂；更有基督教坟场里的马礼逊堂。而中国的妈阁庙里也有观音阁、福德祠——在短短的距离里“缩龙成寸”地容纳着不同文化，保存着不同特色的纪念建筑，并且互相影响，互相渗透，相映成趣。

多元文化和习俗还集中反映在世代居住于此的欧亚混血的土生葡人身上，他们的语言以葡语为主体吸收了粤语和东南亚一些国家的语汇。土生葡人的烹饪更是吸收粤菜、非洲、印度和东南亚的一些烹调风味。

多元文化也使澳门产生了近代著名思想家郑观应等历史人物，孙中山也与澳门有着非常密切的关系，影响中国近代进程的很多重要事件在澳门发生。

总之，中西兼容、相互尊重，正是澳门历史城区的社会文化特点。

（二）

“天主圣名之城”

——澳门历史城区的特点

以葡萄牙人为主的外国人于1557年开始陆续定居澳门。随着居住人口的增加，以及现实的需要，各种各样的住宅及公共建筑（如炮台、教堂、医院）亦相继修建。到17世纪，澳门的城市建设已经有一定的规模，并以一列城墙保护着。城墙东面以今三巴门街至水坑尾街为界，西面至今为主教山（西望洋山）一带。以葡萄牙人为主的外国人就是住在这座城里，他们称之为“天主圣名之城”。城外就是中国人的农田和村庄了。

在如此特殊的背景下形成发展的澳门历史城区，注定与中国传统的历史城区在很多方面截然不同。

1. 选址

葡萄牙人除了在大区域选址上重点考虑便于拓展和控制航线外，在小区域选址上则更多承袭了欧洲中世纪城市的建城思想。

澳门半岛原来只是个孤悬海中的小岛，后因西江带来泥沙的堆积作用，逐渐在它与大陆之间堆积成一道砂场，遂使澳门变成一个半岛。砂场长约200多米，宽约10米，当时称为“莲花茎”。16世纪初，葡萄牙人未到澳门定居前，澳门只有些小聚居点，在今妈阁、望厦、沙梨头等一带。这些区域都是澳门半岛上相对平坦的地方，依山面海，符合中国人聚落选址的逻辑。葡人初抵澳门半岛时，选址在今沙栏仔街、营地大街、关前街及草堆街一带，这里近海，又有地形地势之利，便于避风和交易。

1557年后，葡人则把城址选在今天大炮台山所在的大三巴山与西望洋山之间的山谷地带。清代徐继畬《瀛环志略》载：“隆庆初，抵粤东香山县之濠境，请隙地建屋。”这块“隙地”，是一块南北两头有山的狭长地带，但是东西分别面临外海与通往广州城的内港河道，便于防守又交通便利，战略位置很重要。熟谙欧洲中世纪的山冈建城模式，又有在果阿和马六甲建城经验的葡萄牙人，认为这就是澳门半岛上城市最好的选址了（图3-105）。

图3-105：特奥多雷·德·布里于1598年绘制的澳门全景图。这是迄今为止发现的有关澳门最早的城市图像。这张图是从澳门西侧的内港看澳门半岛全境。虽然没有表现出地形，比例也严重失真，但是可以清晰地看到澳门当时的城市日常生活。

2. 城防体系

明朝政府虽然允许葡人建城，但是作为城市重要象征的城墙建设却是不被允许的。因此当1605年葡人私筑城墙，经香山知县蔡善继报告总督何士晋后，“下令堕澳城”（《澳门纪略》）。1622年葡人为防御荷兰人的进攻，大修炮台和堡垒，又筑城墙，又被海道副使徐如珂遣兵拆毁。1640年前后的明清之交，葡萄牙人再筑起城墙，澳门成为一个有独立防御体系的城市了。到了乾隆年间，澳门已经“城固而庳”了（《澳门纪略》）（图3-106）。

从澳门城墙屡拆屡建的过程中，我们可以看到明清朝廷对澳门城墙比较纠结的心态。一方面他们不希望澳门城墙成为中国边疆的隐患，另一方面他们又希望将澳门城墙纳入中国东南沿海防御体系中，共同抵御外敌。因此，澳门的防御体系是在几个世纪持续建造而成的。

澳门的防御体系沿用了欧洲中世纪城市的模式，包括炮台和城墙两大部分。炮台位于半岛的制高点、入海口等处。如沙梨头炮台(1568年建成)、南湾炮台（1622年建成，位于西望洋山东南麓）、大炮台（1626年建成，高居澳门中心的柿山之巅，可以控制半岛的四面八方，有多门大炮，构成一个覆盖东西海岸的宽大炮火防御网）、妈阁炮台（1629年建成，位于半岛西湾南端，地处内港狭窄入口处，可以控制所有海上活动）、嘉思栏炮台（1629年建成，位于南湾以东，东望洋山旁，是防御海上进攻的前线）、东望洋炮台（1622年始建，1638年建成）。1840年以后，葡人效尤西方殖民者，公然在澳门非葡人区进行建设，陆续建设了望厦、马交石等炮台，抢占中国领土。

图3-106-1：1800年（清嘉庆五年）刊本《澳门纪略》中的“正面澳门图”。这张图采用中国地图的传统画法，非常清晰地标注了澳门的城防体系以及重要的公共建筑。

图3-106-2：1640年葡萄牙人绘制的澳门全景图，采用了新的制图技术，可以看到地形的变化、城市基本格局以及完善的防御体系。

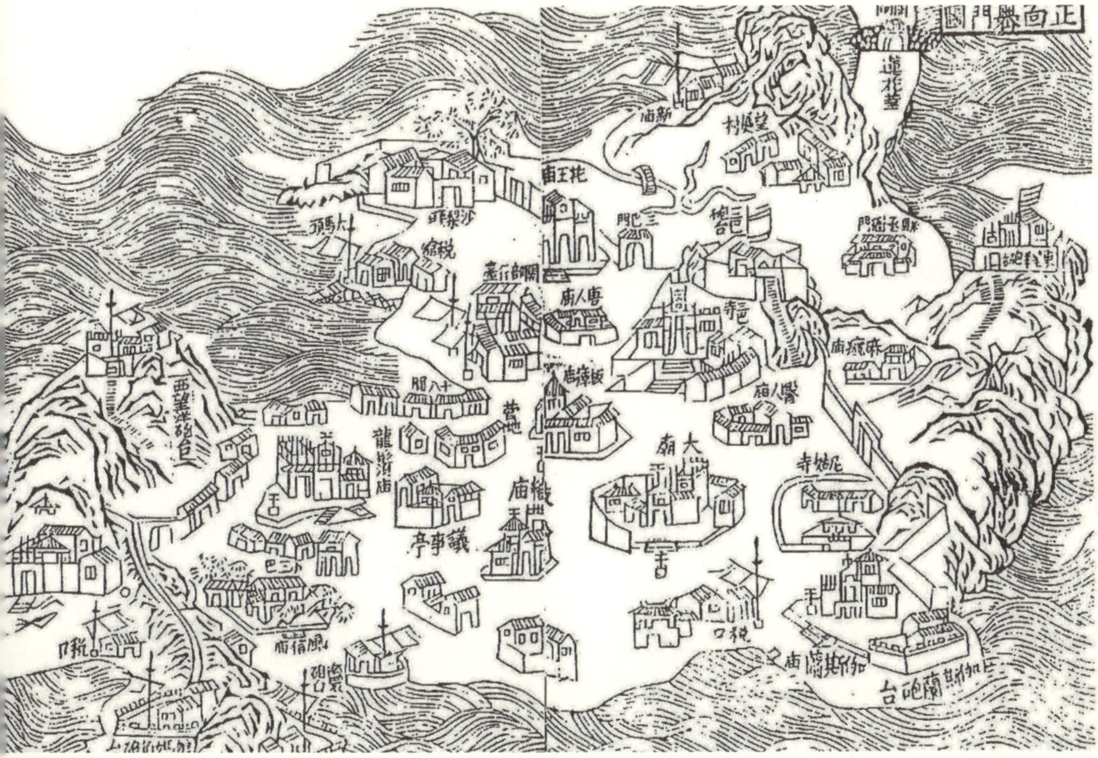

图 3-106-1

图 3-106-2

大炮台创建于1617年，至1626年建成，名为圣保禄炮台，是当时澳门防御体系的中心及决策指挥中心，其设计体现了欧洲防御城堡的特色。根据澳门博物馆出版的《大炮台——与历史同步的博物馆》记载："墙完全是四边形的，其上有边长100步的广场，墙的四角各有一个碉堡，作窥视状，如同在树上瞭望。""大炮台的大门朝南，有一个宽敞的房子用于储存炮弹、引信、导火索、火药等，在上层的地面中央，有一个三层的塔楼，每一层都装备火炮。在地面边缘有四排房子，其中一排是总兵及其军官的住宅，另外三排是军曹和士兵的宿舍。这一层地面通过营房两侧的两个台阶与入口处的地面连接。""一堵墙始于地基，宽20柞，大理石部分高出地面6柞，其上是土混合一些草，夯得非常结实，犹如石头一样结实，纹丝不动。"根据分析，夯土主要用泥沙、细石、稻草再掺蠔壳粉逐层压实而成。从1623年至1740年间，这里一直是城防司令和澳门总督的住所（图3-107）。

据记载，乾隆年间，"城固而庳"的澳门城墙共有4个城门，即"大门一，曰三巴门；小门三，曰小三巴门、曰沙梨头门、曰花王庙门"。可见，澳门城市的防御体系已经非常完善了。

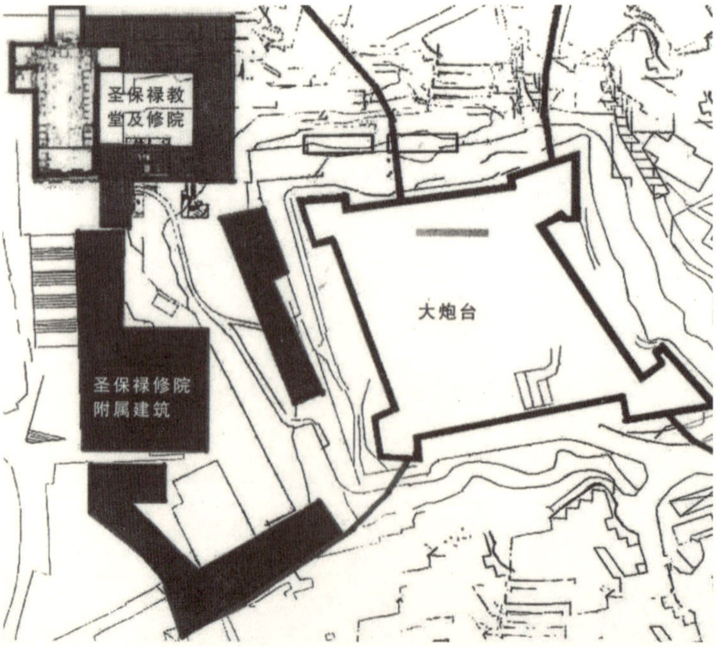

图 3-107-1

图 3-107-1：大炮台平面与圣保禄教堂及修院的位置关系图。

图 3-107-2：现存的大炮台占地约 8 000 平方米，呈不规则四边形，边长均约为 100 米，四个墙角外突成棱堡，炮台东北、西南及东南面墙身兼建于 3.7 米宽的花岗石基础上，墙高约 9 米，往上收窄成 2.7 米宽。子墙高约 2 米，呈雉堞状，可架设多达 32 门大炮。东南墙两角更设有碉堡。面向中国大陆的西北墙身，主要以花岗石砌筑，子墙较矮且没有炮口设置。据说这主要显示对海外的防御作用以及对当时中国官方的友好姿态。

图 3-107-3：东望洋炮台位于澳门半岛最高峰东望洋山之巅，俯瞰整个半岛，建筑占地约 800 平方米，炮台平面为不规则多边形，墙高约 6 米，主要由花岗石建筑而成。1864 年，炮台建设了东望洋灯塔，是中国海岸第一座现代灯塔。灯塔一侧是 1622 年建成的圣母雪地殿。

图 3-107-4：澳门城墙老照片。

图 3-107-5：现存位于圣保禄教堂遗址左侧的城墙遗址，长 18.5 米，高 5.6 米，宽 1 米多，墙身开有一砖券洞。图中右侧紧依砖券门洞的古建筑即为哪吒庙。

图 3-107-2

图 3-107-4

图 3-107-3

图 3-107-5

3. 形制与格局

中国古代的城市规划思想与儒家哲学思想有关。儒家提倡“居中不偏”“不正不威”，礼教尊卑、伦理、秩序也影响到城市及建筑群的布局。中国南方的州、府、县城虽然不像北方城市那么方正，但是在城市形制与格局上还是基本遵照了这一规则。澳门与中国的古代城市相比，看上去有点杂乱和随意，但却有其自己的建城逻辑（图 3–108）。

首先，宗教在城市建设中具有决定性的作用。16 世纪的欧洲虽然已经进入文艺复兴时期，但是在葡萄牙，欧洲中世纪后期的建城思想还是占据主导地位。因此，当虔诚的葡萄牙天主教徒入居澳门的时候，他们最重要的公共建筑就是教堂：花王堂（图 3–109）、望德堂和丰顺堂（图 3–110）。人们根据自己的信仰和贸易的需要，散居在这几个教堂周围，进而逐渐形成三个堂区，最后形成了澳门葡城。

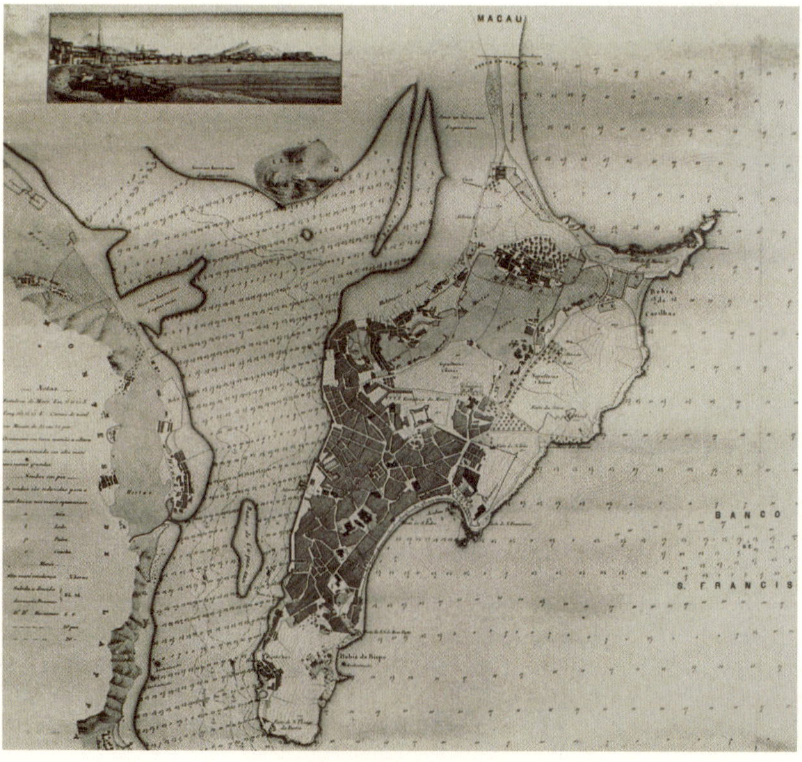

图 3–108

图 3-108：1865 年的澳门半岛地图采用了现代地图绘制手法，在位置和比例上均比较真实。图中的黑色块为比较重要的公共建筑。这时的澳门城区俨然是一个欧洲中世纪小城的模样。

图 3-109-1：圣安多尼教堂创建于 1558 至 1560 年间，初为茅草覆盖的简陋小教堂，屡毁屡建。教堂建于一块不大的高地上，因此根据局促的空间只建造一座钟楼，造成不对称的平面和立面。目前的教堂外观为 1930 年改建，水刷石粉面，形式简洁，体现了新古典主义风格。以前葡人婚礼多在此举行，华人因此将之称为“花王堂”。

图 3-109-1

图 3-109-2

图 3-109-2：圣安多尼教堂室内采用砖木结构，椭圆形木构拱顶，木屋架上为坡屋顶、瓦屋面。夹层楼板为钢筋混凝土结构。教堂布局以长方形中厅为主，内有夹层，高约 15 米；没有柱廊阻隔。堂内还有多个小祈祷室，装饰精巧。室内色彩以黄色为基调，柱头、线脚用白色装饰。室内祭坛为建于 1875 年的巴洛克式圣坛，采用断山花和双柱的形式，中间有耶稣塑像，庄严华丽。

图 3-110-1

图 3-110-1：圣老楞佐教堂建于 16 世纪中叶，是澳门三大古教堂之一。教堂后来几经重建，目前的规模形成于 1846 年。华人称之为“风信堂”，又以粤语谐音成为“丰顺堂”，有祈求“风调雨顺”之意。教堂耸立于高台之上，周围绿树环绕，清幽怡人。

图 3-110-2：圣老楞佐教堂平面是拉丁十字，中间是跨度为 15 米的中厅，没有柱廊阻隔，两旁设置多个小祭坛。中厅上部覆盖木制拱顶，从天花垂下数个华丽的枝形大吊灯，这是圣老楞佐引以为傲的装饰。教堂色彩采用对比关系，蓝色的顶棚，黄色的墙面，檐部线脚用白色勾勒，局部点缀醒目的金黄色，让人感觉明亮、温馨和安详。

图 3-110-2

图 3-111-1

其次，城市空间是以“直街”为基础拓展的。直街的概念来源于《圣经》的记载，相传是圣保禄居住的地方。葡萄牙城市多有山地，为了便于交通或者便于防守，城市往往沿着分水岭形成一条主要的街道，并将城市中最重要的公共建筑和区域联系起来。这条街道并不一定都是直的，但却是城市中最重要的街道，确定了城市的基本空间和结构。为了表达对圣保禄的崇拜，葡萄牙人就将这条城市的“脊柱”称为“直街”。

图 3-111-2

图 3-111：澳门的直街并不宽，但是却确定了城市发展的主轴。

从今天澳门城市来看，直街从沙栏仔街附近开始，连接圣安东尼堂，直达大三巴街附近，然后向营地大街方向发展。而营地大街作为一个最早的澳门贸易聚集点，既连接大三巴街，又连接龙嵩街，并通过龙嵩街向圣劳楞佐堂方向发展，成为直街的主干。因此，沙栏仔街、花王堂街、大三巴街、营地大街、龙嵩街构成的“直街”，确定了城市发展和公共空间的轴线，联系了澳门城市中最重要的公共建筑及公共空间（前地）。直街两侧的街道鱼骨式向两边延伸，逐渐形成澳门城市的街道网络（图 3-111）。

再次，体现人文思想的城市广场和公共建筑体系。与欧洲很多中世纪后期、文艺复兴时期的城市非常相似，澳门历史城区有一个充分体现人文思想的城市中心广场：议事亭前地（图 3-112）及其邻近街道。议事亭前地的主要建筑是澳门自治权力中心——议事亭，周边有慈善机构——仁慈堂，有医院——白马行医院，有教堂——圣母玫瑰堂（板樟堂），有市场——营地大街，并有一条完整连接各前地和重要建筑物的街道——直街。

图 3-112-1

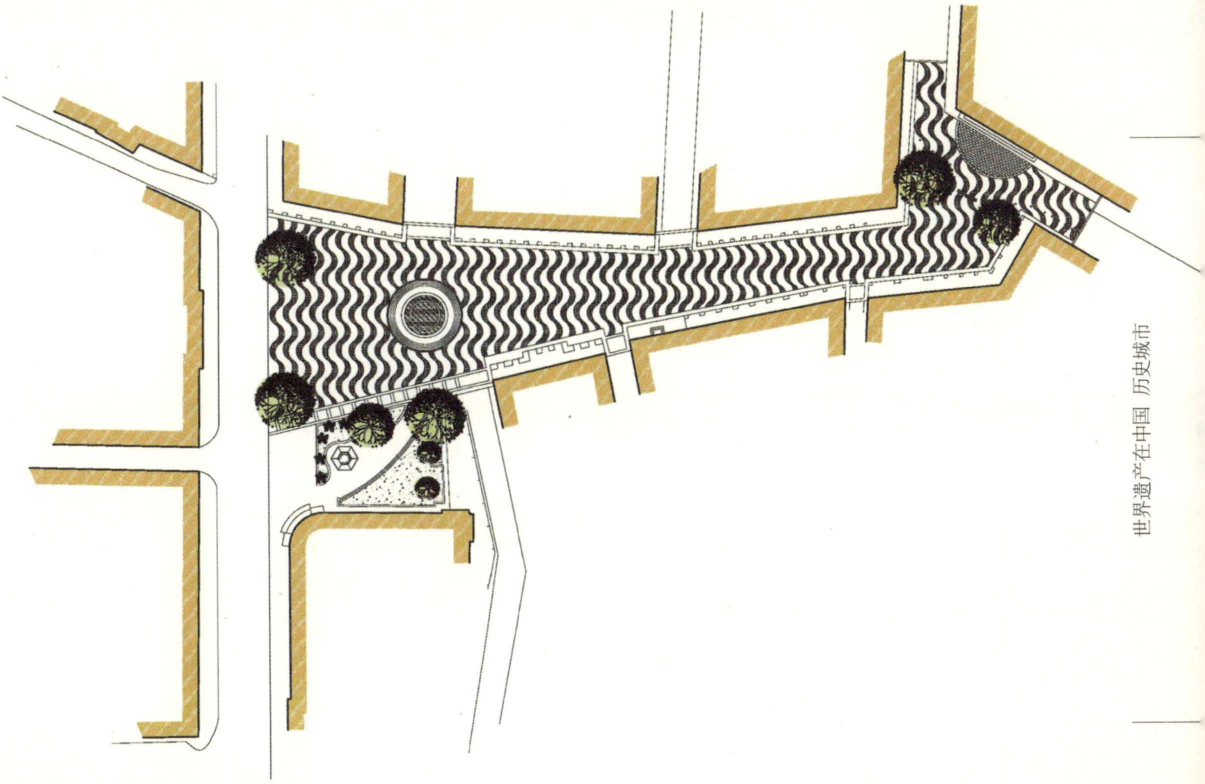

图 3-112-2

图 3-112-1：议事亭前地因为地处议事亭（澳门市政厅前身）而得名，一直是澳门的城市中心，许多节日庆祝活动都在这里举行。

图 3-112-2：议事亭前地平面示意图。

除了城市中心广场，串联在直街上的还有一些小型的城市广场，如妈阁庙前地（图 3–113）、亚婆井前地（图 3–114）、岗顶前地（图 3–115）、大堂前地（图 3–116）、板樟堂前地（图 3–117）、耶稣会纪念广场（图 3–118）、白鸽巢前地，等等。

澳门的公共建筑也根据欧洲中世纪后期和文艺复兴时期的城市逐步建设、完善，并且形成了体系。除了大量的宗教建筑以外，还有市政厅、市场、医院、邮政局、慈善机构、学校、剧场等等。

图 3–113：妈阁庙前地是位于妈阁庙前的小广场，延伸了这古老庙宇的原有布局，也是信众聚集朝拜妈祖的地方。

图 3–114–1：亚婆井的葡文意思是“山泉”，这里以前是澳门主要的水源，又靠近内港，是葡人在澳门最早的聚居点之一。亚婆井前地周边是陆续建成的葡萄牙民居式建筑和具有装饰艺术风格的公寓式住宅。

图 3–114–2：亚婆井前地平面图。

图 3–115：岗顶前地虽然不大，但是环境清幽典雅，周边的重要公共建筑有圣奥斯定教堂、岗顶剧院、圣若瑟修院、何东图书馆等，散发着浓郁的欧陆风情。

图 3–113

图 3-114-1

图 3-114-2

图 3-115

图 3-116

图 3-117

图 3-118

图 3-116：大堂前地是主教堂前的小广场。

图 3-117：耶稣会纪念广场是位于大三巴牌坊的古老麻石台阶前的小广场。这是为了纪念耶稣会在传教事业和中西文化交流所作的贡献而命名的。

图 3-118：板樟堂前地是玫瑰堂前的小广场。

4. 规划与建筑艺术

在澳门，有着中国最古老的西式建筑群，也保存着中国历史最悠久的欧洲人聚居地，和亚洲早期贸易港的完整面貌；并有大量独具特色的民间建筑，植根于中国和欧洲、亚洲的文化土壤上，表现出东西方文化交流的深刻影响。

在规划艺术上，澳门历史城市更多地遵循了欧洲中世纪城市的建城思想。在澳门半岛上，选择了两座山之间的狭长地带作为城址，并在城市的制高点建设宗教建筑和防御体系。因此，城市空间从外部看随着山势起伏，宗教建筑和炮台山巍峨耸立，主导了城市的天际轮廓线。城市内部通过“直街”确定城市空间的主要轴向，建设一系列的公共建筑和城市公共空间，具有明确的方向感和连续性。在中国宗教建筑或者华人聚居的地方，则还是采用讲究风水以至礼制观念的传统中国空间结构（图 3–119）。

图 3–119–1：1835 年澳门自南湾望西望洋山景观。

图 3–119–2：1835 年澳门妈阁庙前的日常生活。

图 3–119–1

图 3–119–2

在建筑风格上，逐步建设的西式建筑包含了文艺复兴以后大部分的欧洲建筑形式，如圣若瑟修院大楼及圣堂、玫瑰堂以及大三巴牌坊，是中国最早的手法主义及巴洛克建筑。而何东图书馆大楼、岗顶剧院、民政总署大楼、仁慈堂大楼则显示出新古典主义风格。另外，数量繁多、风格多样化的宗教建筑，则显现16至19世纪的建筑风格，包括耶稣会、圣多明我会、圣奥斯定会和基督新教等不同教派的建筑特色。而最独特的地方是，澳门历史城区内的西式建筑在上述风格的基础上又糅合了印度、日本以及中国沿海地方的建筑特色，表现出结合亚洲当地元素而产生的变体。例如大三巴等耶稣会建筑上，雕刻的主题与中国文化有密切关系；东望洋圣母雪地殿圣堂内的宗教主题，则以中国式的手法表现出来；还有港务局大楼所具有的摩尔人建筑风格等。另一方面，还有以妈阁庙为代表的中国岭南风格庙宇，郑家大屋为代表的清末院落式风格大宅、卢家大屋为代表的广东“西关大屋”民居设计。总之，澳门历史城区是典型的“东西方建筑艺术的博物馆”（图3-120～图3-137）。

被列入世界遗产的“澳门历史城区”虽然是澳门葡城的一部分，却是其中最核心，也是保存最完整的一部分。

图3-120-1：妈阁庙的创建年份应在葡萄牙人定居澳门前，是澳门现存庙宇中有实物可考的最古老的庙宇。妈阁庙位于妈阁山西面山腰上，主要由入口大门、牌坊、正殿、弘仁殿、观音阁及正觉禅林等建筑物组成。各建筑规模虽然细小简朴，但却能充分融合自然，布局错落有致。

图3-120-2：妈阁庙有许多摩崖石刻，均为历代官宦名士的诗词题字，尤其是“洋船石”和“海觉石”年代久远。

图3-120-1

图3-120-2

图 3-121

图 3-121：港务局大楼原称摩尔兵营，1874 年建成，是当时由印度来澳的警察的营地。大楼位于妈阁山旁妈阁街的坡道上，是一座受阿拉伯及哥特建筑影响的砖石建筑。

图 3-122：郑家大屋虽然主要以中国形制构建，但却处处体现中西结合之特色。中式建筑手法主要表现于屋顶、梁架结构、建筑材料、檐口、墙体之彩绘及泥塑浅浮雕等，而西方的影响则体现在室内天花的处理、门楣窗楣的式样、檐口线等方面。

图 3-123：圣若瑟修院及圣堂。修院由耶稣会建于 1728 年，在二百多年的办学过程中，培养了许多中国和东南亚各地教会的人才。与修院毗连的圣堂于 1746 年兴建，1758 年落成。修院设计纯朴简洁，圣堂建筑则以华丽夸张的巴洛克风格著称。

图 3-124：岗顶剧院原称伯多禄五世剧院，建于 1860 年，至 1873 年加建具有新古典主义建筑特色的正立面。它是中国第一所西式剧院。

图 3-122

图 3-123

图 3-124

图 3-125：何东图书馆大楼建于 1894 年前，何东爵士于 1918 年购入作为夏天消暑的别墅。1958 年作为图书馆开放。大楼高三层，底层前部分是回廊，二、三层相应位置为内廊，立面每层有五个拱券式窗，做对称布局，券间墙设有薄薄的壁柱，采用爱奥尼柱式。建筑通体以黄色粉刷，壁柱、券线、檐口等饰白色线条，大窗的窗框为绿色，屋顶为红瓦四坡顶。

图 3-126-1

图 3-126-1：圣奥斯定教堂由西班牙奥斯定修会于 1591 年创建。教堂于 1874 年重修时，立面采用了欧洲文艺复兴时期的古典式构图。顶部是三角形山花，中间的神龛供奉圣母像。入口用双柱，是石制的罗马塔司干式，墙转角有隅石，外墙面为黄色粉刷，有许多卷涡形装饰和白色线脚。

图 3-126-2：圣奥斯定教堂正厅为一层，入口有夹层，是唱诗席。教堂内部由两排柱子将空间一分为三：一个宽 7 米的中厅和两个宽 4 米的侧廊。中厅为平吊顶，两侧廊为木拱吊顶。

图 3-125

图 3-126-2

图 3-127-1

图 3-127-1：民政总署大楼前身为市政厅，始建于 1784 年，目前是 1874 年重修时形成的。建筑带有明显的南欧浪漫色彩：白色的墙身，墨绿色门窗，花岗石线脚划分的立面，给人一种庄重平和的感觉。

图 3-127-2：民政总署大楼平面有三进：一楼第一进中间为门廊，两侧为展览或公共空间，其内墙自墙角到腰部均贴有蓝白色瓷砖，是典型的葡式装饰手法；二楼是会议室及图书馆；第二进为行政区；第三进则是一个小巧别致的后花园。

图 3-128：三街会馆（关帝庙）是营地大街、关前街与草堆街三条主要商业街上的商人聚在一起沟通商情、平抑物价的场所。会馆中设有关帝神殿，因此又称“关帝庙”。三街会馆为一个二进三间中式建筑群，屋顶为硬山式。建筑体量不大，由青砖砌成，建筑结构为抬梁式。

图 3-127-2

图 3-128

图 3-129：仁慈堂大楼修建于 18 世纪中叶，至 1905 年形成今天的面貌，具有新古典主义建筑风格。仁慈堂开办了中国第一间西式医院白马行医院，并设育婴堂、麻风院、老人院、孤儿院等机构。建筑整体除花岗石柱基外，均以白色粉刷，虽然立面装饰丰富，依然给人一种安静高雅的感觉。

图 3-130：大堂（主教座堂）大约始建于 1622 年，1937 年重建形成现在规模。大堂除承担教区中心工作外，历届澳门总督上任时，均到这个教堂把权杖放到圣母像旁，以象征权力的神圣。教堂主体为一层，坡屋顶，木屋架；钟楼部分为三层。教堂立面对称，为典型的古典式构图。

图 3-130

图 3-131

图 3-131：位于大堂巷七号的卢家大屋为澳门著名商人卢华绍（卢九）家族的旧居，大约于1889年（清光绪十五年）落成。卢家大屋是用厚青砖建造的中式两层建筑，具有晚清时期粤中民居温婉纤细的建筑风格。建筑为三开间三进两层的格局，建筑内布置多个天井，便于通风和采光。建筑内部采用中西合璧的装饰材料和手法，既有粤中地区常见的砖雕、灰塑、横批、挂落、蠔壳窗，又有西式的假天花、满洲窗、铸铁栏杆。正立面窗户全为葡式百叶窗，充分反映了澳门特有的中西合璧的民居特点。

图 3-132-1：玫瑰堂由圣多明我会创建于1587年，初时用木板搭建，华人称之为“板障庙”，后称“板樟堂”。又因为供奉玫瑰圣母，所以又称“玫瑰堂”。教堂每年5月13日举行花地玛圣母圣像巡游，是澳门天主教重要的节日之一。整座教堂富丽堂皇，采用古典式构图，水平线条占据主导地位，垂直线条通过不同的柱式断续完成。墙面色彩以黄色为主，白色勾勒。整体形式简洁严谨，但不失优雅。

图 3-132-1

图 3-132-2：玫瑰堂主体为砖木结构，平面呈巴西利卡式，有中厅和侧廊。室内为平吊顶。主祭坛层叠的壁柱间隔扭曲的麻花柱，弯曲的线脚烘托断山花，形成华美的巴洛克风格，是澳门最美丽的祭坛之一。

图 3-132-2

图 3-133-1

图 3-133-1：大三巴牌坊是天主之母教堂（即圣保禄教堂）正面前壁的遗址。圣保禄教堂附属于 1594 年成立的圣保禄学院，是当时远东第一所西式大学。圣保禄教堂始建于 1602 年，1835 年的一场大火烧毁了圣保禄学院及其附属教堂，仅剩下教堂的正面前壁、大部分地基以及教堂前的石阶。澳门人因教堂前壁形似中国传统牌坊，将之称为大三巴牌坊。

图 3-133-2：大三巴牌坊由花岗石建成，宽 23 米，高 25.5 米，上下可分为五层，自第三层起往上逐步收分至顶部为三角形山花。整个立面具有典型的巴洛克式风格，但是在细部装饰中又体现出明显的东方色彩，如中文字和象征日本传统的菊花图案等。这个教堂代表了天主教艺术在远东的最高水准，在全世界的天主教堂中也是独一无二的。

图 3-133-2

图 3-134-1

图 3-134-2

图 3-135

图 3-134-1：哪吒庙位于大三巴牌坊后右侧，创建于 1888 年，改建于 1901 年，庙内供奉哪吒。哪吒从 17 世纪后期开始受澳门民间供奉，是澳门本地富有地方色彩的民间信仰。哪吒庙与大三巴牌坊同在一山坡上，依附在旧城墙一侧，为两进院落建筑，但是中间没有天井，门厅与正殿直接相连。

图 3-134-2：哪吒庙的门厅是歇山式建筑，建筑正脊有鳌鱼及宝珠衬托，垂脊呈飞檐状。正殿为传统硬山式，整体主要以灰色为主，除山墙上有少许草尾点缀外，没有太多装饰。

图 3-135：东方基金会会址建于 18 世纪 70 年代，原址是葡国皇室贵族、财政顾问、澳门保险之家创始人之一的巨富俾利喇的别墅。后来租给东印度公司，1885 年成为澳葡政府的财产。20 世纪 60 年代后改作贾梅士博物馆，现为东方基金会会址。该大楼中轴对称，宽大的楼梯直通中部的主入口，外墙为白粉刷，隅石、窗线、女儿墙等为粉红色。这座住宅的布局开创了澳门花园式住宅的先河。

图 3-136-1

图 3-136-2

图 3-136-3

图 3-136：基督教坟场建于 1821 年，当时，第一位来华传教的新教传教士马礼逊的妻子因病在澳门去世。马礼逊其时为东印度公司职员，便请东印度公司出面向澳葡当局申请建立第一座基督教新教坟场。1857 年，坟场关闭，并完整保存至今。坟场分为两部分，前为与坟场同时兴建的马礼逊小教堂，是澳门第一座基督教传教所。1922 年重修，造型仿罗马风建筑风格。后为墓园，墓冢数十座，埋葬的多是来华的英国商人、东来拓殖的殖民主义者、鸦片战争中在华身亡的英国将领及基督教传教士，包括长期在澳门工作的马礼逊。

图 3-137-1：东望洋炮台的灯塔建成于1864年，为中国第一座现代灯塔，其所在地面位置坐标亦为澳门在世界地图上的地理定位。建筑为圆柱形结构，总高15米，内部有三层，有一回旋梯连接垂直空间，塔顶设置巨型射灯。

图 3-137-2：东望洋炮台的圣母雪地殿立面设计较为简单，两边壁柱加上三角形山花。教堂内的拱顶和墙身有用中国绘画技法绘制的圣经故事和人物，其绘画技巧融和中西艺术，具有很高的价值。

图 3-137-1

图 3-137-2

（三）

中西方文化的又一次交流

——澳门历史城区的申遗过程

澳门回归以后，从2001年开始，国家文物局先后派专家到澳门考察。第二年就着手准备澳门申请联合国教科文世界文化遗产事宜。申报工作一直得到中央政府的大力支持，并获国务院批准，2002年初申报文本送到设于巴黎的联合国教科文组织世界遗产中心。

在当时的澳门申遗申报文本中，是以12个建筑组成“澳门历史建筑群”的名义，主要参考了日本奈良的做法。奈良古城的一些分散的建筑如庙宇、古塔、宫殿被组成了一个遗产项目，叫奈良历史建筑群。以一组显示都市完整脉络的建筑群来申报世界遗产，在中国还是第一次。中国以前申报的遗产大多是洞窟、宫殿、宗教场所之类比较特定、单一的古迹，或是像平遥这样的保存非常完好的古城。

这12个建筑是妈阁庙、港务局大楼、郑家大屋、圣若瑟修院及圣堂、岗顶剧院、民政总署大楼、仁慈堂大楼、大三巴牌坊、哪吒庙、旧城墙遗址、大炮台、东望洋炮台（包括圣母雪地殿教堂及灯塔），均是在澳门发展过程中体现其独特历史文化的重要建筑，申报的遗产区面积约为37 100平方米，缓冲区面积约为920 200平方米（图3-138-1）。

2004年7月第28届世界遗产大会召开后，澳门即被确定为中国2005年唯一的申报项目。9月国际古迹遗址理事会（ICOMOS）总部就派专家考察澳门的申报项目，并作现场考察报告交给ICOMOS总部。同年12月底，澳门特区政府向ICOMOS提交了申报文本的《补充文件》。

在该补充文件中，“澳门历史建筑群”由原来突出12个分散的建筑物的概念，演变成通过相邻的广场和街道连接成一片的、以澳门旧城区为核心的历史街区。遗产区面积扩大到了约161 700平方米。首先，历史建筑从12个增加到了22个，包括了构成澳门港口城市和中葡聚落的各种典型要素，充分反映出中西文化的交融；其次，遗产区还包括了妈阁庙前地、亚婆井前地、岗顶前地、议事亭前地、大堂前地、板樟堂前地、耶稣会纪念广场、白鸽巢前地等多个广场空间，从而覆盖了澳门早期城市独特空间结构的核心组成部分（图3-138-2）。这一改变不仅是对澳门历史城区的空间结构更加整体的理解，更是对澳门独特的历史文化更加深刻的认识，因此，意义非常重大。

图 3-138-1

图 3-138-1：以“澳门历史建筑群”名义申报的范围。

图 3-138-2：最终以“澳门历史城区”列入世界遗产的范围。

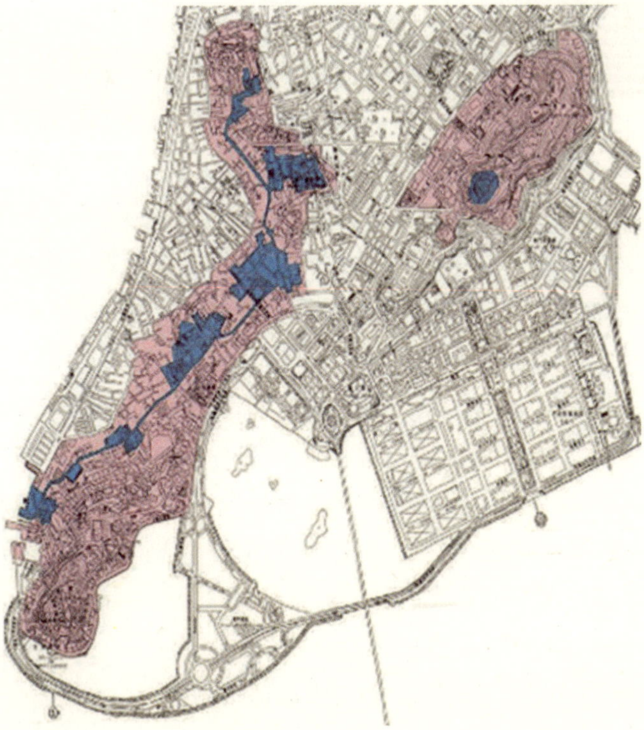

图 3-138-2

为了更好地保护遗产地，缓冲区面积也扩大到了约 106.79 公顷，范围的变化体现了以下思路：

强化了作为澳门最重要的自然景观地标的地形特征（东西望洋山和大炮台山）；

以城市演变过程中最重要的城市道路为轴，扩大历史建筑群的范围从而体现时间上的连续性，尽可能包括具有建筑和历史意义的建筑物，以强化“历史建筑群”的连续性；

强化澳门最重要的建筑纪念物之间的联系，强调城市最重要的街道和公共空间将分散的建筑物联系为一个完整的城市环境的重要性；

与现行的法规相衔接——将“受保护之地点”纳入规划控制区域中。

虽然国家高度重视，在申报技术层面也根据不断完善的世界遗产申报程序作了充足的准备，但是澳门历史城区的申遗并不一帆风顺。对澳门历史城区申遗的不同意见主要是两条，一是有些观察员对澳门历史城区的突出普遍价值提出质疑，认为澳门欧式建筑与世界欧式建筑相比差异不大；二是有舆论认为澳门建筑周围环境过于拥挤。时任国家文物局副局长张柏认为，上面的两条反对意见都不是主要问题，因为首先，澳门的价值在于它的历史建筑反映了东方和西方文化的交融。如以大三巴为例，它是欧式建筑，但兼有很多东方文化特别是中国文化的特点。如果说在欧洲的众多欧式建筑中人们很难找到东方文化的印记，在澳门却能找到，而这恰恰体现了东西方文化在澳门的融合交流，这种交融又为文化发展提供了动力。其次，澳门在大陆边上，海域、内陆交通方便，东西方文化在此交流后，向外扩展的速度很快，对东南亚、日本、朝鲜半岛的文化辐射作用非常大，带动了一大片区域的交流融合。正是这两条使澳门历史城区具备了世界性的价值。

2005 年 2 月 6 日国际古迹遗址理事会于巴黎举行了世遗专家会议，在经过详细讨论及研究《补充文件》的有关说明后，向世界遗产委员会提交了报告，一致赞同将澳门历史城区列入世界遗产大会的待审名单。

2005 年 7 月，中国代表团一行二十六人出席了在南非德班召开的第 29 届世界遗产大会，澳门特区政府也派出时任社会文化司司长崔世安率领的澳门队伍加入中国代表团。7 月 15 日，世界遗产委员会会议宣布：“澳门历史建筑群”获得全部与会代表的一致同意，成功列入世界遗产名录，并重新命名为“澳门历史城区”。“澳门历史城区”成为我国第 31 处世界遗产。正如中国常驻联合国教科文组织代表张学忠大使所说：“联合国教科文组织倡导的是世界不同文明的对话，中西文化在澳门交融碰撞正是这一思想的典型范例。”可见，澳门的突出普遍价值不仅得到了广泛的认同，同时，在现代也具有非常重要的意义。

参考文献

[1] 印光任，张汝霖．澳门纪略．广东：广东高等教育出版社，1988.

[2] 吴志良．生存之道．澳门：澳门成人教育学会，1998.

[3] 大炮台——与历史同步的博物馆．澳门博物馆，1998.

[4] 若泽·曼努埃尔·费尔南德斯著．陈用仪译．葡萄牙建筑．北京：中国文联出版公司，1998.

[5] 李燕，司徒尚纪．澳门文化的多元性解析——兼与香港文化比较．热带地理．2001.9

[6] 中华人民共和国澳门特别行政区．澳门历史城区——澳门世界遗产．

[7] 刘先觉，陈泽成．澳门建筑文化遗产．南京：东南大学出版社，2005.

[8] 吴志良．一个没有悲情的城市．中华遗产.2005.5

[9] 严忠明．一个海风吹来的城市：早期澳门城市发展史研究．广州：广东人民出版社，2006.

[10] 吴尧，樊飞豪，是永美树．拼合记忆——澳门历史建筑的发展与保护．北京：中国电力出版社，2009.

[11] 刘先觉，童乔慧．澳门建筑文化遗产的特色和价值．全国第八次建筑与文化学术讨论会，建筑文化的含义和发生．

[12] 澳门特别行政区政府文化局．澳门历史城区建筑测绘图集．2010.

[13] The historic Monument of Macao. The State Administration of Cultural Heritage of the People's Republic of China, 2004.

[14] The historic Monument of Macao. Supplementary Document of Nomination for Inscription on the World Heritage List. Macao Special Administrative Region, People's Republic of China, 2004.

备注

本节图片资料来自澳门特别行政区政府文化局。

四

鼓浪屿：历史国际社区

简要综述

鼓浪屿是一座位于九龙江入海口的岛屿，面积约 1.88 平方公里，与厦门市隔鹭江海峡相望。

鸦片战争后，厦门于 1843 年被开放为通商口岸，鼓浪屿逐渐成为西方人的居留地，这个位于中国南部沿海的小岛突然变成了中外交流的重要窗口。1902 年《厦门鼓浪屿公共地界章程》的签订，使多国参与共管的发展建设模式出现在鼓浪屿。通过当地华人、来自多国的外国居民和还乡华侨的共同发展，鼓浪屿

遗产地名称：鼓浪屿：历史国际社区

Kulangsu, a historic settlement

登录时间：2017 年

成为具有突出文化多样性和现代生活品质的国际社区。特别是 20 世纪初还乡华侨的突出贡献，为鼓浪屿带来了社区发展建设和文化繁荣的高潮，使其成为活跃于东亚和东南亚一带的华侨、精英的理想定居地，同时也体现了 19 世纪中叶至 20 世纪中叶的现代人居理念（图 3-139）。

鼓浪屿是文化间交流的一个特例，见证了亚洲全球化早期各种价值观念的交汇、碰撞和融合。数十年间，更多多元文化不断融入原有的文化，这种文化交融在有机城市肌理中仍然清晰可辨。从鼓浪屿兴起的厦门装饰风格（Amoy Deco）新建筑运动是文化影响融合的最突出证明。

突出普遍价值

标准（ii）

鼓浪屿的建筑特色和风格体现了中国、东南亚和欧洲建筑、文化价值观和传统的交融，这得益于岛上居住的外国人和归国华侨的多元性。岛上建立的聚落不仅反映了定居者从原籍地或先前居住地带来的影响，还混合形成了一种全新的风格——厦门装饰风格。就此而言，鼓浪屿见证了亚洲全球化早期各种价值观念的交汇、碰撞和融合。

标准（iv）

鼓浪屿是厦门装饰风格的起源地和最佳代表，这种风格以厦门在本土闽南方言中的称呼 Amoy 命名，指的是首先在鼓浪屿岛上出现的建筑风格

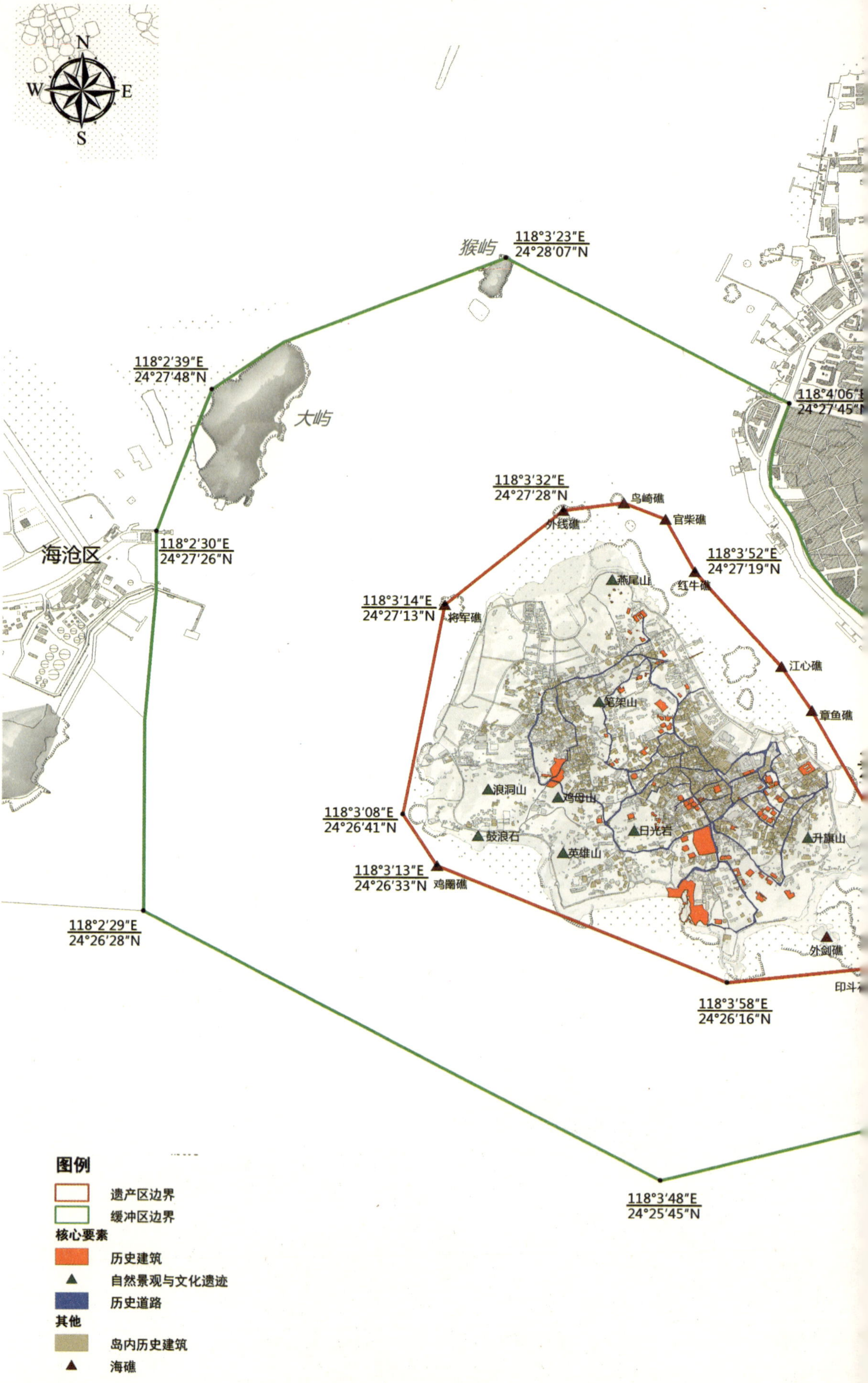
N
S
W
E
猴屿
118°3'23"E
24°28'07"N
118°2'39"E
24°27'48"N
大屿
海沧区
118°2'30"E
24°27'26"N
118°3'32"E
24°27'28"N
鸟崎礁
官柴礁
外线礁
118°3'52"E
24°27'19"N
燕尾山
红牛礁
118°3'14"E
24°27'13"N
将军礁
江心礁
笔架山
章鱼礁
浪洞山
鸡母山
118°3'08"E
24°26'41"N
日光岩
鼓浪石
升旗山
英雄山
118°3'13"E
24°26'33"N
鸡阑礁
118°2'29"E
24°26'28"N
外剑礁
118°3'58"E
24°26'16"N
118°3'48"E
24°25'45"N
图例
遗产区边界
缓冲区边界
核心要素
历史建筑
自然景观与文化遗迹
历史道路
其他
岛内历史建筑
海礁

图 3-139：世界文化遗产鼓浪屿：历史国际社区的遗产区和缓冲区范围

和类型，体现了当地建筑传统灵感与来自西方早期建筑风格灵感的融合，特别是现代主义和闽南移民文化的影响。基于上述因素，厦门装饰风格体现了传统建筑类型向新形式的转型。鼓浪屿是厦门装饰风格建筑的一个杰出代表，反映了东南亚地区的建筑从传统的地方风格向现代主义和国际化的过渡。

ICOMOS 的评估意见：

在所有能够体现多元文化影响的城市中，鼓浪屿是独一无二的，它见证了有机城市肌理中实现的不同文化之间的相互借鉴及文化融合，以及循序渐进的自我更新转化。

（一）

伴随“天风海涛”的万国来潮

——外来文化元素的汇聚

大约在16至17世纪，厦门港取代福建漳州的月港逐渐发展为中国重要的对外贸易港口之一，是南中国海贸易圈和东中国海贸易圈的交汇点。长期的海上贸易使这里的闽南族群很早就和世界建立了文化联系。一系列历史地图可以见证，自17世纪以来，随着贸易活动，欧洲的主要国家对厦门港、鼓浪屿越来越深入的了解，全球化的脚步像海潮一样，一波一波涌向鼓浪屿，一步一步拉近这个小岛和世界的距离（图3-140）。

坐落在岛屿东南，英国领事公馆山坡下的一座西班牙海员墓碑见证着西方与鼓浪屿早期的接触（图3-141）。碑文记载，这位墓主人，“曼努埃尔·德塞斯佩德斯·卡里阿索先生，是‘马尼拉贸易’大帆船——‘瓜达卢佩圣母’号的货物管理员(押运员)。卒于1759年10月12日，享年30岁”。就在他去世前两年，1757年（清乾隆二十二年），清廷下令对外贸易只限广州一口。厦门港的对外贸易在闭关锁国政策下衰落。直到鸦片战争，清王朝统治下的古老帝国国门洞开，厦门被迫成为开埠口岸，中国也开始了翻天覆地的社会转型。

战后最先抵达鼓浪屿的，是美国归正会传教士雅裨理（David Abeel）。他和美国圣公会主教文惠廉（W. J. Boone）于1842年2月来到鼓浪屿，成为战后最早进入厦门的基督教传教士。当时南京条约还未签订，雅裨理租用位于鼓浪屿中部的黄氏宗族一个小宗祠建立布道所，这个不起眼的黄氏小宗也就此成为战后中西文化接触的一个关键起点（图3-142）。

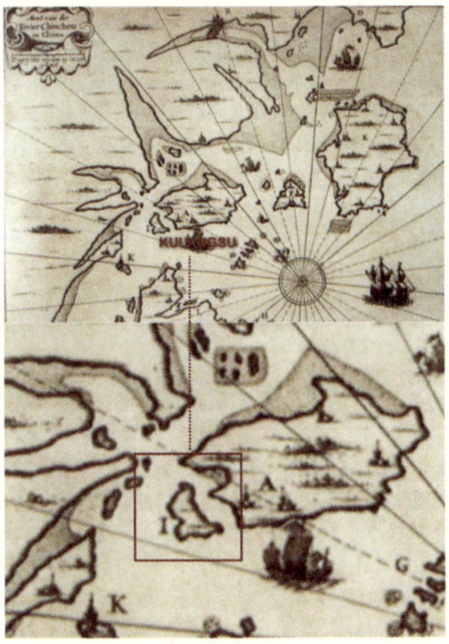

荷兰航海图 1645年
Nautical Chart by Dutch in 1645

英国航海图 1686年
Nautical Chart by UK in 1686

法国航海图 1749年
Nautical Chart by France in 1749

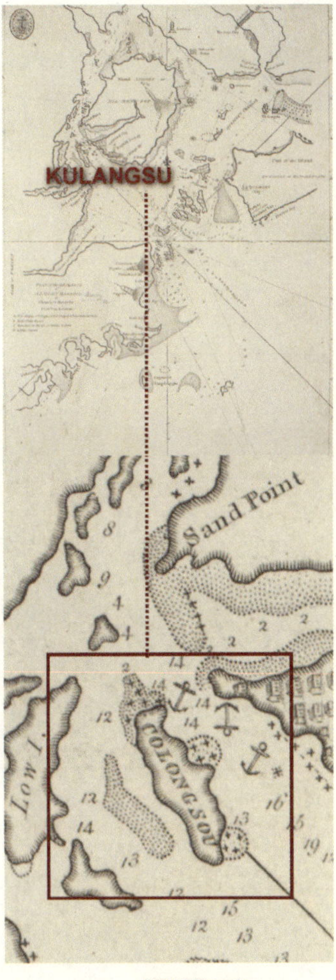

英国航海图 1784年
Nautical Chart by UK in 1784

图 3-140：西方历史航海图中描绘的鼓浪屿。

图 3-141-1

图 3-141-2

图 3-141：西班牙海员墓碑及碑文。

图 3-142：雅俾理和他在鼓浪屿的住所。

图 3-142-1

图 3-142-2

1844 年，雅裨理被任命为福建布政使徐继畬与英国首任驻厦门领事会晤的通译。徐继畬是中国近代开眼看世界的先驱之一。在和雅裨理的接触中，徐继畬向他询问了许多有关世界各地的情况。雅裨理为徐继畬编写《瀛环志略》提供了丰富的材料。书中一段对美国总统华盛顿以及美利坚合众国的评价，后来被镌刻在华盛顿纪念碑上，成为中美两国人民往来的历史见证（图 3–143）。

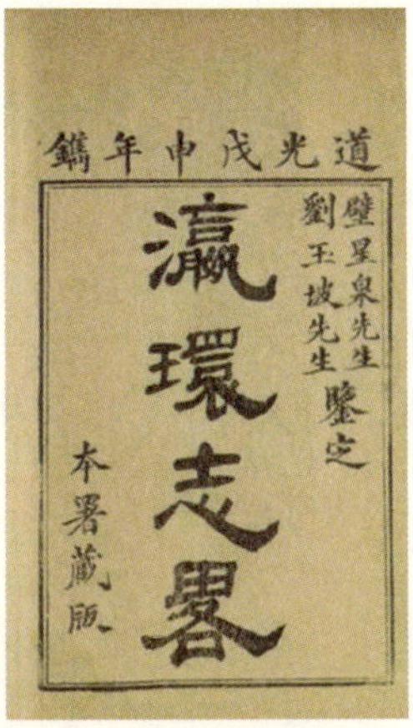

图 3–143：徐继畬的《瀛寰志略》和镌刻了书中对华盛顿以及美利坚合众国评价的华盛顿纪念碑。

1863年，由美国归正教会、伦敦差会、英国长老会联合成立的“三公会”在鼓浪屿的东南区域建起了第一座礼拜堂，名为协和礼拜堂，采用西方古典复兴样式，能容纳大约200人，最早提供给来鼓浪屿工作的外籍基督教徒做英语礼拜，后来也吸纳了懂英语的华人教徒。围绕这个礼拜堂，逐渐形成了由各国早期的领事馆、公共设施、墓地、文化娱乐设施组成的早期西方人生活中心（图3-144）。

在协和礼拜堂建成之后的半个世纪，西班牙天主教多明我会紧邻协和礼拜堂修建了管理福建天主教区的天主堂，由西班牙建筑师设计，来自漳州的工匠施工完成。这两座教堂在小广场上形成了来自不同大洲、不同宗教文化元素之间的对话。基督教和天主教也由此成为小岛华人社区宗教信仰的重要组成部分，延续至今。

随着宗教传播，传教士们带到鼓浪屿的，还有西方的教育和医学。这两者，既帮助传教士推动了宗教传播，也使本土居民得以接触现代文明。

文化教育方面，由教会兴办的学校最关注的对象是妇女、儿童。这些教育活动开启了这一地区的早期妇女解放运动，也很大程度地提升了社会整体的文化水平。现在鼓浪屿东南区域的田尾路，保留着由美国归正教会传教士约翰·打马字和他的女儿们创办主理的一组女学旧址（图3-145）。鼓浪屿北部，坐落着林巧稚儿时曾经就读的蒙学堂旧址，是当时由英国长老会开办的学前教育机构（图3-146）。

图 3-144

图 3-144：协和礼拜堂和天主堂。

图 3-145：打马字和他的女儿们创办主理的毓德女学校旧址。

图 3-146：林巧稚曾经就读的蒙学堂旧址。

图 3-145

图 3-146

西医传到鼓浪屿，最早可以追溯到紧随雅裨理来到鼓浪屿的甘明医生，他是一位具有医学博士头衔的独立医务传教士，曾在前面提到的黄氏小宗行医。之后一位重要人物是归正教会的传教士郁约翰（Dr. John Abraham Otte）。他于 1888 年抵达厦门，十年后在鼓浪屿东北部建立一座名为“救世医院”的综合性医院，分设男女二馆，后来经过不断的发展，在 20 世纪初成为厦门及周边地区科室设置最全面、技术设备最先进的西医医院，并通过设立护士学校为本地培养了大批现代医疗专业人才。值得一提的是郁约翰的多重身份。他不仅是虔诚的传教士、医术高明的医生，还是位虽业余但其实相当有专业素养的建筑师，在鼓浪屿和厦门地区留下了多个较为经典的建筑作品。这些建筑以古典复兴风格为主，展现出相当的建筑才华。可以说，除了宗教和西医，郁约翰也是西方古典复兴建筑风格在这一地区的传播者（图 3-147）。

类似郁约翰这样的复合型人才在当时是较为普遍的。很多来到厦门的外交官兼具汉学家、语言学家、地理自然学家等多重身份，除了本职工作外，也带动了非常广泛的文化交流。

除了文化教育和医药卫生，文化娱乐生活也是西方人带到鼓浪屿的新鲜文化元素。这方面的典型遗存是位于鼓浪屿中部、日光岩下的洋人球埔（图 3-148）。这是岛上难得的一片平地，鸦片战争后被驻留的英军开辟为军用操场，1870 年前后被美国驻厦门领事李让礼（General LeGendre）以美国领事馆名义租下，开辟为驻岛外国人体育活动的公众场所。草地网球、草地板球、羽毛球、足球、棒球、橄榄球等体育运动项目都从这里引入当地社区。这些近代体育项目经由岛上教会学校的推广，开启了中国近代学校体育基础教育的先河，也使体育这种有助于人们身心健康的近代娱乐方式走进华人日常的生活。或许正是因为这些影响，在鼓浪屿出生、成长的马约翰先生后来成为中国近代最著名的体育教育家之一。

图 3-147-1

图 3-147-2

图 3-147-3

图 3-147：郁约翰和他建立的鼓浪屿救世医院，
及由他设计的鼓浪屿八卦楼。

图 3-148：日光岩下的洋人球埔。

图 3-148

文化元素之外，一些关键科学技术的传播对鼓浪屿的发展也至关重要。1871 年初，丹麦的大北电报公司在鼓浪屿田尾路开办了电报公司，并代理丹麦外交事务。这家公司 1870 年来华开业，敷设香港—上海、上海— 长崎、长崎—海参崴海底电缆，这是东亚地区第一条越洋国际电报线路，鼓浪屿是途中一个电报收发站点。为了能让电报信号发报中文信息，大北电报公司聘请专家为中文开发了电报编码。现存的这栋位于岛屿南端海边的电报房，不仅使鼓浪屿成为政界、商界人士聚集地成为可能，也是古老的中文进入信息时代的重要见证（图 3-149）。

19 世纪后半叶的建设发展一改鼓浪屿以往海岛渔村的乡土面貌，逐渐形成了一种以殖民地外廊风格（Colonial Veranda Style，也被称为 Veranda Style 或 veranda Colony style）为主导的港口住区。从康奈尔大学图书馆收藏的一张大约拍摄于 19 世纪 80 年代的历史照片可以一窥当时的景象（图 3-150）。这种建筑的原型最初形成于西方人在南亚地区的殖民地，18 世纪末、19 世纪初传回欧洲，并转化为富裕阶层的郊野别墅形式（Bungalow）。由于其建造成本相对低廉，建造周期短，技术相对简便易行，既符合西方人审美，也适应亚太、非洲等炎热的气候，因此作为西方各国在殖民地建设领事馆、外交公馆、商行、传教士住宅等建筑的常用形式被广泛推广。

图 3-150

图 3-149-1

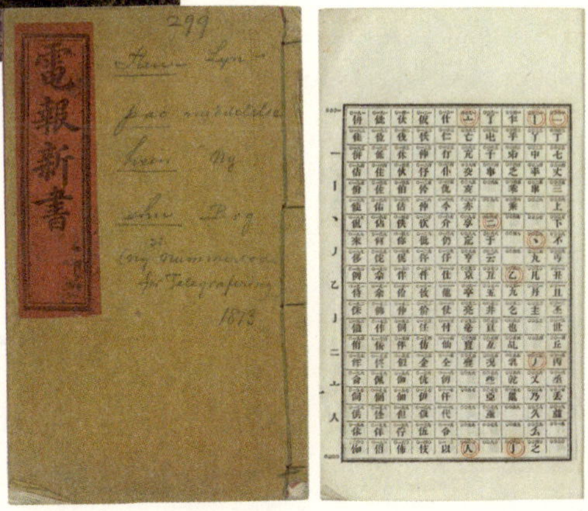

图 3-149-2

图 3-149：丹麦大北电报公司旧址和 1873 年出版的中文电报编码《电报新书》。

图 3-150：19 世纪 80 年代的鼓浪屿景象。

这些建筑一侧或多侧外墙设置休闲功能的宽阔外廊。这种外廊是室内空间的延伸，既可以遮蔽太阳暴晒，又有良好的通风，适合喝茶、观景、读书、抽烟、小憩等休闲活动。建筑底层大多有石头砌筑的防潮层，上面用厚重的砖墙砖柱承重，承托顶部的三角木桁架，室内隔墙和吊顶通常采用轻便的板条抹灰。但由于历史上多次台风灾害，加之 20 世纪后的更新，早期建造在鼓浪屿上的殖民地外廊建筑遗存已经不像历史照片上那样普遍。但现存建筑中不乏其中的典型代表。比如 1874 年建造的英国领事公馆和位于岛中西部鸡山路的伦敦差会女传教士住宅等（图 3-151，3-152）。

1873 年英商怡记洋行建造的闲乐居，是早期外廊建筑中非常独特的一例。它坐落在鼓浪屿北部一处高大山岩上，视野疏朗，通风良好，非常符合当时西方人建筑选址的标准。契合选址，建筑采用了维多利亚女王时代英国人喜好的三叶草平面造型，这是一种深受欧洲图画派（Picturesque）影响的建筑布局形式，外廊围绕的主要居室向视野极佳的三个方向伸展（图 3-153，3-154）。

这座建筑所在的山岩上，刻有一面巨幅摩崖石刻，是 1813 年（清嘉庆十八年）福建水师提督王德禄撰写的《重兴鼓浪屿三和宫记》，记载了他在三和宫前整修战船、筹款兴修三和宫并率师进兵台湾围剿蔡牵起义的事迹。这栋别墅的建造，虽然获得西方人的赞叹和羡慕，却因为破坏风水引起当地民众的强烈不满。这种争执反映了当时东西方对场所、景观及住宅选址等方面截然不同的价值观念。1872 年来到鼓浪屿的英国领事翟理斯敏感地关注到这个争执。为了能让西方人理解这个场所对华人的意义，作为既是外交官，又是汉学家的他，将题记全文翻译成英文，完整刊载在他编写的《鼓浪屿简史》中。时至今日，山岩、题记、别墅和古树，已经融为一个整体，成为鼓浪屿上一处凸显东西文化融合的人文景观。

图 3-151

图 3-152

图 3-151：英国领事公馆旧址。

图 3-152：伦敦差会女传教士住宅旧址。

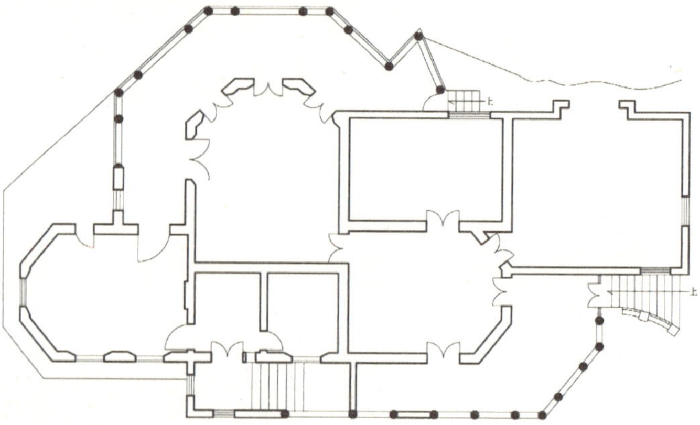

图 3-153-1

图 3-153-2

图 3-154

图 3-153：汇丰银行公馆（闲乐居）的三叶草平面和选址。

图 3-154：三和宫摩崖题刻和山岩上的汇丰银行公馆（闲乐居）。

图 3-155：美国领事馆从 19 世纪末到 20 世纪初的风格变化。

只要稍微留意鼓浪屿上外来建筑风格的变化，就不难看出外来文化随时代发展的快速变化。例如19世纪末，殖民地外廊建筑不仅是欧洲人在鼓浪屿进行建设时普遍采用的风格样式，同时期的美国领事馆和日本领事馆，采取的也是典型的殖民地外廊样式。而当20世纪30年代美国重建领事馆的时候，则采用了当时流行于美国的古典复兴中的乔治亚风格（图3-155）。这座小小的领事馆，是当时美国外交部要求外交建筑向世界传达美国文化形象政策的结果，也是这一政策在全球落地为数不多的实物见证之一。而日本于20世纪初在岛上建造的警察署、博爱医院等后期建筑，则展现了日本建筑师对现代建筑风格融合日本元素的多种创新风格和样式（图3-156）。日本领事馆虽然未经整体重建，但也在20世纪初将二层重要的会客空间改造为地道的日本茶室，材料工艺全部从日本引进。这种不断传入的来自世界各国的新元素，不仅进一步丰富了汇聚在鼓浪屿的多元文化，也使这个小岛越来越像全球的缩影，其中的变化对世界局势发展的折射更是耐人寻味。

图3-155-1

图3-155-2

图3-155-3

图 3-156-1

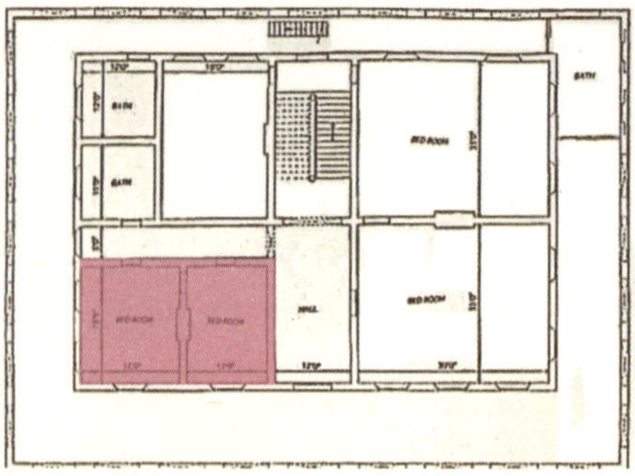
图 3-156-2

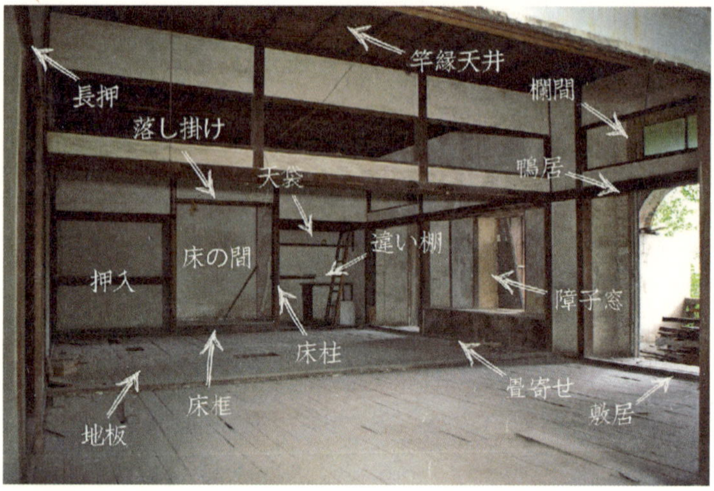

图 3-156-3

除了建筑风格，外来文化对鼓浪屿发展的影响，还体现在整个社区空间格局的形成发展上。鸦片战争以前，岛上华人传统住区是在传统风水理念下选址发展的，几片村落集中坐落在背山面海的低洼地带。1878 年英、德两国主推成立了鼓浪屿道路墓地基金委员会，对岛上的道路、路灯、西方人公墓等进行系统性建设。特别是道路的建设，以步行通行为主，依山就势，修建了围绕主要山体的环状道路和通往码头的放射状道路，进而增加了划分小街块的联系性道路，形成较为完整的路网系统。鼓浪屿虽然没有严格意义上的城市规划，但道路和相应基础设施的建设，相当于对岛上的空间资源进行了系统化的组织，并极大扩展了鼓浪屿居住空间，在此基础上逐步形成鼓浪屿的空间结构和肌理特色。这个道路骨架一直沿用保持到现在（图 3-157）。

图 3-156：日本领事馆的外廊建筑风格和 20 世纪初的和室改造。

图 3-157：鼓浪屿历史道路网络。

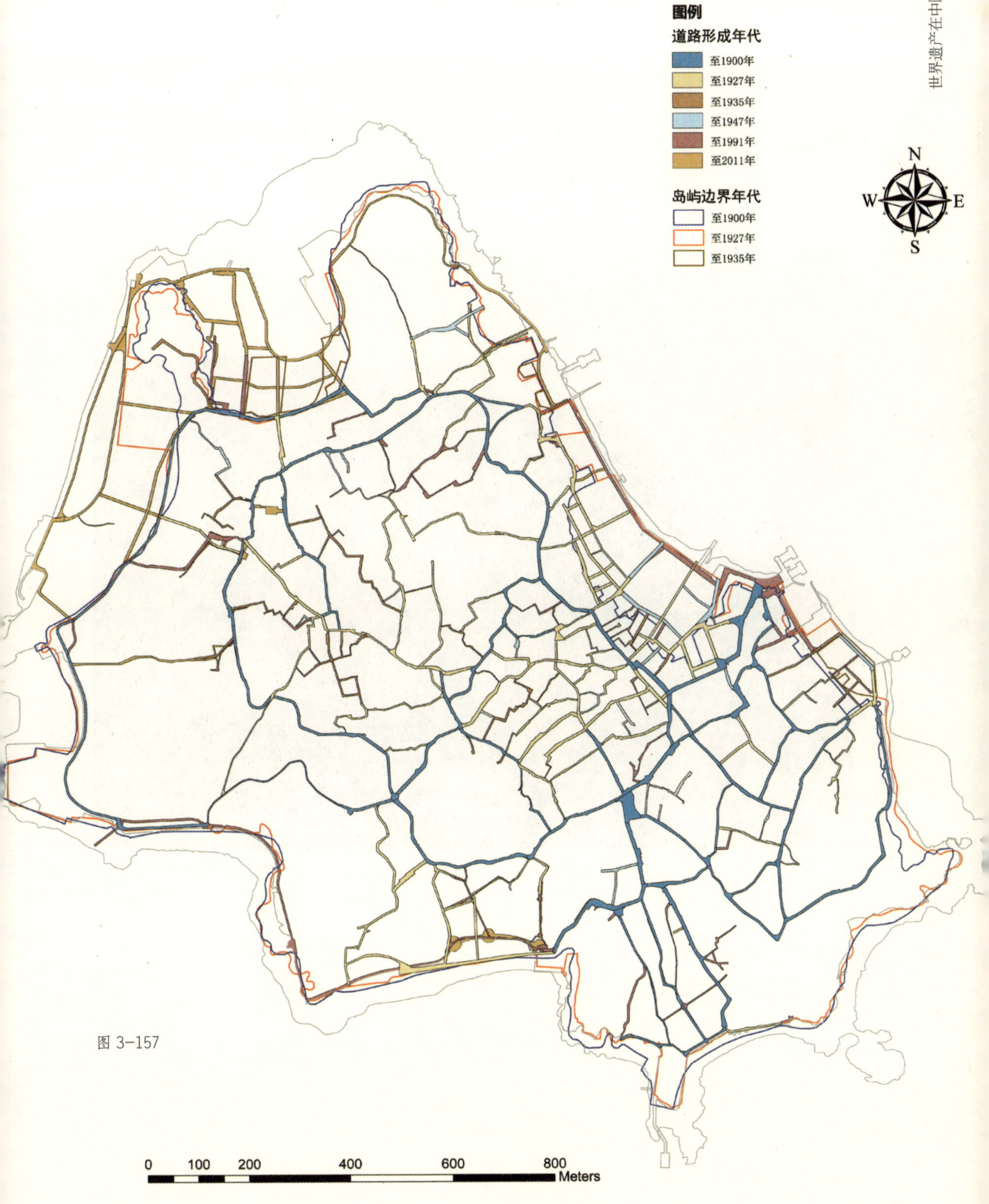

图 3-157

去过鼓浪屿的人，会对岛上主峰日光岩上的三款题刻颇有印象（图 3–158）。其中最上面的一款，是 1915 年时任福建巡按使许世英所题的“天风海涛”。当时许世英刚向北洋政府提出反对“二十一条”意见，正在巡视福建沿海。他在鼓浪屿题写的这四个字，总会引人品味，除了描绘鹭江两岸的风景，更是眼见这座正经历着新一轮万国来潮的边陲小岛，在慨叹波澜壮阔、势不可挡的时代变局，“天风海涛”已然换了风景。与早期外来文化留下的零星记忆不同，战争之后开启的外来文化的传播，给鼓浪屿带来了深刻的文化印记和长远影响。

图 3–158：日光岩题刻

（二）

彰显“鹭江第一”的厦门装饰风格

——传统文化的包容与革新

鸦片战争之前，鼓浪屿基本上是一个海岛上的闽南文化聚落。闽南文化族群有着非常独特的文化特征。一方面，他们的文化根源来自中原汉文化，从晋代到南宋长达 8 个世纪的持续移民迁徙，使他们传承着中原文化中的很多核心内容；另一方面，由于长期受海洋文化的浸染，他们又带有鲜明的海洋文化特质，开放，包容，具有拼搏开拓精神。

鼓浪屿上的四落大厝等闽南传统红砖大厝，是闽南文化特征的突出体现。它们的院落和建筑布局保留着合院建筑的基本格局，非常传统的中轴对称，院落单元常见以主厝和两侧横向展开的护厝组成“三间张”的平面形式。院落之间更多是横向排列，这也是早期中原建筑的布局特点，而不像中原后期发展出来的强调纵向进深的院落格局（图 3-159，3-160）。建筑外观上，红砖、红瓦、红地面，使红色成为建筑的主体色彩，并和浅色石材形成明快的色彩和质感对比。闽南民居建筑还非常重视建筑装饰，砖墙的空斗砌法非常讲究平面拼花的图案艺术效果，砖雕、石雕也非常精美，在寺庙、道观等建筑上，更多见夸张的屋面曲线和繁复的屋脊装饰，使建筑外观显得更加活泼，个性张扬。

图 3-159-1

图 3-159-2

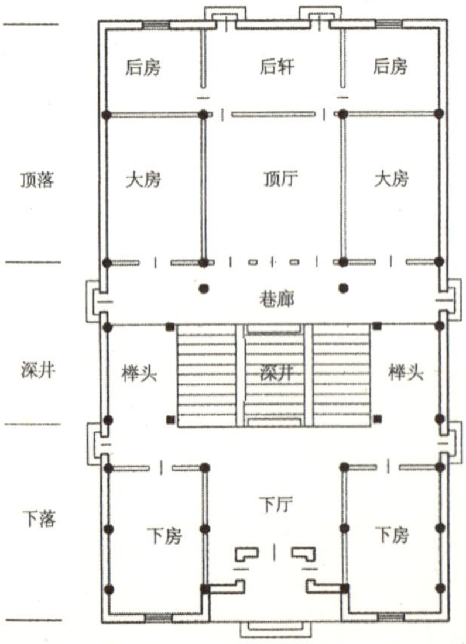

图 3-160

图 3-159：鼓浪屿四落大厝。

图 3-160：闽南民居“三间张”平面格局。

图 3-161：鼓浪屿日光岩寺。

图 3-162：鼓浪屿种德宫和大夫第。

尽管早期聚落的整体面貌因历史变迁没有整体保存下来，但鼓浪屿上依然保留着闽南传统聚落中类型完整的典型文化元素，包括以日光岩寺为代表的佛教文化、以种德宫为代表的融入了地方色彩的道教文化，以大夫第等传统士绅宅院为代表的儒家文化（图 3-161，3-162），还有前面提到的接纳了鸦片战争后第一个传教士的黄氏小宗，是华人社会宗族传统的代表。

图 3-161

图 3-162-1

图 3-162-2

传统文化在鼓浪屿的积淀，还有一个独特的文化元素。传说郑成功在收复台湾前，曾在鼓浪屿操练水师，留下了日光岩山上的水操台和龙头山寨、山下的国姓井等文化遗迹（图 3-163）。有关这位民族英雄的传说，为鼓浪屿增添了“延平文化”这一重要的文化母题。特别是在 19 至 20 世纪战乱纷繁，国破家亡的时代，很多仁人志士来到鼓浪屿凭吊先贤，在日光岩上留下了诸多抒发家国情怀的摩崖题刻。而在鼓浪屿的社区发展建设中，由华人主导的很多公共设施建设，如延平戏院、延平公园等，也都以这个文化主题命名。

鸦片战争之后，殖民地外廊风格的建筑开始在鼓浪屿出现。这种建筑以适应当地气候的优越性，以及建筑所提供的休闲、卫生的生活方式，逐渐被华人认识和接受。19 世纪末，随着《马关条约》的签订，日本占据台湾，一批闽南裔台湾人士不愿接受日本统治，举家回迁大陆，定居在文化同源、各方面条件优越的鼓浪屿。同时，在东南亚获得商业上成功的闽南海外移民，开始衣锦还乡，选择鼓浪屿定居。这些士绅商贾精英阶层在鼓浪屿建造宜居住所的时候，已经不再青睐传统的红砖大厝，而将西式洋楼作为建筑样式的首选。这一阶段，除直接购买或模仿自建的外廊式住宅外，出现了从建筑空间格局、外观形态、材料装饰和环境塑造等多方面融合外廊建筑样式和本土传统建筑元素的华人洋楼。

在建筑空间格局方面，以台湾人林鹤年于 1896 年建造的“怡园”为例，虽然参考了外廊建筑的平面格局，但怡园的建筑平面并没有采用以突出外廊空间、各房间由内外走廊联通的布局，而是沿袭了闽南红砖厝“三间张”的中轴对称格局，首层进门相当于堂屋，二层前部中央供奉祖先牌位，卧室分列两侧，相当于将传统院落的空间叠成两层，前后外廊充当了院落天井的公共空间功能。这种新式洋楼，外观上看是外廊形式，内在的则是对儒家传统家族伦理制度的传承，成为后来华人洋楼居住建筑中普遍参照的模式（图 3-164）。

图 3-163

图 3-163：鼓浪屿日光岩上传说为郑成功水操台旧址上的题刻。

图 3-164：怡园的外观模型和平面格局。

图 3-164-1

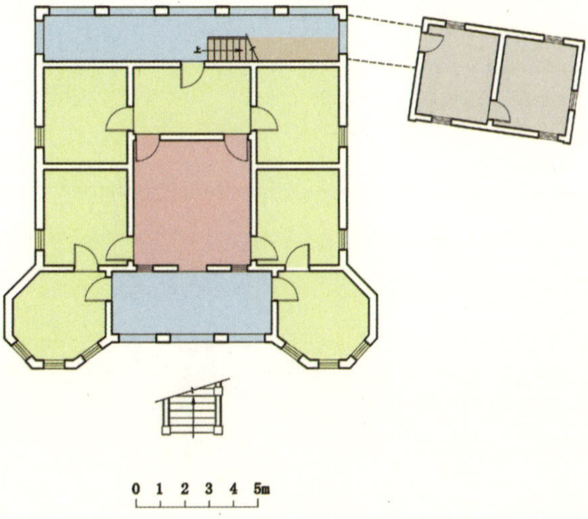

图 3-164-2

外廊样式方面，大多数华人洋楼由于体量和场地的限制，空间较为紧凑，多采用前后廊的形式，并形成三种典型样式（图 3–165）。一是借鉴新加坡骑楼的“五脚基”平直外廊形式，比较普遍；二是借鉴闽南民居门面“出龟”样式将正立面外廊中间做突出处理，越南华侨黄仲训在日光岩山上建造的瞰青别墅（图 3–166）是这类样式的典型代表；三是同样借鉴自闽南传统民居“塌岫（xiu）”做法，将外廊中间做凹入处理，林鹤年的怡园即是这种形式的早期代表。

建筑材料方面最突出的是延续和发展了地方化的红砖和砌筑工艺。这时候普遍使用的是一种叫作烟炙砖的砖材，由于烧制过程中砖坯采用一层直排、一层斜排的码放方式，没有被上层砖压住的表面，会蒙上马尾松的灰烬，高温烙成灰黑色的条纹。砌筑的时候将有黑纹的一面作为向外的看面，巧妙排列组合，结合中国传统砌筑工艺，可以形成建筑立面上精致的纹理图案效果，成为这一时期华人洋楼非常典型的外观特征（图 3–167）。与红砖厝一脉相承的红砖白石的材料和色彩组合搭配效果也被融入华人洋楼的建造。除了采用石材，后来也用洗石子，也就是水刷石来模仿石材效果，以降低建造成本。

图 3–165：外廊空间本土化主要模式示意图。

图 3–166：鼓浪屿瞰青别墅。

图 3–167：鼓浪屿烟炙红砖墙面与装饰组合效果。

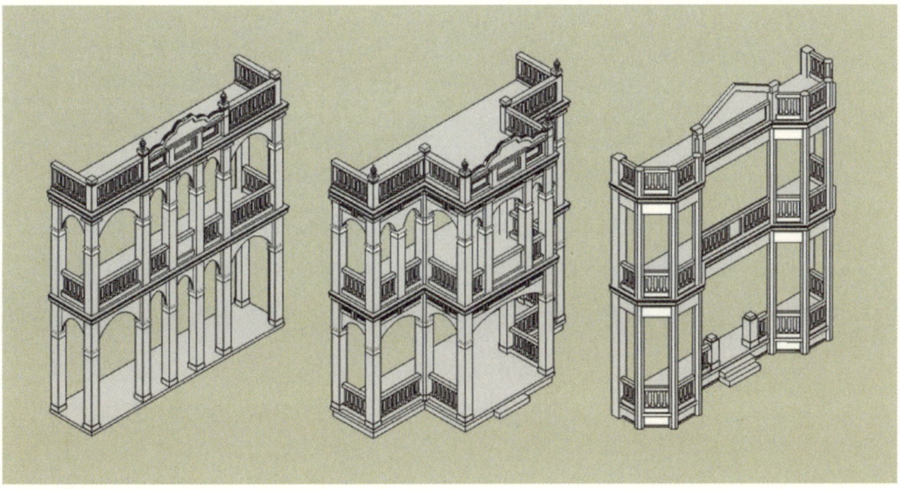
图 3-165

图 3-166

图 3-167-1

图 3-167-2

在景观环境的塑造方面，传统园林手法和元素在华人洋楼宅院中得到较为普遍的运用，或在院门、院墙上采用一些古典园林的小品，或在院中辟一处点缀池塘、假山、亭台，尝试在有限的空间中营造私家园林的意象。更为普遍的是，这些已经在生活方式上习惯了西方现代化的华人精英群体，当他们在塑造生活居所的精神世界的时候，几乎无一例外地采用诗词题刻的手法，凸显其内在的文化本底。

园林创作中最完整也最具特色的，当属台湾迁居鼓浪屿的富绅林尔嘉因怀念台北板桥故园于1913年创建并经几度修葺扩建而成的菽庄花园。这是中国独一无二的滨海私家园林，设计意象与同为林尔嘉组建的菽庄吟社的思想及诗歌文学创作主题有着紧密的呼应关系。一方面，菽庄花园在景观意象创作上强调与台湾板桥园之间故园、新园的关系，这使得菽庄花园成为菽庄吟社诗文创作者触景生情的创作源泉。另一方面，园林分为“藏海”和“补山”两组景观，“藏海”隐含把山河揽入祖国怀抱，切莫再任人宰割之意，“补山”以人工补缀天然景色之不足，隐含山河破碎、亟待修补之意。园林建筑带有闽南传统特色，也运用了近代的建筑技术。“十二洞天”假山的堆叠形态具有欧洲巴洛克园林假山的材质工艺特征，体现出与板桥园不同的外来文化的影响（图3-168，3-169，3-170）。

图3-168：鼓浪屿菽庄花园补山藏海的园林景观。

图3-169：菽庄诗社会员赏菊雅集合影。

图3-170：菽庄花园主人林尔嘉的题记。

图 3-168

图 3-169

图 3-170

20 世纪 20 至 30 年代，由于东南亚排华局势的影响，大批海外华侨回迁定居到鼓浪屿。华侨主导的房地产建设活动带动了这一时期的建设高潮。从当时的统计数据来看，鼓浪屿中外人士产业税比较，从 1903 年差不多持平，到 1931 年总量翻倍的情况下，华人占到 84%。鼓浪屿后期的大量建设，也是我们当今所见鼓浪屿的整体面貌，是在这个阶段完成的。

随着华人精英们对现代文明的理解和认识，这个时期的华人群体还积极投入社区公共建设，这些投资建设包括扩建学校、医院等公共建筑，以及工厂、自来水、电话等基础设施（图 3–171）。

图 3–171：鼓浪屿自来水供水设施。

思想开放的归侨作为业主及承建商，结合已经熟悉近代建筑建设的本地工匠共同推动着鼓浪屿建筑的近代化。1924 年，黄奕住与李昭北、郭春秧等归侨投入巨资，建设龙头路、日兴街、锦祥街等商业街区，龙头路主街直通码头，沿街以近代化的二层底商骑楼建筑为主（图 3-172）。

1928 至 1931 年间缅甸华侨王紫如、王其华兄弟，借鉴槟榔屿（今马来西亚槟城）菜市场的经营经验，建设了钢筋混凝土框架结构的“鼓浪屿市场”，其一层是当时闽南地区最近代化的菜市场，二层是一座戏院兼电影院，取名为“延平戏院”，相当于当时的商业综合体（图 3-173）。

图 3-172

图 3-173

图 3-172：鼓浪屿龙头路商业街。

图 3-173：鼓浪屿延平戏院。

1934 年华人教众筹资兴建的三一堂，由留德背景的本地工程师林荣廷任设计主持人，鼓浪屿著名建筑营造商许春草负责施工。该教堂的建设在技术上面临挑战，原设计容纳 500 人，施工开始后决定扩大至 1 000 人，又聘请荷兰工程师对建筑结构进行了重新设计，教堂屋顶的钢架从香港定做运来。最终，拥有大跨度空间的三一堂在各方面努力下建成（图 3-174）。

图 3-174：鼓浪屿三一堂。

图 3-175：鼓浪屿海天堂构。

图 3-176：鼓浪屿黄赐敏别墅。

同时，在 20 世纪 20 年代后期，中国国内民族主义意识高涨，以教会建筑及南京政府官方建筑为中心的中国传统复兴式建筑也正流行开来，在厦门一带发展起来的是著名的“嘉庚风格”建筑。这种背景下，在鼓浪屿也造就了非常典型的民族形式与外来元素、地域特征相结合的建筑，如著名的海天堂构中楼和黄赐敏别墅（图 3–175，3–176）。

图 3–175

图 3–176

在上述鼓浪屿华人洋楼新风尚的基础上，自19世纪末起，特别是在30年代初，逐渐形成一种华美的，注重现代装饰表现，结合民族性、地方性装饰题材及西方古典装饰元素的独特外廊建筑风格——“厦门装饰风格”（Amoy Deco Style）。

在装饰表现方面，厦门装饰风格的华人洋楼继承了殖民地外廊建筑的外廊空间，立面构图强调外廊的地位，但是与殖民地外廊式建筑突出外廊本身形式美及韵律感的立面效果不同，厦门装饰风格特别强调立面的装饰表现，这与闽南传统建筑注重装饰效果的特点一脉相承；强调整体色彩的对比，采用烟炙红砖铺面，白石或水刷石勾边的构图原则，继承了闽南红砖厝建筑红砖白石的装饰传统；柱头、窗套、窗楣装饰常借用西方古典主义装饰元素进行再创造；细部装饰借用现代的装饰艺术风格，并结合地方传统及西方古典的装饰手法及题材（图3-177）。

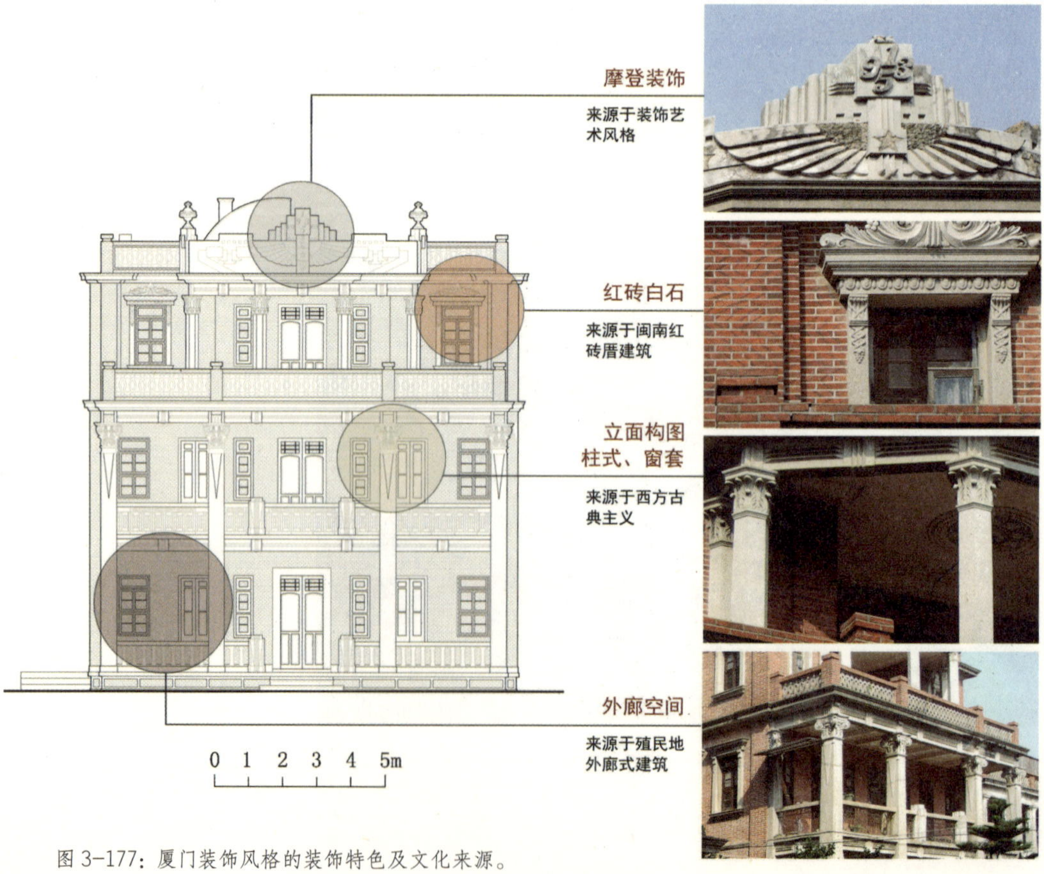

图3-177：厦门装饰风格的装饰特色及文化来源。

平面布局上，厦门装饰风格的住宅延续了自1895年“怡园”以来逐渐发展成形的中轴对称、厅堂居中的华侨洋楼式平面，但传统仪式性空间的地位逐渐减弱，各个房间相对均质，更加重视功能性，具有现代性特征。空间上还是以外廊为突出特征，与殖民地外廊式建筑强调休闲功能的外廊空间不同，往往只在正面（或正面加背面）设置外廊，外廊空间更像是阳台空间，并且强调其装饰性作用（图3-178）。

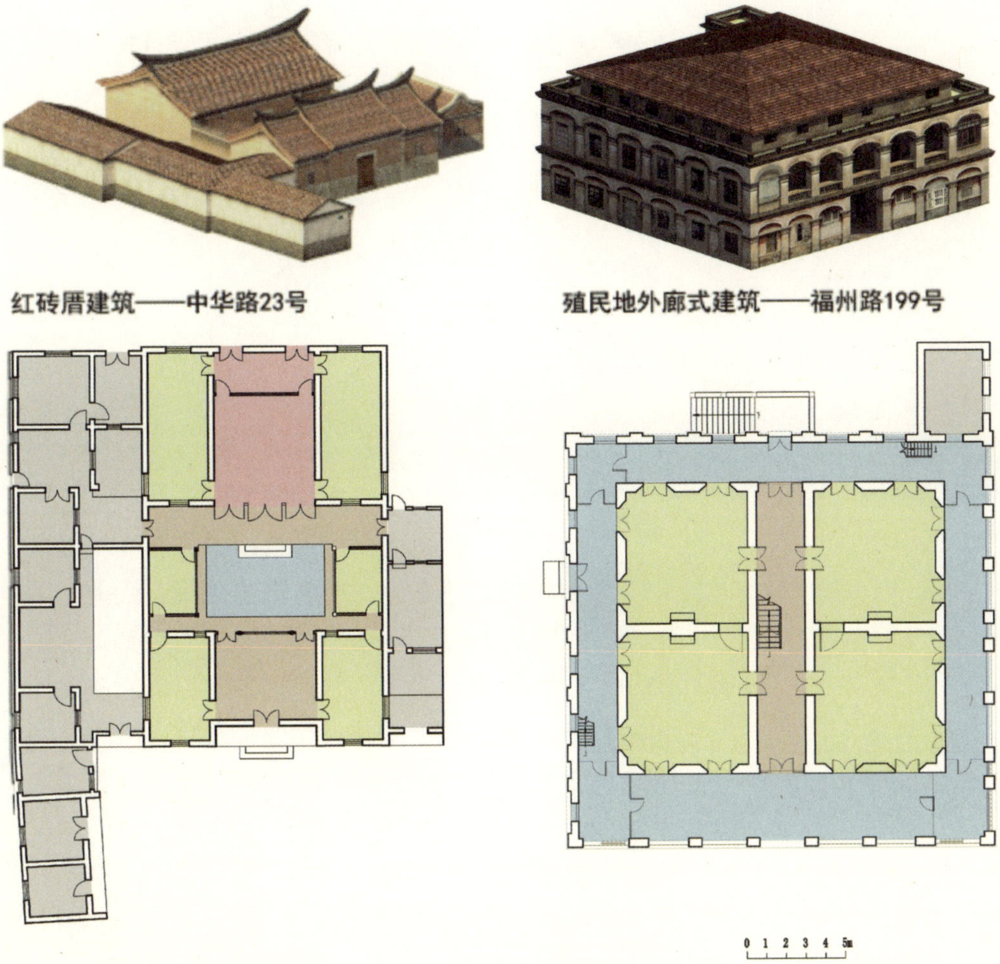

图3-178-1：厦门装饰风格平面功能格局的发展过程。

本土化的外廊建筑——福建路24号　　**厦门装饰风格建筑——福建路30号**

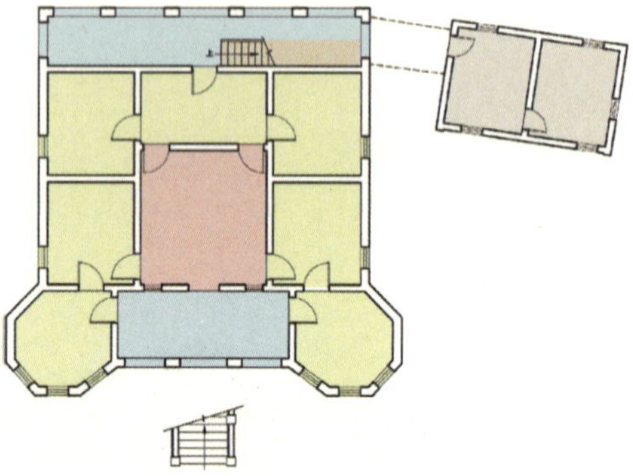

图 3-178-2：厦门装饰风格平面功能格局的发展过程。

厦门装饰风格建筑在建造过程中采用大量近代化或地方化的建筑工艺。砖墙普遍采用近代地方性的烟炙红砖，砌筑工艺一般采用具有本地特色的全顺砌法及在此基础上的“七五”砖砌法，有的还采用本地传统的密缝砌筑工艺；在建筑及院墙、院门的外装饰工程中，广泛采用施工便利、经济、美观的洗石子、磨石子（水磨石）工艺，用于模仿石材效果；本地传统的灰塑工艺，也与洗石子、磨石子工艺相配合，被广泛应用在厦门装饰风格建筑的装饰工艺中，在当地能工巧匠手中塑造出风格变化繁多的灰塑工艺作品（图 3-179）。

图 3-179：厦门装饰风格中的墙面材料和洗石子、灰塑等装饰造型工艺。

建于20世纪30年代的杨家园、李清泉别墅、亦足山庄、福建路28和30号、漳州路50号等都是厦门装饰风格突出的例证（图3–180）。

厦门装饰风格建筑，体现了来自中国传统建筑文化的影响，强调装饰表现的闽南地区建筑亚文化的影响，以及西方殖民建筑文化的影响，采用了来自不同文化、不同时空的建筑装饰题材，综合运用了源自中外、传统与近代的建筑技术及工艺，是在中西建筑文化长期交流、融合的基础上，鼓浪屿华侨洋楼建筑努力追求近代化与本土化过程中产生出来的精彩创造。

图3–180：鼓浪屿厦门装饰风格建筑典型代表。

图3–180–1

图3–180–2

图 3-180-3

图 3-180-4

图 3-180-5

图 3-180-6

鼓浪屿日光岩上的三幅题刻中，有一幅来自厦门本地人林鍼的题刻。由于少年时期就熟练掌握了外语，厦门开埠不久，他于 1847 年受聘前往美国教授中文，两年之后返回厦门。回国后，遂将在美国的经历整理撰写出一本《西海纪游草》。这是近代第一部中国人在海外的游记，记述了西方代议制政府、司法制度、电线与电报、蒸汽机、城市供水系统、博物馆、摄影术等林鍼亲眼所见、亲身体会的西方现代文明。回国后，林鍼定居鼓浪屿，或许是联系起在海外的见闻和故土即将开时代先河的发展变化，他在日光岩的巨石上，明万历年间丁一中所题“鼓浪洞天”的旁边，题刻了“鹭江第一”四个大字（图 3-181）。这其中或许包含着他的期待，闽南文化中坚韧自信、开放包容、向往革新的精神也由此可见一斑。《西海纪游草》中描绘的种种，很快就在鹭江之畔的这座小岛上得以率先实现，而在同样遭遇外来文化冲击的其他地方所罕见的，由华人群体主导的文化融合与再创造，更是对这幅题刻最有力的注释。

图 3-181：林鍼在“鼓浪洞天”旁题写的“鹭江第一”。

（三）

坐落“鼓浪洞天”的国际社区

——多元文化交融的舞台

在鼓浪屿日光岩上的三幅题刻中，年代最早的当属“鼓浪洞天”，相传为 1573 年（明万历元年）泉州府同知丁一中题写，借用道教洞天的意向表达这座小岛“世外桃源”般的意境。鸦片战争无疑给鼓浪屿这个人间仙境的传统意象画上了沉痛的句号。之后鼓浪屿成为西方人的居留地，到 1902 年《厦门鼓浪屿公共地界章程》签订，鼓浪屿上形成一个由多国参与共管的社会单元。

在那个列强纷争，国际、国内局势动荡不安的年代，鼓浪屿短暂地以国际社区的形态成为当时的“世外桃源”，为汇聚在这里的多元文化提供了相对平和的对话、交融的舞台。地理空间上，海岛给了她明确的地理边界和变化丰富的自然地貌环境；功能形态上，鼓浪屿作为厦门这个港口城市的离岛，发展成一个以居住功能为主的城区；社会机制上，多国共管的模式给了她一个独特的社会组织结构和运转机制；文化元素上，国际化的社区群体，给了她源自世界各地的文化元素和它们之间频繁、密切的对话和互动关系。可以说，鼓浪屿历史国际社区是在人类文明发展，全球文化交流历程中一个特殊的产物。它的产生，有着非常独特的机缘条件。

一方面，是融入社区发展的各方力量间的制衡关系。到 19 世纪末，先后有 13 个国家在这个小岛派驻领事，20 世纪初最多时曾达到 16 个国家，虽然在其中来自英国的人口、机构占比最高，但各国之间努力保持着一种微妙的平衡关系。直到 20 世纪初，日本表露出想独占鼓浪屿的勃勃野心，美国遂为维持制衡关系提出开辟公共地界、多国兼护厦门的建议。清政府在不得已之下认可了地界章程。尽管原定兼护厦门的条款没有被保留在章程中，但制衡关系还是让鼓浪屿维持了近半个世纪较为稳定的发展。章程签订后，工部局的管理模式，也为华人学习这种治理方式、逐步争取董事会席位、获得一定的参政议政机会和话语权提供了可能。这是中外文化能在鼓浪屿的发展建设方面相对平等对话的一个重要基础。

另一方面，随着大航海时代逐渐发展起来的海洋贸易，闽南地区逐渐形成海外移民 ，在东南亚区域乃至更广阔的范围内，建构起一个跨国、跨界的社会网络，持续保持着侨乡和外部文化的接触。随着这些区域逐步的殖民化，又使海外华侨通过殖民地对西方文化有了更深入的了解。这是鸦片战争之后来到这里的西方人发现本地人对外来文化相当不陌生的原因。19 世纪到 20 世纪初，东南亚华侨的发展积累了大量的财富和社会影响力。因而这一群体在带动包括鼓浪屿在内的华侨故土社会经济的发展、文化的更新以及现代化进程中，可以在各方面起到突出的作用。

正是由于这些关键条件，在强势的、先进的外来文化的冲击和近一个世纪的影响下，鼓浪屿既没有完全西化，也没有在现代化的过程中摒弃传统，而是通过文化融合，创造出异域风情浓郁、地域特色鲜明并彰显传统精髓的新文化形态。作为遗产地的鼓浪屿，以相当完整的物质遗存见证了从“鼓浪洞天”到国际社区的发展历程，让我们从中窥得不同阶段的社会文化面貌，理解其中层次丰富的发展轨迹和文化间的互动关系。

从时间线索来看，鼓浪屿保留着鸦片战争之前本土文化积淀阶段、鸦片战争后到 20 世纪初外来文化影响阶段、太平洋战争爆发前多元文化融合阶段的代表性遗存，展现出三个阶段从传统乡土社会形态，到风格单一的殖民地形态，再到最终繁盛多元的鲜明历史转折（图 3–182）。

图 3-182-1：鼓浪屿第一阶段的总体形态特征和代表性遗存。

第一阶段代表性要素

图 3-182-2：鼓浪屿第二阶段的总体形态特征和代表性遗存。

第二阶段代表性要素

图 3-182-3：鼓浪屿第三阶段的总体形态特征和代表性遗存。

第三阶段代表性要素

当然，历史的发展是连续的。鼓浪屿上除了各个历史阶段文化特征的代表性遗存外，还保留了时代之间典型特征间丰富的发展、过渡线索。比如四落大厝这组闽南传统民居中出现的初步向洋楼形式发展的变化形式。更具研究价值的发展线索是厦门装饰风格的产生过程。通过对建筑空间、功能、立面元素风格的分析，我们可以看到从最初将闽南传统民居和殖民地外廊建筑融合，再在装饰风格上加入国际上的流行元素，逐步探索走向成熟的过程（图3-183）。

图 3-183-1

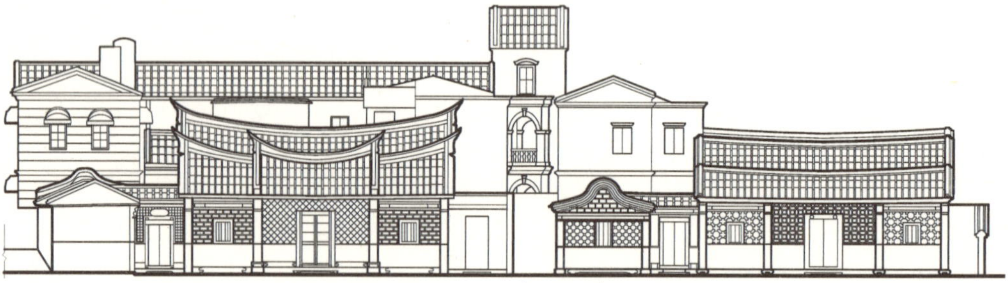

图 3-183-2

图 3-183：闽南传统民居四落大厝中带有洋楼样式的变化元素。

图 3-183-3

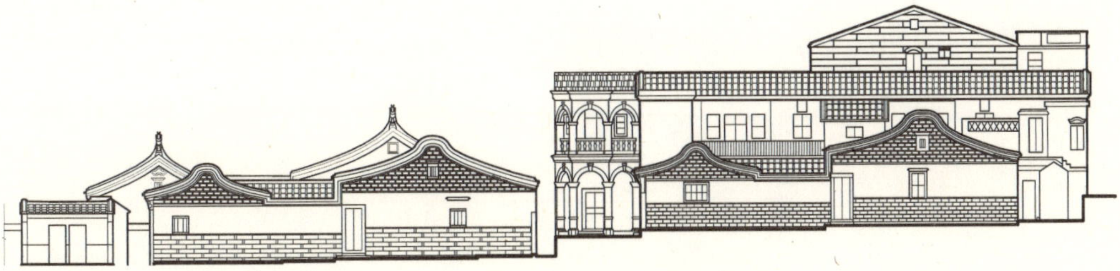

图 3-183-4

在空间方面，作为一个以居住为主的岛屿，鼓浪屿人居环境的发展变迁也体现出东西文化的互动关系（图 3-184）。鼓浪屿上的山脉以日光岩为主峰，形成了一个斜仰着的“t”字形布局，将岛的空间分成了有不同朝向、背山面海的区域。传统的闽南村落，大多聚集在这些区域的山坳平缓地带，这符合中国传统的选址理念。西方人来到鼓浪屿，早期是以私人租用土地的方式选址建造住宅的，没有形成一个国家占据一片区域的格局，而是相互交错，整体形成大分散、小聚集的分布。西方人的居住建筑普遍选择滨海或山顶，视野开阔、通风良好的位置，例如坐落东南部山顶的英国领事公馆、北部三和宫摩崖题刻山岩上的闲乐居等。因此早期阶段，华人洋人的居住生活场所在地形地貌造就的空间关系上有一定空间距离。

但闽南沿海大约每 30 至 50 年会遇到非常严重的台风灾害，很多早期西方人在山顶、海边建造的建筑被台风破坏得非常严重。或许是由于这些影响因素，很多西方人开始向岛屿内部空间选址建设新住宅或办公设施。而随着西方人开辟道路，种植树木，鼓浪屿不再像我们从 19 世纪末的照片中看到的那种光秃秃、山岩裸露的样子，绿树成荫使得岛上宜居环境逐渐增多，同时钢筋混凝土等更坚固的材料和建造技术引入鼓浪屿，富有的华人也开始占据山顶景观突出的位置建造别墅。比如林鹤寿请郁约翰设计的岛上体量最大的单体建筑——八卦楼。

这个相互的变化过程使全岛的建设密度逐渐提高，东西方在宜居环境的理念上相互影响，生活空间也进一步交错、融合在一起，很自然地，生活带动的文化交往也会越来越密切、越来越深入。

图 3-184：鼓浪屿人居空间发展的三个阶段

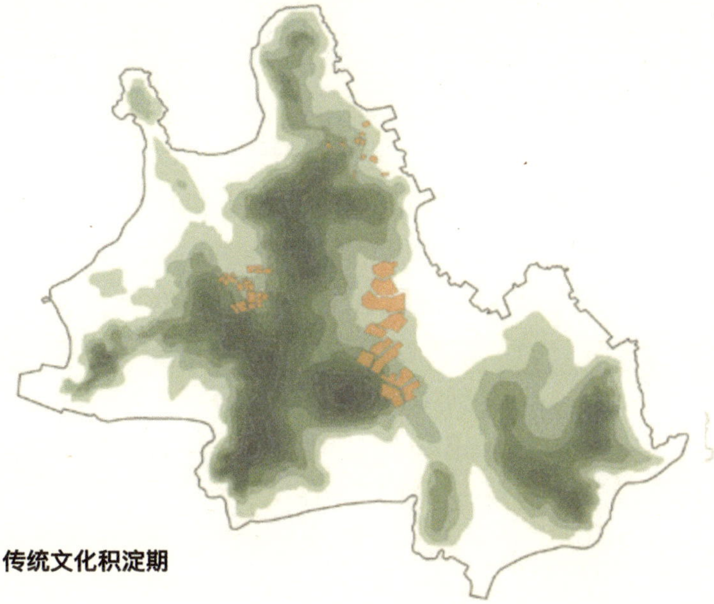

传统文化积淀期

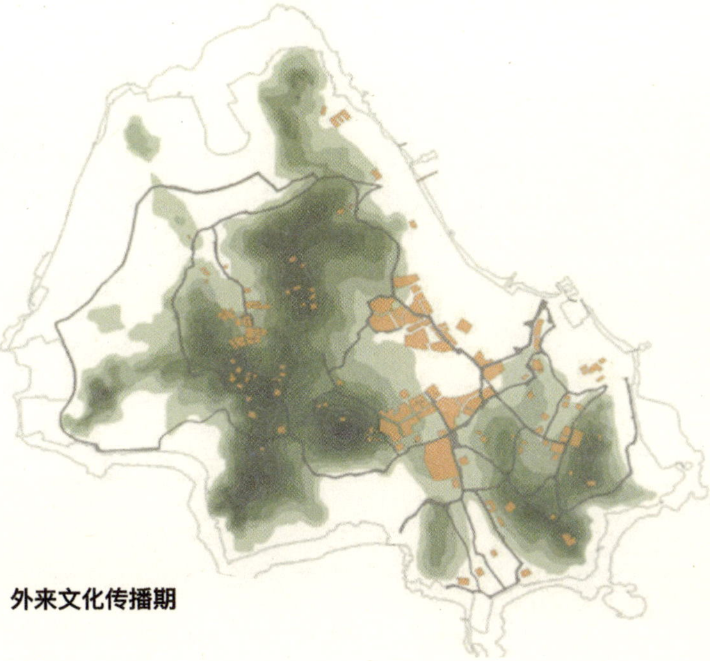

外来文化传播期

多元文化融合期

在社区功能形态方面，得益于繁盛期的大部分建筑得以保存，我们可以从中整理出反映当时社区功能系统中各类典型要素，从而完整地理解当时国际社区的运行机制和日常生活形态（图 3-185）。这些构成社区的功能系统大致可以分为四类：

一是以工部局遗址、会审公堂旧址、警察署旧址等见证的社区中重要的管理机构，从中可以理解国际社区的管理机制和权力结构；

二是驻岛的各国领事外交机构、海关管理机构，以及跨国的商贸金融机构遗存，从中可以看到这座小岛和全球政治、商贸、军事、文化网络紧密的联系；

三是服务于社区生活的社区公共设施，包括宗教场所、文教设施、医疗卫生、休闲娱乐、社区商业服务设施、体现当时现代化水平的基础设施以及公共墓地等等。这些遗存不仅展现出社区的公共生活形态，更能从早期由西方人建立的设施和后期由华人群体补充、新建或购置后完善提升的变化发展，看到社区现代化的过程，体现后期华人群体投身公共事业和社会更新的卓越贡献；

四是数量最大的住宅，其中包括典型的闽南传统红砖大厝的民居，更强调融入自然环境的独栋别墅，由华人家族建造的虽然是洋楼别墅，但仍然强调家族秩序，用院墙围合在一起的宅园，以及 20 世纪初陆续出现的集合住宅等。这些建筑联系到居住空间中构成社区的不同阶层和文化群体，呈现了源于中外不同文化背景多样化的居住生活理念。

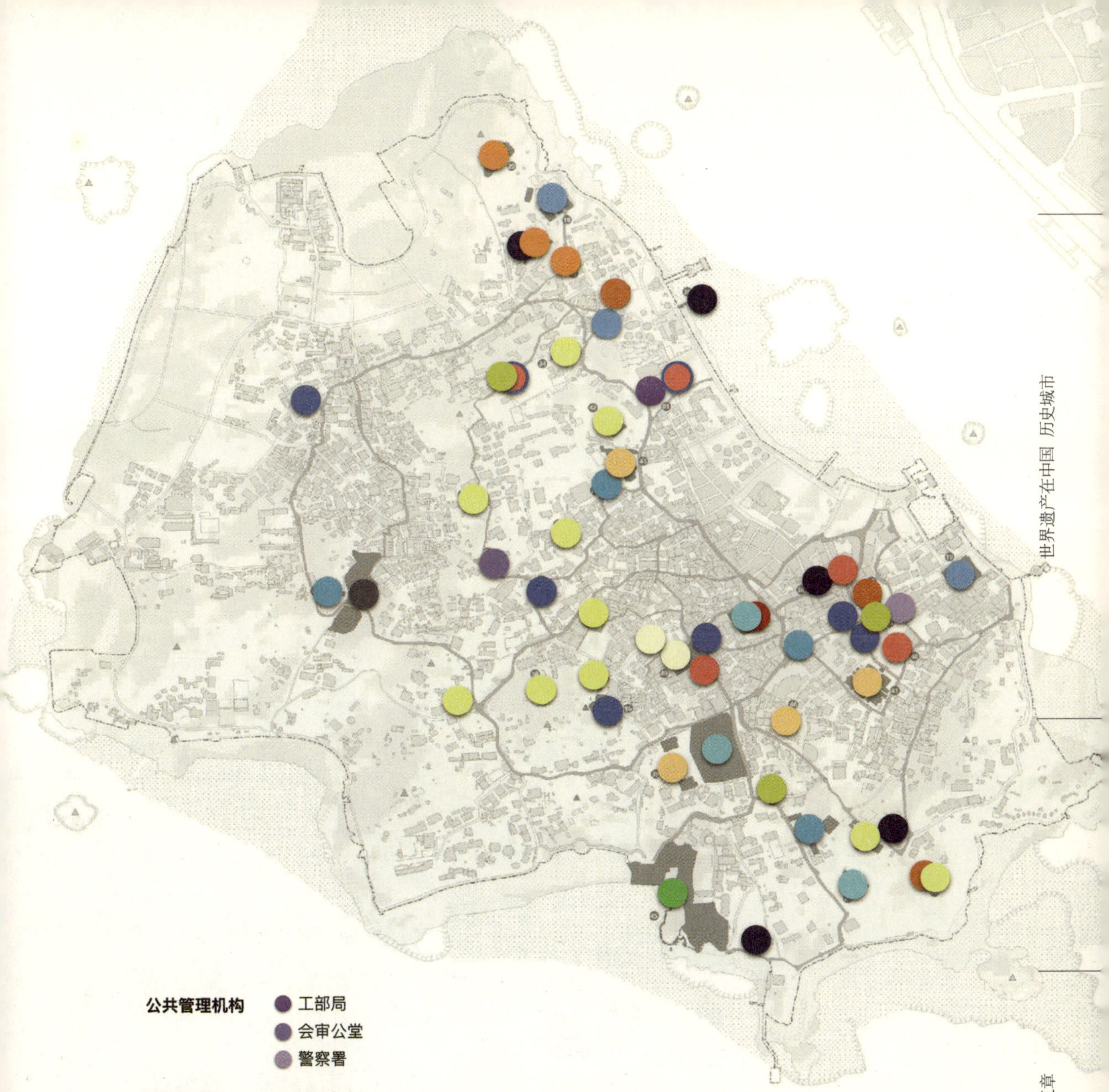

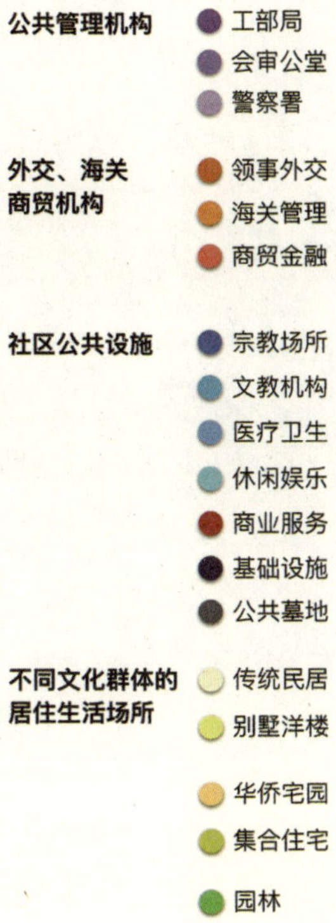

图 3-185：申遗阶段选取的遗产核心要素对历史社区功能结构的表达。

这些不同功能的建筑在不同阶段的发展聚集，在全岛形成了肌理特征迥异的片区。从卫星影像图中能一目了然发现这些差异，而置身其中，更可以获得对这些肌理环境背后的文化差异鲜明的体会（图3-186）。

图 3-186：不同阶段发展形成的肌理差别鲜明的功能片区。

通过物质遗存呈现的社区功能和空间形态，我们还可以从中看到闽南文化族群、外来多国侨民和返乡华人华侨这三个在不同阶段起到核心推动力量的文化群体，在这段历史进程中的发展和整体文化面貌。

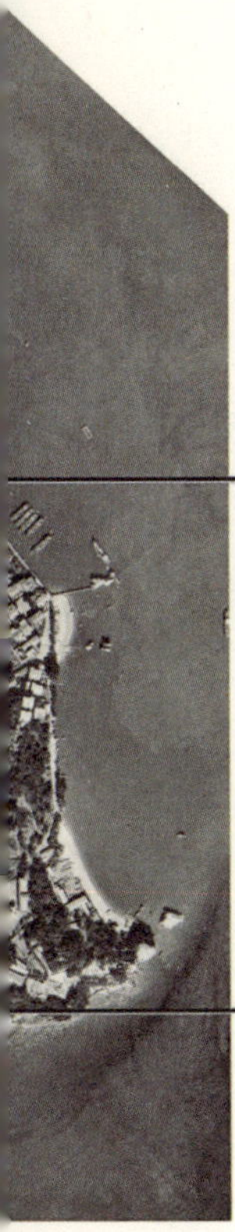

以华侨群体为例，他们一方面带有侨居国的文化特色，另一方面在中西文化、传统与现代文明元素的取舍、融合方面也呈现出个性化的选择，在总体兼容并蓄的方向上有着非常多样化的呈现，展现出文化融合给发展带来的多种可能。三组别墅宅园的对照就可以反映华侨群体这种整体的文化面貌。一是菲律宾华侨黄秀烺家族兴建的海天堂构（图 3-187），在一个院落中通过建筑布局塑造出庄重的中轴对称关系，以两侧建筑的西式柱廊突出中间带有强烈传统建筑风格的主楼，院子门楼上还汇集曾熙、吴昌硕等名家的书画作品。二是印尼华侨黄奕住家族的黄家花园（图 3-188），也是由三栋别墅组成，主次分明，聘请上海裕泰公司建造，采用当时新潮的装饰艺术风格与南洋风格相结合的特征，并富于现代感，中心大花园则采用了仿巴洛克风格的设计。虽然是当时鼓浪屿上最富有的家族，但整座建筑外立面全部采用洗石子饰面，显得相当朴素，施工技艺却十分精湛，造型洗练。别墅和园林占据了鼓浪屿中部最好的地段，三栋别墅在洋人球埔西侧高台上一字展开，朴素之中又倍显尊贵。三是许春草的别墅春草堂（图 3-189）。许春草既是当时厦门最大的建造商，也是追随孙中山的坚定的革命者，在本地推动解放妇女的婢女救拔运动，还是虔诚的基督徒，在临近祈祷岩的笔架山顶，自己设计建造了这座朴实端庄的独栋别墅，非常体现其个人风格气质。

当然，这样一个文化元素丰富的社区，留下来的不仅是物质形态的建成环境，还有同样具有多样性的文化传统。这其中包括闽南地区传统民俗活动，比如种德宫的信众，每年节令时都会按传统举行各种祭拜活动；也包括西方的宗教文化传统，基督教、天主教的信众仍在规律地做礼拜，每年圣诞节期间也会举行隆重的弥撒仪式。当然还有诗歌、音乐、绘画等外来艺术元素，历经百年，已经深深融入鼓浪屿居民的日常生活。殷承宗、舒婷等一大批从鼓浪屿走出来的音乐家、诗人，也见证了这种文化基因给鼓浪屿带来的深远影响。

图 3-187

图 3-187：海天堂构。

图 3-188：黄家花园南楼。

图 3-189：春草堂。

图 3-188

图 3-189

（四）

鼓浪屿：历史国际社区的申报过程

鼓浪屿的遗产保护历程，可以追溯到 1985 年制定的《1985—2000 厦门经济社会发展战略》。根据该战略要求，厦门市将鼓浪屿纳入全市发展框架中，明确提出要站在国家瑰宝的高度，统一规划鼓浪屿的建设和保护。30 年来，这个发展战略对鼓浪屿的发展、建设、保护起了至关重要的指导作用。厦门市先后颁布了《鼓浪屿历史风貌建筑保护条例》及 20 多部规范性文件和相关规划。为全岛整体历史文化资源的保护奠定了基础。

2008 年厦门市决定以申遗为抓手，推进鼓浪屿的整体保护和活态传承，全面提升鼓浪屿的保护管理水平，开始围绕核心价值的提炼、核心要素的筛选以及基础设施的整治等基础性工作，全面部署申遗准备工作。

2009 年，以申报世界遗产为目标的遗产资源梳理和突出普遍价值研究工作正式启动。在一年左右的前期研究中，申遗工作逐步聚焦于鼓浪屿公共地界形成和发展前后近百年的历史巨变，探讨其中多元文化交流的独特形态和结果，揭示其可能具有的普遍意义，并初步确定以“鼓浪屿”为名，即以岛屿整体而不是典型历史风貌建筑组成的建筑群申请世界遗产。在此基础上，编制完成第一版申报文本和配合申报文本的保护管理规划纲要。

2012 年，鼓浪屿列入中国世界遗产预备名录。同年，根据申报文本和保护管理规划纲要制定的《厦门经济特区鼓浪屿文化遗产地保护管理条例》经厦门市人民代表大会审议通过，并于次年开始执行。

2013 年，《鼓浪屿文化遗产地保护管理规划》编制完成，于 2014 年经厦门市人民代表大会审议通过并颁布实施。规划确立了全岛保护的基本策略，从中选取了 53 组建筑遗产、覆盖全岛的历史街巷系统、一系列重要的人文遗迹和自然景观等直接支撑突出普遍价值的要素作为重点保护对象，并提出社区文化的延续和健康发展是鼓浪屿遗产保护的关键。

2015 年，由国家文物局推荐，鼓浪屿成为 2017 年申报世界遗产的备选项目，鼓浪屿的申遗工作进入紧张的冲刺阶段。这一阶段工作在遗产价值的研究方面，进一步深化了对鼓浪屿突出普遍价值的探讨，通过对历史国际社区形成发展历程和机制的分析，梳理出不同文化群体在其中的推动作用和互动关系，展现出历史机缘为鼓浪屿上多元文化对话交流提供的独特环境，特别是其中华人群体开放包容、开拓进取的特质在传统文化传承创新中的突出作用和丰硕成果。在具体的遗产保护方面，结合全市“美丽厦门·共同缔造”战略的实施，加强鼓浪屿遗产要素与历史环境的保护，提升社区环境品质，并提升社区治理和遗产地管理水平。

基于遗产价值和保护策略对社区的关注，申遗准备过程中没有采取大规模的居民拆迁，而是尽可能将历史环境要素的恢复和保护与社区公共环境品质提升相结合，并尽量将申遗期间补充认定、保护的历史文化资源投入支撑社区文化生活需求，激发社区文化活力。这些举措使申遗工作得到了社区较普遍的理解和支持。

2016 年 9 月 16 日，是原定国际专家来鼓浪屿进行申遗项目现场考察的日期。但就在此前一天，台风莫兰蒂在厦门登陆，直击鼓浪屿，不仅给鼓浪屿全岛环境造成了严重的破坏，也为鼓浪屿的申遗之路蒙上一层阴影。专家现场考察为此推迟一个月。在这有限的一个月内，鼓浪屿不仅快速完成了各类遗产要素的抢救保护，恢复了平静社区的生活秩序和对外开放功能，更通过艺术家参与将倒伏死亡的古树保留下来成为社区公共艺术品。鼓浪屿对重大自然灾害的应对能力，整个社区在这其中体现出来的凝聚力，和在救灾中洋溢的人文关怀和艺术情怀，都得到了充分的展现（图 3-190）。

图 3-190：修复莫兰蒂台风灾害中完成的承载社区生命记忆的公共艺术品。

2017 年，为切实减缓旅游压力对鼓浪屿文化遗产价值和社区生活的影响，厦门市政府决定将日上岛客流量从以前的 6.5 万减至 5 万。这一决策再次向社区和国际专家证实了鼓浪屿申请世界遗产的初衷。

2017 年 7 月 8 日，在波兰克拉科夫举行的第 41 届世界遗产大会上，“鼓浪屿：历史国际社区”在表决中获得世界遗产委员会的全票通过，成功列入世界遗产名录，成为我国第 52 项世界遗产。国家文物局副局长宋新潮和厦门市委宣传部部长叶重耕，分别代表缔约国、遗产地管理机构和遗产社区在大会上发言致谢。

2017 年 9 月 4 日，时任教科文总干事的博科娃在厦门金砖会议期间亲临鼓浪屿为这处新晋世界遗产颁发证书（图 3-191）。在致辞中她如此评价鼓浪屿：

这座岛屿虽小，但却是一个巨大的价值和精神载体。鼓浪屿孕育的文化和宗教对话可以帮助今天全世界的人们理解和实践尊重、包容的价值观并欣赏多样性，这是全球公民精神的重要课堂。

这座岛屿给予我们希望，其并存的建筑风格可以鼓励和引导我们走向和平的文化共生，它为跨文化的丰富性提供了实物例证，而且今天我们比以往更需要这些。

……

在这个世界上，仇恨、暴力极端主义和冲突的火焰仍在燃烧，因此我们需要去分享包容和相互谅解的精神，同时我们还需要去珍惜和保护那些拥有并能传达这种精神的地方，鼓浪屿就是其中一处。

图 3-191：博科娃为鼓浪屿颁发世界遗产名录证书。

参考文献

[1] 戴一峰．海外移民与跨文化视野下的近代鼓浪屿社会变迁．厦门：厦门大学出版社，2018.

[2] 厦门档案局，厦门档案馆合编．近代厦门涉外档案史料．厦门：厦门大学出版社，1997.

[3] 郑惠生，江韵兰主编．鼓浪屿文史资料．鼓浪屿申报世界文化遗产系列丛书编委会．2010.

[4] 厦门市社科联．鼓浪屿研究（一至十辑）．厦门：厦门大学出版社，2015-2019.

[5] 厦门市档案局（馆）编．近代厦门鼓浪屿公共租界档案汇编．厦门：厦门大学出版社，2018.

[6] 何丙仲辑译．近代西人眼中的鼓浪屿．厦门：厦门大学出版社，2010.

[7] 何丙仲．鼓浪屿公共租界．厦门：厦门大学出版社，2015.

[8] 何其颖．公共租界与近代厦门的发展．福州：福建人民出版社，2007.

[9] 靳维柏．鼓浪屿地下历史遗迹考察．厦门：厦门大学出版社，2014.

[10] 郭湖生，张复合，村松伸，伊藤聪等主编．中国近代建筑总览·厦门篇．北京：中国建筑工业出版社，1993.

[11] 赖婕．鼓浪屿工部局行政管理体制研究．厦门大学 2009 年硕士学位论文．

[12] 张灿灿．近代公共租界时期鼓浪屿中外住区空间研究．华侨大学 2014 年硕士学位论文．

[13] 陈志宏．闽南侨乡近代地域性建筑研究．天津大学 2005 年博士论文．

[14] 陈丽．厦门租界园林研究．上海交通大学 2008 年硕士学位论文．

[15] [日] 藤森照信．张复合译．外廊样式——中国近代建筑的原点．建筑学报 1993.5.

[16] 钱毅．从殖民地外廊式到“厦门装饰风格”——鼓浪屿近代外廊建筑的演变．建筑学报学术论文专刊 2011 (05).

[17] 吕宁，魏青，钱毅，孙燕．鼓浪屿价值体系研究．中国文化遗产 2017.4:4-15.

[18] 钱毅．鼓浪屿百年建筑风格流变及其背后的文化意义．中国文化遗产 2017.4:16-31.

[19] James A.Cook, Bridges to Modernity: Xiamen, Overseas Chinese and Southeast Coastal Modernization, 1843-1937, University of California, San Diego, 1998.

[20] Kulangsu, a historic international settlement. Nomination Dossier. The State Administration of Cultural Heritage of the People's Republic of China, 2016.

[21] Kulangsu, a historic international settlement. Supplementary Document of Nomination for Inscription on the World Heritage List. People's Republic of China, 2017.

备注

本节鼓浪屿部分由鼓浪屿申报世界遗产技术支持团队负责人魏青编写并提供图片。

第四章 中国的世界遗产城市保护

四

第四章

中国的世界遗产城市保护

——保护活态的世界遗产

一

中国世界遗产城市的保护思想

正如世界遗产城市是由人民历经数百年的累进建造而成的一样，未来遗产地的保护及发展同样也需要依靠居住在这里的居民。在历史城市角色转换的上千年历史过程中，居住在这里的本地居民以及日益迁入的外来人口，对历史城市既有文化资源的态度以及对待方式将直接决定历史城市的未来。

在城市日益成为社会经济发展的核心区域的今天，特别是在发展中国家，针对这种类型的遗产地，我们必须改变原来物质遗产保护的思路，而应该用“整体保护，和谐发展”的思想，保护这些活态的世界遗产。

（一）

“整体保护，和谐发展”

1. 整体性保护

遗产保护是一个整体性的过程，对于历史城市这一处于特殊自然环境与文化环境的遗产地来说，整体性的城市保护原则尤其重要。不仅仅要关注人工造就的物质形态遗产的保护，更要关注作为背景要素与环境必需的自然生态系统的保护，也要关注作为物质形态遗产源流的地方性历史文化传统的保护，以及历史形成的地方性社会生活体系的保护。

2. 积极的保护

遗产的真实性与不可再生性，并不完全意味着原封不动的文物式保存方法，而是尽可能使其融入现实生活。积极的保护也意味着充分调动本地居民与外来人口（包括常住及观光人口）的主观能动性，使其由衷热爱并深刻体验到遗产地的价值所在，并参与到遗产保护的各个层面中来。

3. 作为发展战略的保护

只有在能够有效地促使该地区发展改变的经济力量的前提下，保护目标才可能得以实现。通过对遗产的正确保护与合理利用，赋予及调整其在时代变迁期必需的适当功能，带动本地区的全面发展，从而达到物质更新、经济发展、社会和谐和文化传承等综合目标。遗产保护应该作为整个城市发展的推动力。

（二）

保护活态的世界遗产

我们提倡在这类活态的遗产地中，尤其需要注重以下几个方面的工作：

1. 遗产地的历史文化传承

应当充分理解和尊重地方的历史文化，记录和学习他们已传习了千百年的特殊知识系统，并积极创造各种条件，促进传统文化的传承与教育。

我们提倡保存地方固有的传习活动，并培养民族自豪感，把这种活动视为经济发展和现代化的基础。知识和文化的传承应该从一代人到另一代人，从居民到研究者，从一个团体到另一个团体不断进行，真正接受关于文化和历史遗产意义的教育。最终目的是促成人与自然、传统与现代新的和谐，促成民族文化与生态及经济的协调发展。

2. 历史文化资源的合理利用

传统文化资源的市场转化、传统人文旅游资源的开发利用等等，都可以直接把资源优势转化为产业优势和经济优势。

但是在将文化艺术和经济效益结合的过程中，应结合实际，以一种合作的态度，在文化反馈和经济反馈等方面，形成合理的规则，使得所得的利益能够真正返回到花了千百年时间创造和传习这种资源的原文化“著作者”身上。

3. 社会生活体系构筑的保障策略

在外来涌入人口较多较快，同时本地居民逐渐处于劣势的背景下，应当尽早加强本地社区的适应性和抵抗外来冲击的能力。极其重要与迫切的是建立有利于地方文化发展振兴的组织和活动，并在政策和资金等方面予以保证，在讨论和宣传的双向互动中，使得居民成为地方文化创建的真正主体，才能使得地方文化自下而上地从土壤中勃兴起来。

联合国教科文组织在 1972 年巴黎举行的第十七届会议上指出："考虑到在一个生活条件加速变化的社会里，就人类平衡和发展而言至关重要的是为人类保存一个合适的生活环境，以使人类在此环境中与自然及其前辈留下的文明痕迹保持联系。为此，应该使文化和自然遗产在社会生活中发挥积极的作用，并把当代成就、昔日价值和自然之美纳入一个整体政策。"

遗产保护的目标之一是实现地球环境多样性和人类文化多样性。可持续发展的提出，不仅体现了人们对自然的尊重，也蕴含了深刻的人文关怀。在可持续发展的理念下，我们必须清醒地认识到两个方面：满足当代人和后代人的需要，以及必须为此对当前的需要进行约束。

中国的世界遗产城市是我国城市型遗产中的佼佼者，一方面由于先民们历经数百年累进建造形成的"突出普遍价值"，另一方面也体现了中国的历史城市在保护与发展方面的先驱性探索，为世界上同类遗产地提供了宝贵的经验。

二

中国世界遗产城市的保护实践

（一）

乡规民约与居民自发性保护

在平遥，自古以来民间自行组织捐助保护古城，维修文物等公共设施，代代相传，蔚然成风。据记载，光绪后期到民国初年，平遥城墙的保护、修葺，北面一直由城内武家负责，东南由赵家负责，西面由宋家负责，而票号也出了不少力。1813 年（清嘉庆十八年）《市楼重修碑志》记有捐银店铺和人名共 924 个，其中捐银店铺达 700 余家。众人拾柴火焰高，公众的积极参与造就了平遥古城的辉煌。

在“文化大革命”初期，文物管理机构瘫痪，许多古建筑被视为“四旧”而遭到破坏。平遥古城的李祖孝、李有华等文物保护工作者想方设法冒风险保护文物，使得城墙、市楼、文庙大成殿、清虚观等古建筑免受大的破坏。居民则自发采用抹泥的方法将民居院落内精美的木雕工艺品进行掩盖，从而避免了被砸的厄运。西大街宝丰隆票号旧址的铺面前檐下，通体用大红标语遮盖，保全了铺面的全部装饰性构件。而双林寺、镇国寺及其寺内彩塑，则是当地乡人用“存粮于庙”“闲人免进”的办法，顶住了“破四旧”的风暴，使两寺免遭厄运。

在丽江，纳西先民概括出一个作为整个自然界化身的超自然精灵“署”，它在东巴经象形文中是一个蛙头人体蛇身的形象。“署”是东巴教中的大自然之神，司掌着山林河湖、野生动物等。东巴经中说，人与“署”本来是同父异母的兄弟，但后来贪婪的人类过分侵扰自然，污染河流，乱砍滥伐，滥杀野兽，冒犯了“署”，结果兄弟成了仇人，人类遭到大自然的报复，洪水横流，百病丛生。人类在惊恐无奈中只好祈求神灵、东巴教祖师和大鹏神鸟来调解。最终，人类与自然这两兄弟约法三章，人类可以适当开垦一些山地，砍伐一些木料和柴薪，但不可过量；在家畜不足食用的情况下，人类可以适当狩猎一些野兽，但不可过多；人类不能污染泉溪河湖，劈山炸石。在此前提下，人类与自然这两兄弟又重续旧好。从此，在纳西族民间形成了祭“署”的礼俗。

基于纳西先民人与自然的观念规范着人们开发利用自然资源的生产活动，逐渐形成了一些大大有益于自然生态环境的和人们生活的社会规则、禁律。东巴经中常见的禁律有：不得在水源之地杀牲宰兽，以免让污血秽水污染水源；不得随意丢弃死禽死畜于野外；不得随意挖土采石；不得在生活用水区洗涤污物；不得在水源旁大小便；不得滥搞毁林开荒，等等。

人们特别注重保护水源，懂得如何保护水源林。在1848年（清道光二十八年），丽江古城的民众就刻石立“永远遵守”的《象山封山护林植树碑》，保护滋养水源的黑龙潭象山的树林植被。纳西人讲究“活水长流”，认为水只有流动不息，才有灵气和生命。因此，他们不“截水”“挡水”。他们还创造出了“三塘水”的用水方法：头塘为水口，饮水之用；头塘水从溢水口流至第二塘，洗菜之用；二塘水又流至第三塘，洗涤衣物之用。过去，古城民众直接饮用流淌于大街小巷的溪水，因此，每天上午10点之前，不能在古城的河里洗衣洗菜，更不能倒污物，这是约定俗成的规矩，人人都自觉遵守。

自古城形成以来，居民对它的自发性保护一直都在进行之中。有关保护城市水源、城市道路与环境景观的民谣、诗词及乡规民约至今仍在街头巷尾流传。

（二）

“保护古城，建设新城”

——20世纪80年代城市规划思想的创新实践

中国的世界遗产城市平遥和丽江都采取了“新旧城分开”的城市发展策略，因而都幸免于被新城建设蚕食。如果说新中国成立后在老城外的零星建设是当时经济条件下的无奈选择，那么20世纪80年代开始的“保护古城，建设新城”，则是中国城市规划思想上的第一次创新性实践。

20世纪80年代初期，全国城市建设高潮兴起，《平遥县城市总体规划》开始实施：下西门将被拆除，西大街已经拓宽，平遥古城将遭受重大破坏。上海同济大学教师阮仪三看到这个规划后，立即赶到平遥，郑重建议平遥县不要干“建设性”破坏工作。同时，阮仪三与山西省建委商定，共同帮助平遥重新编制《平遥县城市总体规划》（图 4-1）。在这个规划中指出，平遥古城是重要的历史文化遗产，应该给予很好的保护。城市建设方针是：新旧分开，确保老城，发展新城。这个规划起到了“刀下留城”的作用，确立了全面保护历史风貌的总体规划原则，从而使平遥古城走上了新的历史阶段（图 4-2，4-3）。

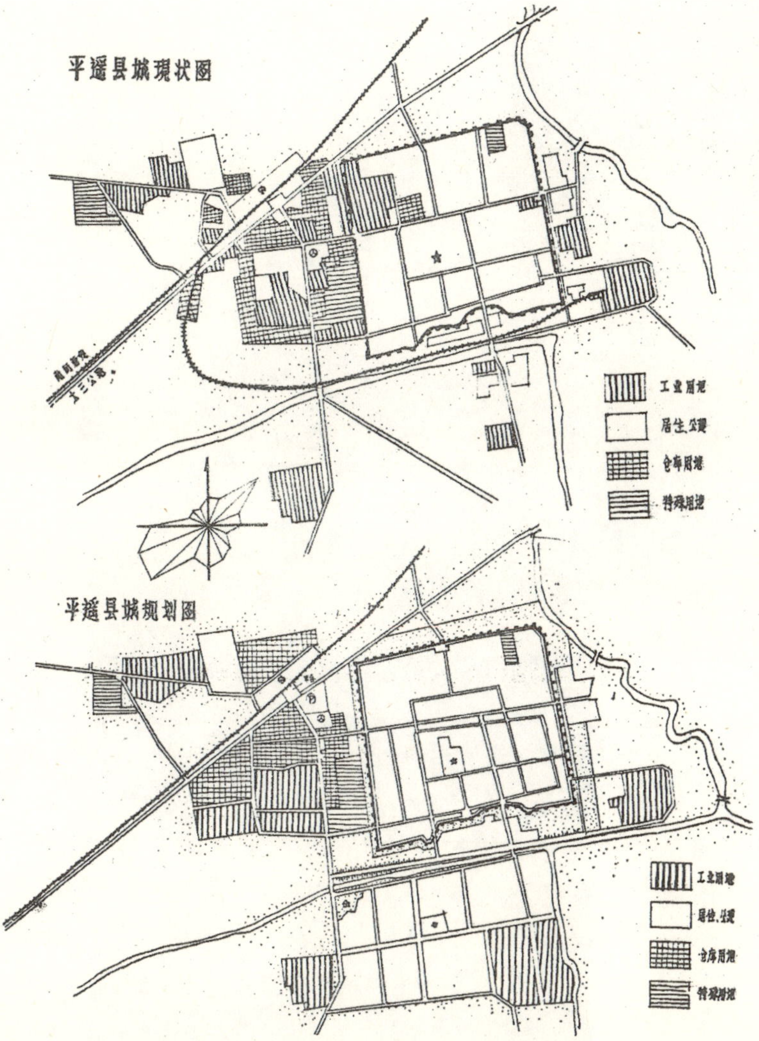

图 4-1：1980 年同济大学编制的《平遥县总体规划》，明确提出“保护古城，发展新城”，将新的城市区域放在古城的西面和南面。

图 4-2

图 4-2：20 世纪 80 年代的平遥南大街。

图 4-3：20 世纪 80 年代参加平遥规划的同济大学师生在清虚观前的合影，前排左四为阮仪三。当时参加的学生目前都是中国城市规划领域的中流砥柱。

图 4-3

在国家建设部郑孝燮、鲍世行等专家的提议下，平遥于1986年被公布为国家级历史文化名城。1989年编制完成了《平遥历史文化名城保护规划》，规划将整个古城划分为绝对保护区、一级保护区、二级保护区和三级保护区，分别确定了相应的保护要求；在古城外划定一级控制地带和二级控制地带，明确了控制要求。其次，该规划通过空间高度规划、街巷保护规划、典型民宅保护和文物古迹保护等内容对于平遥古城的保护和建设行为进行整体的控制，并且提出了整治规划、旅游规划和实施规划等内容，为平遥古城的道路交通、人口控制、旅游发展等提出了方案。

丽江古城在20世纪60年代即开始跨过狮子山在丽江古城的西侧发展。1988年开始编制的《丽江历史文化名城保护规划》划定了一级保护区、二级保护区和三级保护区。规划确定了丽江古城的保护重点是空间形态、水体体系、建筑群体环境、地方历史建筑以及具有民族特色的人文景观和民族民俗风情。根据古城总体价值，确定了古城的整体保护原则和保护古城历史价值、文物价值、艺术价值的重要性，确定了古城新城分区发展，新城在功能上为古城服务，以提高居民的生产生活水平。1995年《丽江城市总体规划》进行第三次修编时，即从城区布置、城市功能分区上提出“保护古城、发展新城、辐射周围地区”的原则。该规划确定了“城市向西发展，形成古城风貌完整、新城充满现代化气氛、古城新城完美结合并各自独立”的发展目标。

正是因为这两个城市在新的城市大发展阶段开始时，及时地采取了“保护古城，建设新城”的城市规划理念，并且按照规划逐步实施，从而避免了历史城区的建设性破坏，避免了“千城一面”的命运，有效地保存了独特而又完整的古城风貌，因而在1997年被列入《世界遗产名录》。

（三）

“整体保护，和谐发展”

——21世纪保护理念的发展与实践

丽江古城成为世界文化遗产地后，旅游业迅猛发展，旅游人口从1996年的106万增至2007年424万，旅游业占丽江市国内生产总值（GDP）的比重从1996年的不到15%增至2007年的将近70%。旅游业在给丽江古城带来极大的经济效益的同时，也给丽江古城的自然环境、建成环境和人文环境，特别是本地居民的生活带来很大的变化，同时也对地方的世界遗产保护管理能力提出了非常高的要求。

虽然古城内的人口还是以纳西族为主体，但是一方面因为古城基础设施落后，传统民居因为私人房东没有足够经济能力自行修缮而逐步破败，导致居住在古城对本地居民的吸引力降低；另一方面因为大量外来经商人员迅速进入古城区，产生大量的租住需求。因此，古城本地居民从生活便利和经济收益考虑逐步搬离古城，从而使得中国第一个以本地居民生活空间为主体内容的世界遗产，因为本地居民的逐步消失，其真实性受到极大影响。

同时，随着丽江旅游产业的迅猛发展，外来经商户过多、过快的进入，很快占据了大量的原本可以为本地居民带来利益的资源和机会。据统计，在古城内商业发达地段外来经商人口明显超过本地居民。

另外，由于中青年对于“现代化生活”的憧憬和对于经济利益追求，古城内的中青年人群成为最早离开古城的人口。这就导致古城内的本地居民老龄化现象非常严重。

基于丽江古城申遗成功后的遗产保护和社会经济发展的状况，同济大学在编制《世界文化遗产丽江古城保护规划》的过程中，与世界文化遗产丽江古城管理委员会办公室（2004年在此办公室的基础上成立“世界文化遗产丽江古城保护管理局”，简称“古管局”）一起，重新确定了丽江古城“整体保护，和谐发展”的原则，制定了一系列的公共政策，建立了具有针对性的管理体系。

1. 保护世界遗产的真实性和完整性

作为一个活态的世界遗产地，我们强调对其进行整体性的保护，而非单体纪念物式的保护。因此，保护的内容包括古城空间格局的保护，古城天际轮廓线的保护，古城传统文化的继承和传统经济的发展，保留古城原住民的居住，并且改善他们的生活与工作环境。传统民居是丽江古城的遗产本体，是中国少数民族建设的自然与人工、艺术与实用完美结合的建筑类型，其中包含了非常高的有形的和无形的文化遗产价值，对传统民居保护建立长期的有效的保护机制是对于世界遗产真实性和完整性的最重要保障。

2. 改善居民生活环境，保护原住居民的利益，促进社会和谐发展

面对丽江古城成为世界文化遗产后旅游迅猛发展所带来的对于本地居民利益以及原有社会结构的威胁，一方面建立公－私合作的长期的“循环式”的传统民居改善计划，通过公共基金的补助，和所有的符合条件的居民私人资金共同来改善居民的生活环境；另一方面通过补助契约以及积极建立新的社区中心的形式使得本地居民乐于继续生活和工作在古城中，为丽江古城本地居民提供充分的在古城内就业的机会，从而达到社会和谐发展的目标。

（1）丽江古城“原住居民住房修缮补助计划”

从保护世界文化遗产丽江古城真实性和寻求社会经济和谐发展的角度，从2002年开始，世界文化遗产丽江古城保护管理委员会与全球遗产基金会（Global Heritage Fund）签署了《丽江古城传统民居修缮协议》，

为世界文化遗产地丽江古城范围内（包括大研古城、白沙民居建筑群和束河民居建筑群）传统民居的修缮工程建立补助基金。

“原住居民住房修缮补助计划”所补助修缮的对象——传统民居，虽然大多数都不具有特别突出的历史、文化和建筑价值，但是它们构成了世界文化遗产丽江古城的本体，充分体现了中国少数民族建设的智慧。它们是丽江纳西族、白族等少数民族日常生活的场所，这些本地居民的真实生活以及他们的特色文化和古城物质环境息息相关。

为了达到预定目标，我们为该基金的申请与使用设定了特定条件：

户主必须是本地居民，并在古城内居住十年以上者，自然继承者视为同等条件；申请资助住房未用于营利性活动，且修缮后也不用于营利性活动；家庭年总收入低于2万元人民币（该数值将根据每年情况有所变化）；必须根据《丽江古城传统民居维修手册》对传统民居进行修缮。

获得批准的修复工程，视其历史价值、破损程度、所需修复资金的大小，以及居民家庭的收入状况等情况给予修复补助资金。不足资金部分由居民自筹解决。

该原住居民住房修缮补助政策的实施有三个步骤：

申请与签约 符合补助申请条件的当地居民可以向所在的街道办居委会提出补助申请，在征求四邻意见，居委会对申请条件进行审核和古管局对建筑状况进行审核后，居民和古管局签署《传统民居修缮协议》，明确补助资助工程的所在部位、金额和保护要求等，并根据预算给予一半的补助资金。

施工与监督 获得资金补助的项目必须由符合标准并经认可的施工队进行修缮施工。古管局技术人员进行日常性质量监督，古管局聘请的保护专家进行阶段性质量监督。

验收与审计 获得资金补助的项目施工完毕后，古管局对工程进行验收，如验收合格，则根据实际产生的修缮工程费用给予剩余补助资金。

从2002年至2006年，丽江古城通过该计划共修缮了174户传统民居，约41 760平方米，总造价为44.4万美元，户均修缮成本为2 550美元，其中丽江市政府和美国全球遗产基金会组成的基金补助了修缮成本的50%，本地居民家庭支付剩余的50%。其中有些本地居民家庭为特别贫困家庭，经过申请同意后得到了更高比例的补助。

丽江古城“本地居民住房修缮补助计划”将公共资金和私人资金结合，通过契约的模式，一方面提供资金帮助居民修缮传统民居，一方面将建筑修缮的行为纳入符合真实性的要求中。这个长期的、有计划的、公－私合作的并且有保护修缮专业指导和监督的传统民居修缮计划，在2007年获得了联合国教科文组织亚太地区文化遗产保护优秀奖。获奖评语为：丽江古城内174幢传统建筑的保护是公众与个人共同保护地方遗产的里程碑，使得在一个整体的世界遗产地保护管理规划框架内居民、管理者、专家和捐助者得以广泛合作（图4-4、4-5）。

（2）丽江古城“基础设施改善工程”

2002年，世界文化遗产丽江古城管理委员会办公室成立，即投资1亿元人民币在古城内铺设排污支管至2 600个院落和330个店面，铺设供水管13.3公里，消防栓100个，增建400立方米消防水池一座。电力线、电信线、有线电视线入地4.9公里。

2004年，丽江市政府投入资金1 600万元人民币，对丽江古城内的民居内电气线路进行全面的改造，防止火灾隐患。

2005年，丽江市政府投入资金1 000万元人民币，实施完成沿河截污工程，使得丽江古城排污系统工程管网建设全面接入使用，方便居民生活，同时也消除了丽江古城的水污染。

2006年，丽江市政府投入资金500万元人民币，进行公共厕所改造工程，使得游客和居民能够拥有现代、舒适的如厕环境。

图 4-4

图 4-4：左图为修缮前，右图为修缮后的传统民居。

图 4-5：采用传统的土砖和传统的工艺对民居进行的局部修缮。

图 4-5

丽江古城基础设施改善工程针对古城物质空间本身的特点进行设计和施工，通过创造性的工作既满足了古城基础设施和防灾等方面的要求，同时也避免了对古城形态和景观的破坏（图 4–6）。

（3）丽江古城“原住居民就业机会保障计划”

①设立“古城便民服务中心”，形成原住居民自我服务的社会支撑体系

2004 年，在丽江古城管理有限责任公司下成立的古城便民服务中心，充分体现了丽江古城“以城养城，自我发展”的思路。其主要职能是：负责提供古城内常住居民的人力运输服务；负责古城内公共环境的清理等。

这个便民服务中心的设立一方面提供了大量的本地居民就业机会，另一方面为古城居民日常用品的运输提供无偿服务，降低古城居民的生活成本。同时使得古城的运输、安全和环境得到了很大的改善。

②建立“准营证”制度，整治古城旅游环境，保证本地居民就业机会

2003 年开始实施的世界文化遗产丽江古城的“准营证”制度，可以说是中国第一个在城市遗产区内对经营活动实行准入制度。通过该制度，除了对古城内经营活动的位置、内容、形式等内容进行规范，保证了对世界遗产地物质空间的保护，同时还明确规定：所有经营户，从业人员有 5 人（含 5 人）以上的，本地居民应占总人数的 70%以上；5 人以下的至少要有 1 名本地居民。

“准营证”制度实施以后，本地居民申请开设具有地方传统民族特色的经营行为得到了很大鼓励。从 2005 年开始分别有“何志刚书院”“打铜院”等相继开业，一方面成为地方文化传习的场所，另一方面也给游客提供了深度了解丽江地方文化的机会（图 4–7，4–8）。

图 4–6：丽江的街巷中，你可能从来没有留意到地面铺砌的五花石上雕刻着“信”“污”等字样，说明这块石头的下面可是电信管、污水管等的检修孔哦！

图 4–7：通过每年核发“准营证”，引导商业店铺更加尊重丽江建筑的地方特色。上图为 2004 年之前的“德克士炸鸡”店面，下图为调整后的店面，更加符合丽江地方特色。

图 4–8：“铜业世家”是丽江古城扶持的传统手工业店铺之一，至今还在现场手工制作多种日用铜器。

图 4-6

图 4-7

图 4-8

（四）

《世界遗产地管理规划》

——建立持续长效的保护机制

管理规划是各缔约国政府以《世界遗产管理导则》为大框架，根据本国的政治传统和法律制度，以及自身管理体系的复杂程度而制定的，对遗产地的管理工作具有指导意义，是遗产地管理的重要组成部分。

然而丽江古城和平遥古城自 1997 年被联合国教科文组织列入《世界遗产名录》时，并没有制定符合要求的管理规划。与此同时，整个古城的保护管理工作从申遗成功后就已经开始了，多年工作逐步摸索积累，结合实际情况不断创新，但还是经验多于理性，感想多于科学。在旅游迅猛发展，遗产地的真实性和完整性受到空前挑战的情况下，编制世界遗产地管理规划显得尤为迫切。同济大学在编制丽江古城和平遥古城的保护规划的同时，编制了这两个世界遗产地的管理规划，为建立持续长效的保护机制建立了重要的基础。

在这两个世界遗产地的管理规划中，涉及管理机制的建设、建筑设施与环境管理、旅游管理、资金管理、档案管理、灾害预防与危机处理、日常管理监控、人力资源管理、社会管理、非物质遗产的保护管理等内容，其中最核心的是前面三个方面。

1. 管理机制的建设

平遥古城和丽江古城虽然是世界遗产地，但是其各类管理工作与其他城市一样都是传统“条块分割”的垂直结构管理体系。也就是各类管理工作被划分成多个部分，分别由相对应的地方职能部门管理，这些职能部门从中央到地方形成垂直序列，然后由地方管理委员会协调相互工作。但在实际操作中，各个部门处于地方委员会成员单位的角色，大家地位平等，在日常工作中很难建立快速有效的管理机制。

管理规划提出必须打破传统的“条块分割”的垂直结构管理体系，建立“以价值为核心”的结构管理体系。即根据世界遗产的价值构成要素，将活态的古城作为一个“整体”进行管理。在《世界遗产公约》的框架下，统筹协调遗产区内的物质环境保护问题、建设管理问题、原住居民生活改善和利益问题、文化旅游问题、防灾问题、资金筹措和管理问题等等，针对不同时期的问题制定“公共政策”，从而建立科学的管理框架。

基于“整体保护，和谐发展”的理念，2002 年成立的世界文化遗产丽江古城保护管理委员会在 2005 年正式改为“世界文化遗产丽江古城保护管理局”，这个机构在中国属于首创。目前，平遥古城的管理体系亦正在调整中。

2. 建筑、设施与环境管理

古城中有两种建设行为：一是个体行为，主要是建筑的整修、新建项目，如居民自行房屋修缮，投资者把民居院落改造为宾馆、餐厅等；二是政府行为，主要是城市道路、市政、环境工程项目。但是在日常管理中，管理部门往往着重第二部分的管理，忽视古城中的个体整修、建设等行为。但是，这些个体行为在日复一日的进行中悄然改变着遗产地的真实性和完整性。作为一个活态的世界遗产地，变化是永恒的，但是如何使世界遗产城市在发展的同时保持其“突出普遍价值”，这就需要对这些细微的变化进行管理。

首先，需要确定建筑、设施及环境管理的框架，包括管理对象、管理主体、管理内容和管理程序；其次，丽江编制了《丽江古城传统民居保护维修手册》（图 4–9–1）和《丽江古城环境风貌保护整治手册》，平遥编制了面向政府管理部门设计、施工专业团队参考使用的《平遥古城传统民居保护修缮及环境治理管理导则》和面向古城内居民普及使用的《平遥古城传统民居保护修缮及环境治理实用导则》（图 4–9–2），结合鼓励性政策，引导古城内的建设行为能够保护世界遗产地的“突出普遍价值”。

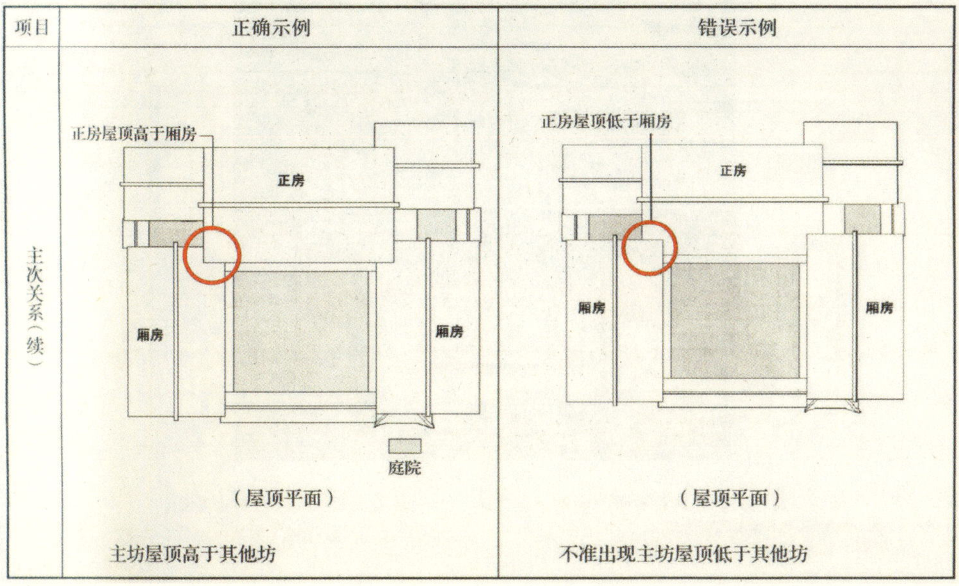

图 4-9-1：《丽江古城传统民居保护维修手册》中有关民居院落中主次建筑关系的正确和错误示例。

材料

✓	✗
• 台阶、铺地与包台均使用砖、石等当地传统 材料。	• 使用水泥、光面石材、地砖、玻璃、混凝土预制砖、水磨石等现代材料。

图 6.36

图 6.37

表 6.4: 居住型街巷台阶、坡道、街巷铺地与包台整治要点

周期性保养见表 4.10。

须经审批方可实施的内容：

* 改变台阶原有的形式、材料、铺砌
* 改变铺地形式

可自行完成的内容：

* 不改变台阶原有样式的前提下，局部构件的替换、修缮、维护

6.4. 商业店招

店招类型

商业建筑店招的形式主要有檐下店招和独立式店招两种类型。檐下店招常采用牌匾或牌匾与楹联相结合的方式，牌匾设于建筑物的屋檐以下、门楣以上位置（图 6.38）。独立式店招即脱离建筑本体，常设置于建筑物台阶上或紧临建筑物外墙。

图 6.38：传统檐下店招形式

图 4-9-2：《平遥古城传统民居保护修缮及环境治理实用导则》中有关商业店招的正确和错误示例。

商业型街巷整治要点

数量

- 遵循“一店一招”的原则（图 6.38）。

- 同一幢建筑上采用两个以上的店招。

图 6.39

位置

- 将檐下店招设于建筑物的屋檐以下、门楣以上位置，牌匾不宜过高，其底边距离门楣控制在 0.5 米以内。

图 6.40

- 在建筑物上设置顶部店招。

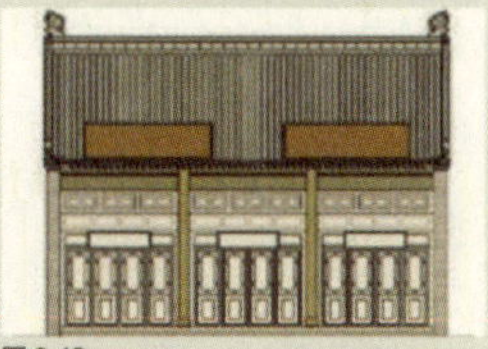

图 6.42

- 独立式店招紧贴建筑外立面，可设置于建筑物台阶上或建筑物外墙线 0.8 米范围以内。

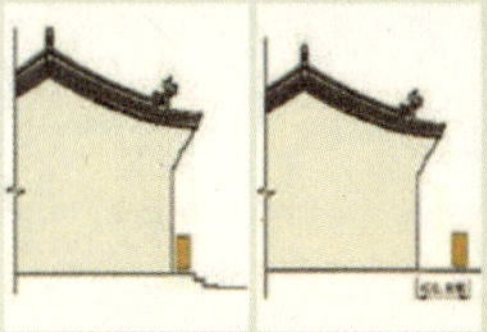

图 6.41

- 在建筑物檐柱或墙体上设置店招。

图 6.43

3. 旅游管理

丽江古城和平遥古城的旅游发展势头良好。无论是在游客人数上，还是旅游经营收入都以 15% ~ 25% 的比例增长中，旅游总收入在国内生产总值中的比重也逐步增长。管理规划从旅游发展的物质承载力、生态承载力和社会承载力三个方面分析后，对丽江古城和平遥古城的旅游环境容量进行控制。

物质承载力，世界旅游组织也称之为设施承载力，例如床位数量、停车场容量、剧场座位数等硬件配套；生态承载力，指的是一个生态系统在多大程度上能够容忍人类的干扰而维持原有性能不变，如空气质量、水系水量与流速、植被、雪线等；社会承载力，指人们的心理和社会文化承载程度。

旅游环境容量控制目的是避免过度开发和资源浪费，确保旅游发展所带来的经济效益、环境效益、社会效益和文化效益，谋求旅游与自然、文化和人类生存环境的协调发展，并能造福后代的一种旅游发展模式。

（五）

科学修缮技术的发展

——中西方修缮理念的结合

在中国的传统建筑修缮方面，始终存在着两种理念的并行：一种是从东方人的角度，希望损毁的传统建筑能够恢复到其曾经辉煌的时期，强调传统建筑的艺术完整性及其承载的精神特质的重要性；另一种是来自西方的，由意大利学派发展出来的强调传统建筑修缮的可识别性和可逆性，强调历史建筑的历史信息的完整性和物质真实性。

在目前平遥古城和丽江古城中的传统建筑修缮中，更多地采用了第一种手法。而在澳门历史城区中，澳门文化局在进行中国传统风格为主、西式风格为辅的郑家大屋修缮过程中，将中西方两种理念非常好地结合在一起。

郑家大屋，澳葡时期称文华大屋，是中国近代著名思想家、实业家、慈善家郑观应 (1842—1921) 的故居，位于澳门龙头左巷，面对阿婆井前地。其建筑融合中西特色，是世界遗产澳门历史城区的一部分，也是澳门现存建筑面积最大的民居建筑群 。

孙中山在香港西医书院学习时，常与郑观应在此议论时政，商讨救国救民的路径。1894 年，郑观应在此完成《盛世危言》，提出“富强救国”的思想，曾影响了清光绪皇帝、孙中山和毛泽东等，对推动近代中国的变革产生了重要影响。1907 年，郑观应完成了《盛世危言后编》。

郑家大屋由郑观应之父郑文瑞始建，根据大屋内楹联的落款日期，其建筑日期最早可追溯至1869年（清同治八年），是澳门唯一的“荣禄大夫第”。其后，郑观应及其兄弟陆续修建，规模不断扩大。大屋直接面向内港的坡地，视野开阔，昔日千帆并举，大小船只穿梭而过，一片繁华，景观独好（图 4-10）。郑家大屋主屋余庆堂大门上的对联“前临镜海，后枕莲峰”道出其绝佳的风水格局。

图 4-10：从郑家大屋可以看到内港繁荣的景象。

郑家大屋占地 4 000 平方米，由多座不同风格建筑及开放空间组成，大小房间有 60 多间，是澳门少见的家族式建筑群。20 世纪五六十代，郑家后人分居各地，各自发展。郑家大屋多处空间被分租出去，一度曾有 300 多人在内居住，出现“七十二家房客”景象。

约在 1990 年，有发展商从郑家后人处收购了郑家大屋的屋权。自 1991 年开始，澳葡政府已跟发展商谈判收购郑家大屋，可惜一直不成功。经多次磋商后，澳门特别行政区政府终于在 2001 年成功用“以地易地”的方式，接收了郑家大屋的业权。2005 年，作为澳门历史城区一部分被列入世界文化遗产。

超负荷的使用对建筑造成很大的损坏，风吹雨打以及祝融光顾令建筑饱受摧残。2001 年政府取得该物业时，超过八成以上区域都有不同程度的损毁，且改建严重，部分原貌已模糊难辨。2002 年起，政府开始对郑家大屋按部就班地进行严谨的修复工程。在对郑家大屋详细记录和测绘的基础上，采用科学的修缮技术对郑家大屋进行了修缮，历经 8 年，昔日面貌始基本得以恢复（图 4-11）。

图 4-11：郑家大屋的一层平面图和屋顶平面图。郑家大屋是一规模庞大的院落式大宅。因为地形的限制，整个大院分成前房区和后房区两个部分：前房区依次是大门建筑、辅助用房及花园建筑等；后房区为主人生活区，包括两座并列的广东大屋式合院式建筑群，两屋之间以水巷相隔，但有过廊相连。建筑为三间两进，前为两层，后为三层，两进之间设有天井。

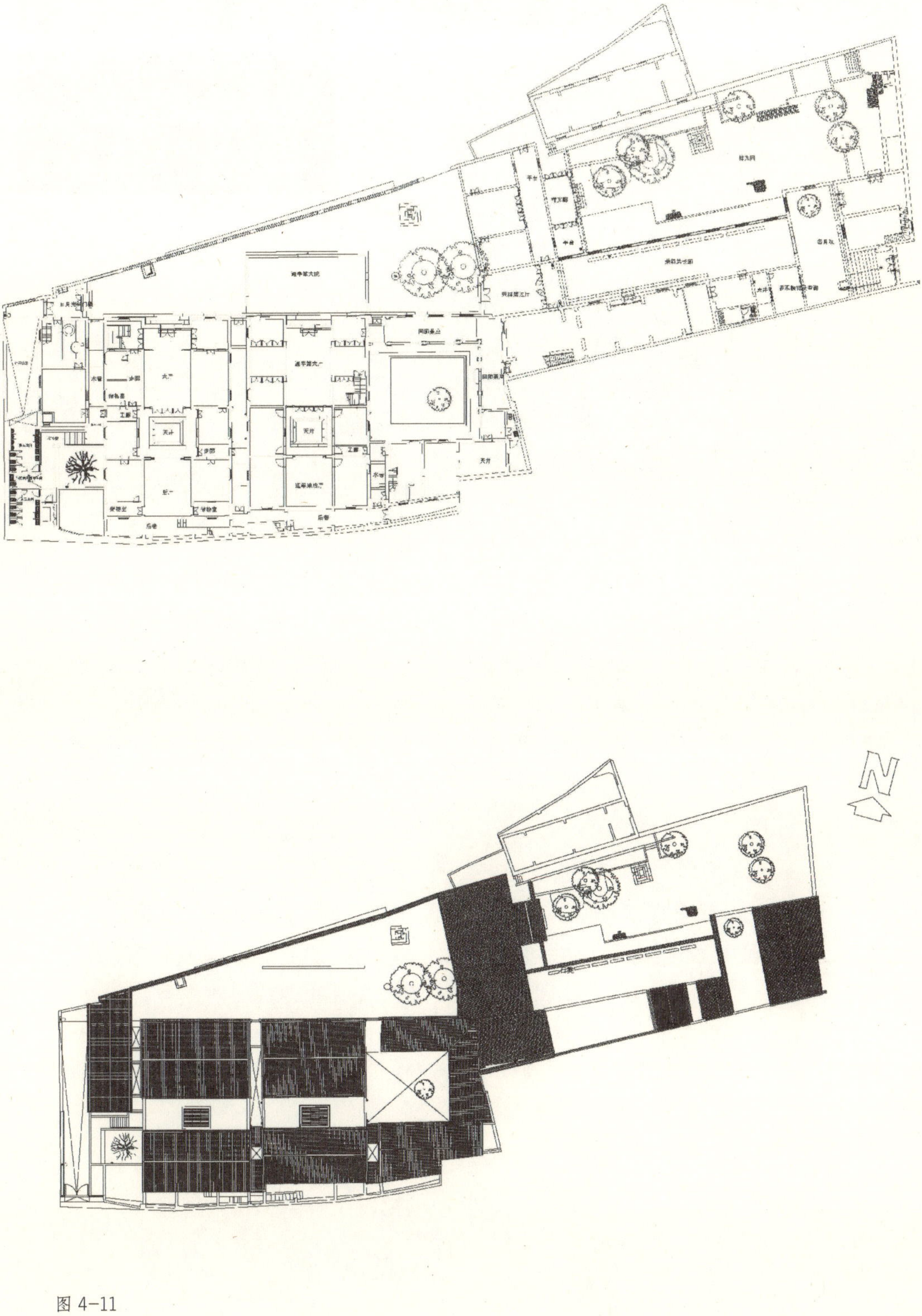

图 4-11

图 4-12-1

图 4-12-2

图 4-12：郑家大屋门楼正面修复前后，背面修复前后。

图 4-13：郑家大屋的照壁在修缮中并没有恢复传统的照壁形态，而是采用了现代的但比较低调的处理手法，使新旧元素对话。

1. 入口空间

郑家大屋门楼入口是传统的广东式凹门斗做法，入口内部右侧墙上设置了一个简单的灰塑门官。在修复的过程中，澳门文化局发现这个门官共有十八个颜色层，也就是在历史上它经历了不下于十七次的翻新或修改。

除中式传统建筑做法外，入口空间上也受到一定的西方建筑影响，如假天花以及拱形门洞。这种拱洞有别于传统半圆拱的做法，但在澳门同时期建筑中也是常见的形式（图 4-12）。

2. 照壁与月门

中国传统建筑都讲究风水，入口前后一般会设有照壁或屏风来“挡煞”，或过渡，或转折至主要空间。郑家大屋在布局上也体现这传统文化，但它并没有刻意建造独立的照壁，而是利用建筑的外墙来挡煞。然而在澳门文化局接收此建筑前，这“可能的”照壁墙身已被更改为窗户，在修复时还发现剩下墙体的下部存在三个不对称的“凹池”被灰泥填平。由于此墙壁昔日的模样已难考究，所以在修复时基于可逆性及可识别性原则，参考郑家大屋内原有建筑元素，利用现代材料重新设计了一个可与建筑环境产生对话和协调的窗式，并种植绿色植物以化解入口的“煞气”，拉近新旧之间的历史跨度（图 4-13）。

图 4-12-3

图 4-12-4

图 4-13

门楼一楼内墙上有一副灰塑对联及琉璃通花漏窗，上联为“驻马客欣榕荫古”，下联为“步蟾人赏桂香浓”，横批“留月”。由此可见，前院昔日可能植有桂花树，而“留月”似乎在说正对前方的圆形“月门”。但是这个“月门”在20世纪50年代以前已被拆毁。在修复时，澳门文化局首先根据中式建筑形制对其存在进行推断，继而在两侧砖砌墙体内残留的痕迹得到证实，最后按照荒废在旁的部分残存石构件来进行重构（图4-14）。

3. 轿道

“月门”后是一条廊道，因郑家父子都有官职，荣禄第是其宅第入口。访客前来拜访主人时，都在这条长长廊道下轿，才步入荣禄第。而轿夫及随从等都在外面等候，故此廊道又称为轿道。

长长的轿道尽头是大宅的二门。对联、月门、二门都与轿道在同一轴线，层层框景，互为对照，你中有我，我中有你，空间层次丰富，十分精彩（图4-15）。

图4-14-1

图4-14-2

图 4-15-1

图 4-15-2

图 4-14：上图为 2004 年修缮前，下图为修缮后的“月门”，既恢复了“留月院”的完整，同时下部石材、上部粉刷的处理也充分体现了可识别性。

图 4-15：修复前的破败不堪的轿道，以及修缮后的轿道。

4. 文昌厅及大花园

文昌厅主要为郑氏族人读书的所在，厅堂外廊设圆形月门通向大花园。月门两侧有灰塑对联，上联为“现阴阳而合口”，下联为“借楼阁以撑天”，上联最后一字已缺失，不得而知；横批上为“琴棋书画”主题的灰塑，可见主人对子弟的期望。月门外挨着房子建有一亭，其设计亦中亦西，相当混杂，应是后期或经改建的建筑（图 4-16-1）。澳门文化局在修缮中保留了这个历史演变的过程。

亭外就是大花园，昔日模样已不得而知，但在清理花园时，澳门文化局发现其铺地为不规则的小麻石，与澳门早期街道的“石子路”铺地类同，因而据此复原。这种“石子路”滥觞于古罗马，一直是欧洲的典型“马路”铺地，在旧时的澳门，这种铺地不只用于马路，一些住宅建筑的内部空地也使用（图 4-16-2）。

图 4-16-1

图 4-16-1：修缮前的文昌厅。

图 4-16-2：修缮后的文昌厅以及大花园。

图 4-16-2

5. 大屋主体建筑

穿过悬挂着“荣禄第”牌匾的过厅之后，就进入了郑家大屋的后房区，也就是主人的生活区。主体建筑为两座传统广东式住宅，即余庆堂和积善堂。二堂皆为两进三间凹门斗的建筑，其中余庆堂是郑氏家族主屋。

主屋前面为一片广阔院落，院落正中设石板凳，供郑家族人休憩之用，是郑氏族人主要的室外活动空间。庭院中瓦花围墙，是根据20世纪50年代曾居于此的住客回忆确立的。由于没有留下任何照片、图纸或文字记录，在推敲围墙的形式时，文化局仅能从住客模糊的童年记忆中得到线索，然后才发现围墙左端塌剩的局部墙体上留有瓦花的堆砌灰痕，同时参考大屋内其他围墙的造法，才慢慢确立现在的式样（图4-17、4-18）。

图4-17-1：2003年修缮中的大屋主立面和庭院。

图4-17-2：修缮后的大屋主立面和庭院。

图4-18：主屋入口是传统的广东式凹门斗做法：檐下墙壁有彩绘；门口设有“三件头”门组（即矮门，亦称吊脚门）、趟拢门及板门。门口挂有“通奉第”牌匾，两侧对联分别是“前临镜海”和“后枕莲峰”，简单明了地概括了大屋选址时背山面海的环境格局和景观意象。图4-18-1为修缮中的主屋，图4-18-2为修缮后的主屋。

图 4-17-1

图 4-17-2

图 4-18-1

图 4-18-2

6. 余庆堂

余庆堂一楼只有前后厅，两厅之间设天井，以便通风采光，这是岭南中式大屋的基本形态。后厅主要供奉祖先灵位，不设门扇，直接向天井敞开。前厅为生活空间，设活动门扇，可因应功能需要而拆卸，灵活处理。从修复后的厅内状况可知，这些门扇及挂落曾作贴金装饰，反映了郑家当时的经济实力。厅堂设有假天花，上有澳门常见的疏气孔，而天花上的西式灰塑花饰则体现了此建筑中西文化结合的特征。

余庆堂的大厅设于二楼，并采用抬梁式木架与两侧承重山墙的混合结构构筑，在澳门以至广东一带都是罕见的。楼板为满铺木梁结构，面铺两层黏土大阶砖，也很少见。厅内四条木柱上挂有楹联，分别书写郑家的处世训言；横梁上则挂有“余庆”牌匾。“余庆”乃郑观应之父郑文端之堂号，说明此屋为郑家的主屋（图 4-19）。

大厅前后墙头上都有彩绘。前部的壁画为大屋原有，昔日墙身曾被木板封堵，彩绘被遮盖，木钉更破坏了部分彩绘。经澳门博物馆长时间的清洁、除污及加固处理，才得以保存。值得注意的是，澳门文化局在修复时发现此壁画在后期曾进行过重绘，因而决定保留其重叠的状态。

图 4-19-1：被住家分割、涂抹失去原来面貌的余庆堂大厅。

图 4-19-2：采用传统工艺修缮后的余庆堂大厅重现庄重典雅的气质。

图 4-19-1

图 4-19-2

7. 方形内院

方形内院入口有西式装饰，似乎暗示其内部的设计取向。此规整的四方形内院由一条 L 形回廊及两座房屋的外墙围合而成，虚实相衬，甚有韵味。

回廊为两层高，下层开敞，设中式月门及葫芦窗洞，柱子则具有西式柱帽及柱础；上层设有连续的排窗，分两层，其下为木百叶窗，其上则为固定的贝壳窗。这样的设计组合令此内院具有东南亚院落特色（图 4–20）。

8. 辅助内院

建筑右侧有一内院，该院在政府接收时被堆积如山的垃圾及建筑废料填堵。为配合大屋向公众开放的需要，澳门文化局对其重新规划，设置郑家大屋的辅助出入口、参观者使用的公众卫生间，并预留将来郑家大屋可能需要的空调机械等设备的放置空间。

鉴于郑家大屋为澳门极为重要的文化财产，新设计的建筑体量被约束在地下，没有让它在郑家大屋后端突出。而出于对建筑文脉的尊重，在这狭小的地块上，还设置庭院空间以连接新旧建筑。此外，为了在色彩和质感上协调和配合郑家大屋整体建筑的朴素基调，并让人们识别新旧建筑和时代印记，新建筑的所有室内外墙体皆使用了清水钢筋混凝土构筑。墙体的厚度又选择了郑家大屋最薄的承重墙厚度，强调了新墙体对旧建筑的重视（图 4–21）。

图 4–20–1：修缮中的方形内院，底层的回廊已经完全被封住了。

图 4–20–2：修缮后的方形内院，目前作为展馆的回廊茶座。

图 4–21：从郑家大屋厨房与积善堂之间的水巷出来，就到了这个辅助内院，一堵清水混凝土矮墙轻轻地与传统建筑相接，分割出上下两个空间；顺着几级台阶而下，是下沉内院和用玻璃门分割的参观者公共卫生间，整个空间现代而又低调。

图 4-20-1

图 4-20-2

图 4-21-1

图 4-21-2

9. 展陈空间

郑家大屋在修缮的过程中就非常注重历史资料、图片的收集和整理，同时将修缮后的展陈功能很好地融入其中。通过图片、实物和多媒体的形式向参观者阐释了澳门文化局在郑家大屋修缮过程中秉持的理念、采用的技术等等，将遗产价值的阐释、正确的保护方法的解析作为遗产保护的一个重要组成部分，这对中国类似的遗产地具有重要的借鉴意义（图 4-22）。

图 4-22-1

图 4-22-2

图 4-22：主屋前庭院和前房区展室中，非常详细而又生动地向参观者介绍郑家大屋的历史、解释郑家大屋的价值、展示科学保护的过程。

（六）

鼓浪屿：历史国际社区

——以社区为核心的遗产保护之路

2017 年 7 月 8 日，“鼓浪屿：历史国际社区”在第 41 届世界遗产大会上被列入世界遗产。从 2008 年启动申遗准备工作，历经 9 年的努力，这个一度被旅游热潮困扰的历史社区，在复兴社区文化、转向可持续发展的路上，踏出了坚实而又影响深远的一步（图 4–23）。

改革开放之后，厦门市政府就针对鼓浪屿丰富的历史文化和景观价值制定了整体保护的基本策略 。鼓浪屿于 1988 年被列入国家级风景名胜区，也是全国较早启动近现代建筑调查和保护的城区之一。全岛认定了 391 栋历史风貌建筑，建立了针对历史风貌建筑的保护管理体系，2000 年颁布《厦门市鼓浪屿历史风貌建筑保护条例》并随即编制了《鼓浪屿历史风貌建筑保护规划》。但同时，长期以来“公共租界”的身份定位，也使鼓浪屿在公众甚至当地社区的认知中，更多是中国近代受列强欺侮的历史见证。因此，鼓浪屿这一阶段的发展以发挥海岛景观、建筑风格、音乐艺术等方面的吸引力为重点，对文化内涵的挖掘不足。这无形中使很多意义重大的历史遗存处于荒废或不当利用的状态中，而以观光为主的旅游热潮给社区生活环境造成日益严峻的压力和负面影响，加之社区功能向服务于旅游的单向强化，使得岛上基础教育、公共医疗等社区公共服务资源被削减，这些因素共同导致了与鼓浪屿历史有着紧密联系的社区群体逐步迁离。曾经恬静安详并富于艺术气息的住区氛围和独特的社区文化传统难以为继。

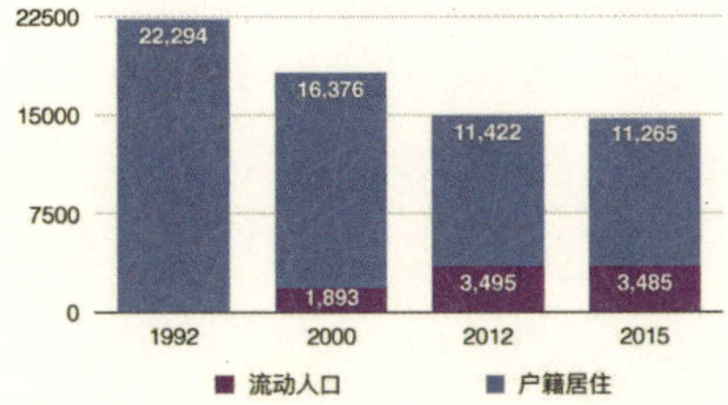

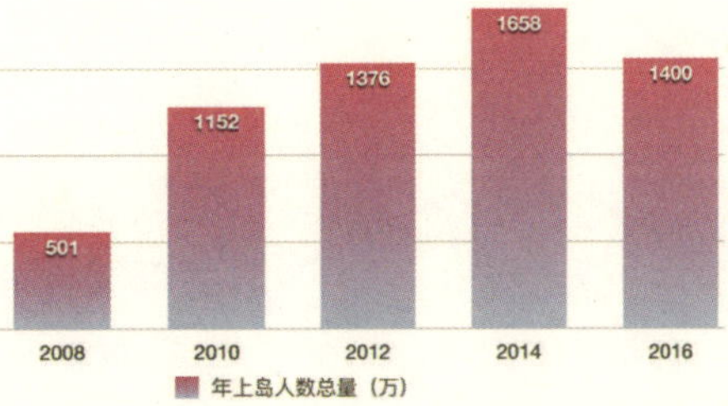

图 4–23：旅游业的极速发展与社区人口的衰减。

申遗阶段的遗产资源调查和价值挖掘，从文化意义的角度重新审视鼓浪屿历史国际社区形成和发展历程，将其放在 19 至 20 世纪间这一全球化进程中关键的时空节点上，从这个狭小、独立的海岛地理单元和因公共地界章程签订而形成的独特社会单元中，梳理从世界各地汇聚于此的文化元素之间碰撞、对话到融合、发展的过程。其中特别关注的是闽南文化族群、外来多国侨民和返乡华人华侨三个文化群体在这个进程中的参与状态、作出的贡献、各自的发展变化和相互之间的互动关系。通过对历史遗存的全面梳理，呈现出的是具有海洋文化特质的华人群体对传统文化的秉承，对外来文化的包容借鉴和开拓进取精神，使鼓浪屿得以在 20 世纪初摆脱一般殖民地的发展路径，持续吸纳越来越多的外来和现代文化元素，并在融合中产生以“厦门装饰风格”建筑为代表的创新发展。这一价值认知，帮助遗产地社区从积极的角度理解其祖辈留下的生活场所作为文化遗产的独特意义，从而在世界遗产的突出普遍价值与社区个体之间建立起具体而紧密的联系，成为社区通过遗产保护恢复文化自信的基础。

基于上述价值认知，申遗阶段从三个角度对遗产的构成框架和具体内容做了更为系统的构建。一是从发展进程方面，梳理出本土文化积淀（鸦片战争以前）、外来文化传播（鸦片战争至 1902 年公共地界章程签订之间）和多元文化融合（1902 年至太平洋战争爆发之间）这三个主要阶段的典型历史遗存，使其能够传达三个阶段社区发展形态和文化面貌上重大的转折变化。在这三个时代层积的基础上，进一步关注那些能阐释不同阶段典型建筑风格、功能之间发展过渡过程的非典型样例，从而构成典型时代特征间重要的发展线索和脉络，以形成对一个连续发展进程的完整见证。

二是在空间层面，从宏观到微观的不同层次梳理阐释共存于场景中的中外文化元素间的交错、融合关系，强调出鼓浪屿不同于其他殖民地或租界的空间形态特征，并由此理清每个具体街块的肌理特征和文化属性，明确街区历史环境的保护目标和控制要求。在此基础上进一步关注多元文化元素之间构成时空对话场景的特定空间节点，将其整体作为保护和展示的重要对象。

三是从社会形态的角度，梳理历史国际社区的功能组织结构、运行机制，力求通过物质遗存尽可能完整地呈现社区功能形态。针对已经在历史中损毁的工部局等重要设施，申遗阶段也通过考古发掘将建筑遗址和整个历史空间场所揭示、保护并呈现出来，成为阐释国际社区管理机制特征、变迁历程的重要物质见证。除社会功能系统，遗产要素的整理中还特别关注对构成社会系统的闽南传统文化族群、外来多国侨民和返乡华人华侨三个文化群体的文化表达，在确保每个群体都有足够丰富的典型物质遗存与之对应的基础上，进一步关注对传统文化族群与华侨群体间的过渡转化、岛屿发展建设上华人精英群体对外来文化群体的替代等互动关系的见证。

由上述方式构建的遗产要素系统，不仅补充了大量之前被忽略的重要历史遗存，通过更加整体的保护呈现对社区发展历史进程完整、真实的表达，同时也在遗产价值和社区生活的空间场所间建立起更紧密的联系，通过对要素特征的认定，使社区在遗产保护的参与上有了具体的对象和明确的方向（图 4-24，4-25）。

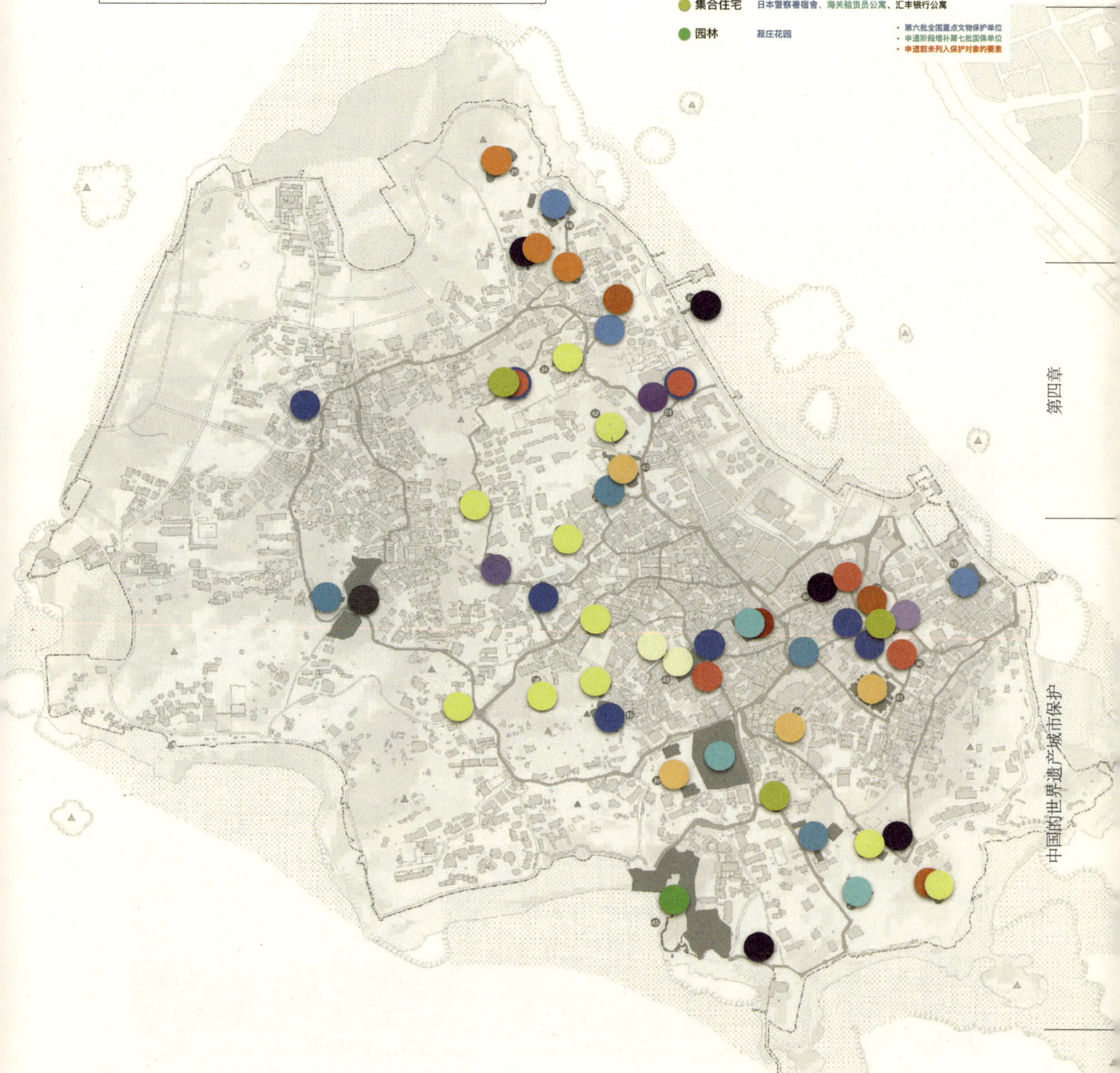

图 4-24 ：申遗阶段补充认定的鼓浪屿遗产核心要素。

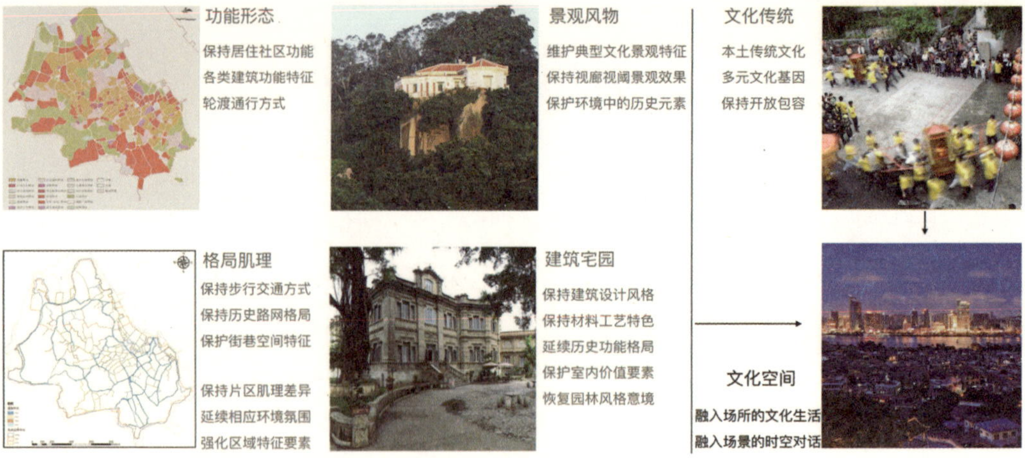

图 4-25 ：鼓浪屿遗产价值特征要素框架。

当遗产的突出普遍价值来源与历史社区的贡献这一观念能够被系统完整的物质、非物质遗存充分地证实，对当代社区的关注，遗产与社区共同的健康发展就成为遗产保护路径下最自然、最核心的任务。这其中的重要措施除了针对遗产要素的保护维修和价值展示，还包括将一般申遗项目环境整治方面的工作聚焦在体现文化交流的历史场所的恢复上，传达遗产价值的同时提升社区的生活环境品质（图 4-26）。

图 4-26：申遗阶段恢复的重要历史空间场所。

将申遗阶段补充认定的遗产要素维修后尽可能地开放给社区文化生活，特别是承载具有鼓浪屿特色的家庭音乐会、诗歌文学社团艺术活动的文化空间（图 4-27）。

图 4-27：遗产核心要素活化利用中对社区文化生活需求的积极响应。

通过政府引导将高校规划设计专业资源引入社区，每年以工作营的形式帮助社区解决社区生活环境品质提升的具体需求（图 4-28）。

图 4-28：工作营活动和通过工作营实现的龙头路历史风貌保护效果。

同时，借鉴历史上鼓浪屿工部局的管理模式，由政府引导组建了由社区户籍居民、非户籍居民、驻岛机构和在岛上从业的行业协会代表组成的社区公共议事会，作为社区利益相关者参政议政的渠道（图 4-29）。

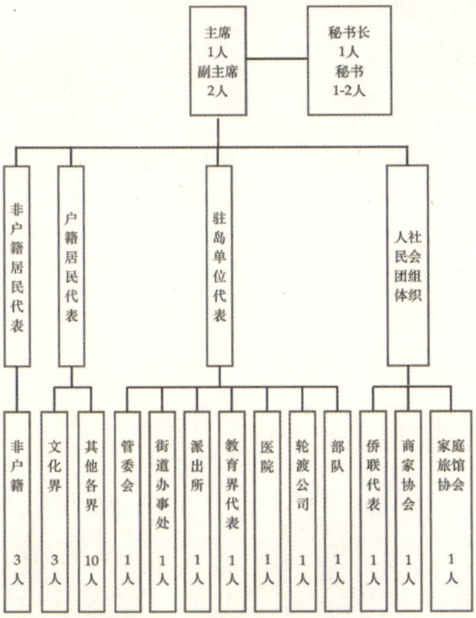

公共议事会提交的部分议案

- 关于推动政府设立**提升鼓浪屿环境以奖代补项目**的建议
- 关于提高部分路段路面承载度的建议
- 关于对影响鼓浪屿景观林木加强有**规划修剪**工作的建议
- 提升鼓浪屿社区服务水平，方便鼓浪屿居民生活
- 关于加强对鼓浪屿岛上**水井抢救保护**工作的建议
- 关于立法限制鼓浪屿岛上商家、店铺过度频繁装修的建议
- 关于建立家庭旅馆住店游客常态化过渡绿色通道的建议
- 关于鼓浪屿公房扶持民生业态的有关事宜
- 关于限制电瓶车（紧急情况下除外）从龙山洞通行的建议

图 4-29：鼓浪屿公共议事会组织结构和部分提案。

为引导社区和社会力量参与遗产保护和文化复兴，政府还通过条例立法和制度建设加强对有助于挖掘、传播鼓浪屿遗产价值和文化特色的文化业态投入的鼓励。

为了缓解旅游活动和社区生活之间的矛盾，厦门市政府下决心于2017年将日最高游客承载量从原来单纯从景区容量角度测算的65 000人下调到综合考虑景区承载量和社区舒适度的50 000人，并在码头航线上分流市民和游客，保障当地居民日常往来的便利，同时加强对游客引导和管理，优化旅游商业业态的合理分布（图4–30）。

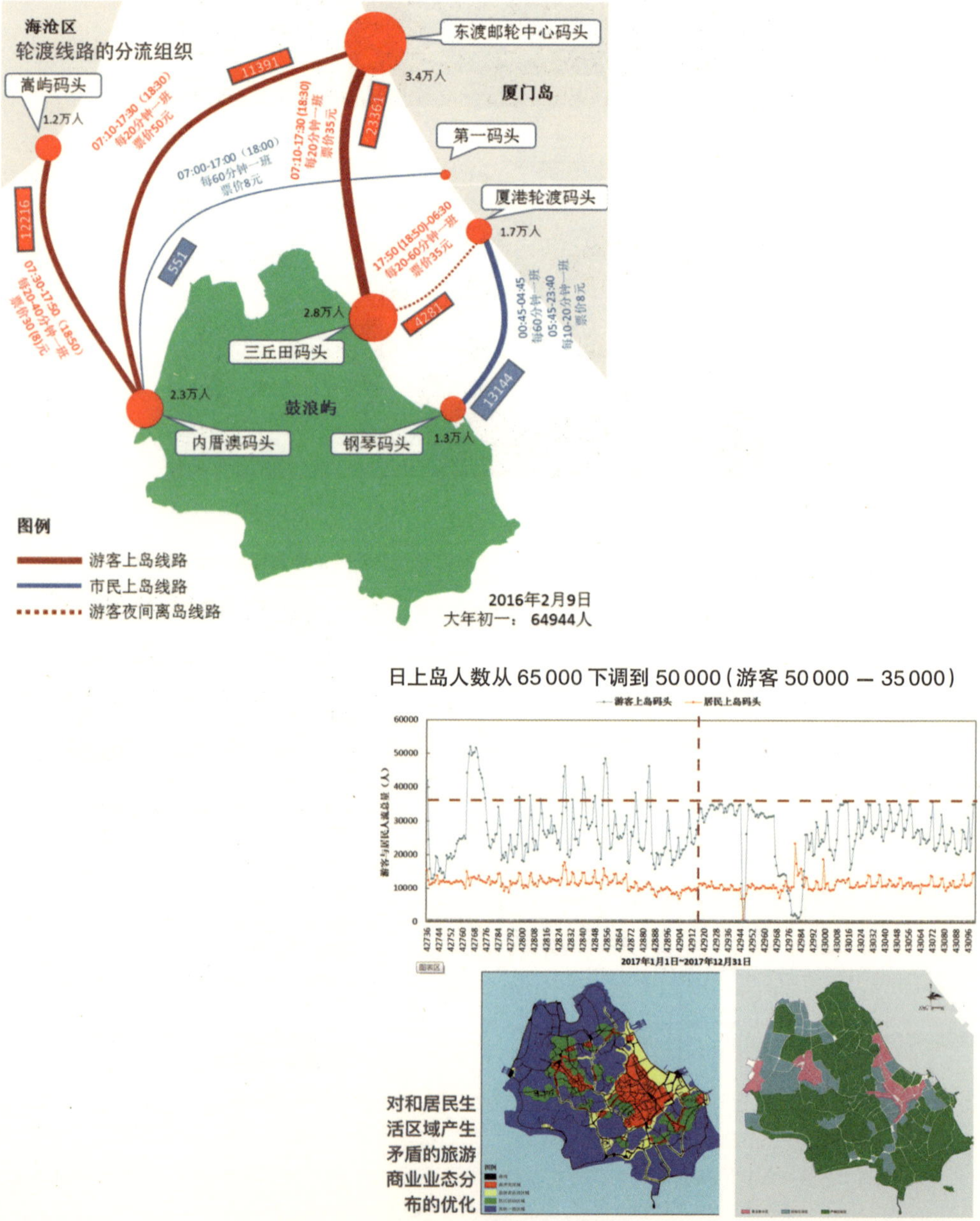

图4–30：对旅游活动和社区生活之间矛盾的调控措施。

在申遗迎检环节，政府和社区民众齐心协力成功抗击了百年一遇的“莫兰蒂”灾害，不仅保住了社区民众和文化遗产的安全，而且仅用一个月就恢复了社区的正常生活和景区的开放，并在紧迫的救灾过程中，将不幸被台风摧毁的古树以艺术再生的方式原地保留，成为社区生活记忆的载体。由此可见遗产保护对社区“韧性”和文化创造力提升产生的积极作用。	申遗成功之后，当地民间出现了很多致力于挖掘、宣传鼓浪屿历史文化的自媒体。其背后的创作者，有的是老原住民，有的是本地的新生代，也有从外乡来定居于此的新鼓浪屿人。他们的努力，正在激起越来越多的回响。相对于物质遗存的保护与展示，这些发生在社区中的积极转变，才是遗产保护更加令人欣慰的成效，并能让社区对未来的传承发展建立更持久的信心 。

参考文献

[1] 平遥县地方志编纂委员会编 . 平遥县志 . 北京：中华书局，1999 .

[2] 杨福泉 . 与山和水生死相依的丽江 . 中华遗产 .2005 年 11 月号 .

[3] 邵甬 . 世界文化遗产丽江古城管理规划 . 上海同济城市规划设计研究院 .2008.

[4] 邵甬 . 世界文化遗产平遥古城管理规划 . 上海同济城市规划设计研究院 .2008.

[5] 和仕勇 . 世界文化遗产丽江古城志 . 昆明：云南民族出版社，2011.

[6] 邵甬 . 世界文化遗产丽江古城保护规划 . 上海同济城市规划设计研究院 .2012.

[7] 厦门市经济社会发展战略研究办公室，厦门市计划委员会 .1985 年—2000 年厦门经济社会发展战略 . 厦门：鹭江出版社，1989 .

[8] 吕宁，魏青，钱毅，孙燕 . 鼓浪屿价值体系研究 . 中国文化遗产 .2017 年 4 月号 .

备注

[1] 本章中有关鼓浪屿的内容由鼓浪屿申报世界遗产技术支持团队负责人魏青编写并提供图片。

[2] 本章中有关澳门的图片资料均来自澳门特别行政区政府文化局。

[3] 图 4-9-1 图片来源：世界文化遗产丽江古城保护管理局，昆明本土建筑设计研究所 . 丽江古城传统民居保护维修手册 . 昆明：云南科技出版，2006.

[4] 图 4-9-2 图片来源：同济大学 . 平遥古城民居保护修缮及环境治理实用导则 . 2015.

[5] 本章其余图片由阮仪三、邵甬提供。

后记

1987年12月11日，在第11届联合国教科文组织世界遗产委员会大会上，中国的故宫、周口店北京人遗址、泰山、长城、秦始皇陵和莫高窟首次进入《世界遗产名录》。这本应该是中国遗产保护界非常重大和值得纪念的大事，然而在当时，媒体完全没有反应，不见任何报道，民众更不知世界遗产为何物。时至今日，世界遗产在中国的境况已不可同日而语。世界遗产不仅成了媒体追逐的热门话题，就是普通民众，也对此津津乐道。特别是在各国的旅游行业中，世界遗产已成为吸引游客的最好资源。形势发展之迅速，让从事遗产保护工作的人有些始料不及。

本丛书旨在将中国的世界遗产进行分类研究，对其突出普遍价值进行梳理总结，尽可能地揭示出中国世界遗产在全球视野中的地位和价值，编撰成为一套科研与普及相结合的世界遗产丛书，让专业人员以外的读者，也能够更加清晰地理解世界遗产的真正意义和价值，而不是仅仅停留在当作风景、名胜或古迹去看待。

经多次讨论和协商后，我们组成了以同济大学（周俭、张松、韩锋、邵甬）、北京大学（孙华、杭侃、陈耀华、张天新）和东南大学（陈薇）为主体的编写团队，并针对丛书的分类、体例及风格等召开了多次编委会，最后确定了以《世界遗产公约》和操作指南的分类为基础，同时结合中国的实际，将整套丛书共分为12册，包括：综述（1册），遗址（1册），遗存（4册），传统生活（2册），文化景观、混合遗产（2册），自然遗产（2册）。其中遗存包括建筑、工程和石窟寺等，传统生活包括历史城区和历史村镇。当时，大运河和丝绸之路还刚刚启动，因此文化线路这一类型只作为预备清单名录放在了工程一册。早在2006年丛书策划之初，中国虽然已经拥有30处世界遗产，列世界第三位，但世界遗产中一些新类型，比如文化线路还没有成功的案例，一些新概念也还没有完全形成共识。因此，在丛书分类的过程中便难以取得平衡，有些分类也难免有些不够科学或严谨。不过现在看来，当时通过分类对世界遗产进行梳理和研究，其方法还是正确的，是具有前瞻性的，因此，也就具有了一定的难度。将预备清单名录中的遗产地全部纳入丛书中的各个类型，一方面是考虑到各种类型的平衡，更多是希望通过世界遗产名录和预备清单名录的结合，反映我国世界遗产工作的整体规划，同时让读者更好地理解世界遗产对于一个国家在文化和自然领域的代表性。

自中国加入世界遗产公约以来，中国社会对于文化、自然的态度和关注度发生了很大的变化，世界遗产也日渐为全社会所关注。随着世界遗产工作的不断推进，它不仅影响了中国文化与自然遗产的保护实践，而且影响了政策法规建设和学术理论研究。特别是在文化遗产领域，理念、方法、类型不断更新和发展，从过去单一的不可移动文物，到文化遗产、文化景观、文化线路、工业遗产、活态遗产等概念的普遍应用，极大地丰富了我们的遗产保护对象。认识和实践得到长足发展的同时，由于实践总是走在理论的前面，对于一些新类型的内涵与外延、遗产保护的原则和理念，理论研究明显落后于实践，这就自然会影响到实践的进一步深入。另外，世界遗产自产生之初所带有的明显的欧洲文化特征，虽然在四十多年的实践活动中文化多样性得到了更多的重视，但在亚太地区的实践中依然会遇到诸多的问题。

三十五年来，中国一步一个脚印，从初入《公约》组织，到完成今天世界遗产大国的转变。一方面，我们要不忘初心，始终记得世界遗产体系的初衷在于联合全球国家力量，共同对抗工业发展、城市扩张和战争冲突对人类环境文明所造成的破坏与威胁。《公约》的成立是为了弥合人类的分裂，缔造文化命运的共同体，促使缔约国一起守护全人类的珍贵自然环境和文化遗产。另一方面，我们也要意识到未来中国在世界遗产体系中所扮演的角色与可能持续发挥的作用。

世界遗产始终是中国向世界表达价值观、发出属于自己声音的重要舞台。过去，我们将申报的遗产地看作一个个独立项目，入载名录被看作是对遗产地价值的最高肯定。但未来，它们必然将作为一个整体，共同向国际社会进一步讲述中国的历史观、文化观和美学观。我国的世界遗产是一部中国文明的缩影，其中既有代表皇家文化的明清故宫，也有体现士大夫精神的苏州园林，有乡土情感的开平碉楼和西递宏村，也有承载殖民地记忆的澳门历史城区。哈尼梯田、布达拉宫、丽江古城，共同反映了我们多民族丰富多彩的自然与文化特征。长城、都江堰、大运河，从地理环境上串联起了中国东西南北波澜壮阔的区域历史和文化动态。这些遗产是不同时期中国文化的代表性杰作，它们所具有的区域性和多性，共同谱就了丰富灿烂的中华文明，也是我们今天民族振兴和文化自信的本源之所在。

丝绸之路、大运河这样超大型的文化线路遗产，不仅丰富了我国遗产的类型，而且对于全球的世界遗产保护也具有重要意义。针对文化景观与文化与自然混合遗产之间的关系、文化线路中非物质文化遗产要素的认识和维护、活态文化遗产的可持续利用、文化遗产保护中完整性的认识和理解等问题，我们有责任也有义务提供我们的研究成果，为世界遗产保护事业的更加完善尽一份力量。我也确信，经过编写团队多年的辛勤努力，这套丛书一定能够为世界遗产保护的实践贡献出中国的经验。

最后，请允许我代表出版机构及各位作者向联合国教科文组织前文化助理总干事弗兰西斯科·班德林（Francesco Bandarin）先生、中国文物学会会长单霁翔先生表示感谢，感谢他们百忙之中为丛书作序。我也要感谢各分册的主编，能够坚守多年不言放弃。还要感谢陆琦女士和章怡女士，感谢东方出版中心的领导和编校人员，正是他们的敦促和努力，才能使这套丛书最终得以付诸出版。

杜晓帆

2021 年春于复旦仁德公寓

图书在版编目（CIP）数据

世界遗产在中国．历史城市 / 杜晓帆主编；邵甬，周俭编著．——上海：东方出版中心，2021.8
ISBN 978-7-5473-1839-3

Ⅰ．①世… Ⅱ．①杜… ②邵… ③周… Ⅲ．①城市-文化遗产-保护-研究-中国 Ⅳ．①K928.7

中国版本图书馆 CIP 数据核字 (2021) 第 105802 号

世界遗产在中国．历史城市

丛书主编 杜晓帆
本册编著 邵　甬 周　俭

出版发行 东方出版中心
地　　址 上海市仙霞路 345 号
邮政编码 200336
电　　话 021- 62417400
印 刷 者 南京爱德印刷有限公司

开　　本 890mm×1240mm 1/16
印　　张 23.5
字　　数 233 千字
版　　次 2021 年 8 月第 1 版
印　　次 2021 年 8 月第 1 次印刷
定　　价 148.00 元